小学语文教学设计导论

朱映霓　张庆祝　钟玲玲◎主编

中国纺织出版社有限公司

图书在版编目（CIP）数据

小学语文教学设计导论 / 朱映霓，张庆祝，钟玲玲
主编 . -- 北京：中国纺织出版社有限公司 , 2025. 4.
ISBN 978-7-5229-2551-6

Ⅰ. G623.202

中国国家版本馆CIP数据核字第2025ZC9503号

责任编辑：刘桐妍　　责任校对：王花妮　　责任印制：储志伟

中国纺织出版社有限公司出版发行
地址：北京市朝阳区百子湾东里A407号楼　邮政编码：100124
销售电话：010—67004422　传真：010—87155801
http://www.c-textilep.com
中国纺织出版社天猫旗舰店
官方微博 http://weibo.com/2119887771
鸿博睿特（天津）印刷科技有限公司印刷　各地新华书店经销
2025年4月第1版第1次印刷
开本：710×1000　1/16　印张：18.5
字数：262千字　定价：68.00元

编委会

　　2022 年 4 月，教育部印发了《义务教育课程方案和课程标准（2022 年版）》。新课程方案提出了培养"有理想、有本领、有担当"的育人目标，新课程标准提出了核心素养为导向的课程目标。如何落实新课程方案，怎样践行新课程标准正成为小学语文教学实践领域的重要课题和任务。研读新课标就会发现，课程目标的变化不是从"三维目标"到"核心素养"的简单表述形式变化，更是有着内在的深意，主要体现在三点：一是目标提高了（核心素养是包括知识、能力、情感、意志等多维目标在具体情境的综合体现）；二是视域扩大了（从关注课堂到关注学生在不同情境的反应）；三是期待变远了（不仅关注学生课堂的变化，更关注学生的终身发展和满足社会需要的长远发展）。

　　师范生是"未来教师"的重要后备军。在师范生的培养中，应及时回应新课程方案、新课程标准的变化，将小学教学设计的最新研究成果融入未来的课堂教学中。基于这样的背景，我们组织了高校的教学论研究专家、市区教研员、一线骨干教师，以新课标理念为指引，针对统编小学语文教材特点，将小学语文学科教学设计理论与实践相结合，编写本书。

　　本书既有对新课标的政策解读，又有小学语文教学设计的基本理论，并从语文实践活动"识字与写字""阅读与鉴赏""表达与交流"（包含"写话与习作"和"口语交际"）"梳理与探究"四大领域提出了具体的教学设计指导。全书在构思和编写中始终坚持三个原则：一是体现最新研究成果。编者力求将新课标颁布以来，小学语文教学改革的新思路新成果融入其中；二是坚持理论联系实际。课程的目的是使学生能够学会基本的教学设计模式，因此，全书提供的策略方法具有鲜明的指向性和应用性。三是明确的对象意识。本书读者群定位为师范生或小学语文初任教师。因此，注重深入浅出，注重方法指导和案例解析相结合，力求为"未来教师"及初任教师的职业发展提供切实帮助。

本书可作为《小学语文课程与教学设计》的课程教材，也适用于小学语文教师学习阅读。

本书由朱映霓、张庆祝、钟玲玲任主编，各章编者如下：

第一章　朱映霓

第二章　朱映霓

第三章　张庆祝

第四章　钟玲玲

第五章　夏晓芸、董琴、贺英

第六章　陈玲艳、钟玲玲、王田、倪静静

第七章　刘芳燕、朱映霓、陈珊静

第八章　胡红、董琴、朱珊

第九章　邵科女、王田、丁叙匀

另外，感谢闫明芳老师为本书提供了整体编写思路。王萱琦、虞舒婷、吴珂逸参与了本书部分章节的编写，并协助主编对全书内容的校订做了大量的工作。

本书是浙江省哲学社会科学（高校思政工作专项）规划课题《全媒体时代中外经典教育电影在师范生思政课程建设中的价值研究》（项目号：25GXSZ019YB）；浙江省高等教育"十四五"第二批教学改革项目《立德树人、多元整合："1+X"卓越班级管理人才培养模式创新与实践》（项目号：JGBA2024257）；2024年浙江省本科教师教育教学建设项目《德育为先、项目驱动，构建"3+N"式＜班级管理＞教学新样态》的研究成果之一。本书在编写过程中得到了浙江海洋大学宋秋前教授、舟山教育学院领导、域内小学校领导及老师的大力支持和帮助。在此，本书全体编写者向他们表示衷心的感谢。

本书在编写过程中，参阅和引用了大量相关的研究成果，在此谨向有关作者表示诚挚的谢意。

　　因编者水平所限，不足之处一定很多，诚望广大读者批评指正。

朱映霓

2024 年 9 月 10 日

目录

第一章　小学语文教学设计概述

【学习目标】

1. 理解小学语文教学设计的基本原理，知晓其内涵、特点与内容。

2. 能够按照小学语文教学设计的规范格式撰写教学设计。

第一节　小学语文教学设计的基本理论

一、小学语文教学设计的内涵

　　教学设计在我国经历了近半个世纪的发展，已成为具有独特性质、结构和功能的新兴学科。小学语文教学设计遵循语文学科的特点和小学语文教学的基本规律，在现代教学设计理论指导下，探索并形成了符合语文教育规律的小学语文教学设计理论体系，为小学语文教学系统的整体优化奠定了基础。

（一）设计

　　设计，从字面上讲，"设"就是"预设"，"计"就是"计划"。所谓设计，就是在正式开展某项工作前，根据一定的目标要求，预先制定这项工作的原则、策略以及方法等。

　　与其他形式的计划不同，设计是一种系统化的计划过程，需要考虑影响计划实施的诸多因素及其相互关系，讲究合理性、科学性和创造性。教学是一种有计划、有组织的教与学的活动，目标指向性、组织性与计划性是教学活动的重要特点。因此，要想取得好的教学效果，教师需要对教学过程中的教学内容、具体环节、师生活动、教学方法等进行精心设计。❶

---

❶　罗雅萍. 小学语文教学设计与案例分析［M］. 北京：中国人民大学出版社，2019：1-2.

（二）教学设计

教学设计（instructional design，ID），也称教学系统设计，是面向教学系统，解决教学问题的一种特殊设计活动，是运用教学心理学、传播学、教学媒体论等相关理论，分析教学中的问题和需要，设计解决方法，试行解决方法，评价试行结果，并在评价基础上改进设计的一个系统过程❶。它既具有设计的一般性质，又必须遵循教学的基本规律。

1. 教学设计是理论和实践之间的桥梁

教学设计是为了满足教学实践的需要，运用教学相关理论，分析教学中的问题并规划教学实施方案的过程。从其形态来说，它是一种计划和方案；从其性质来说，它是一种现代教学技术；从其功能来说，它是运用系统方法设计教学过程，使自身成为一种具有操作性的程序。教学设计有很强的实践性，是一门应用型科学。

2. 教学设计是系统计划或规划教学的过程

系统科学在教学领域的渗透是现代教学设计的一大贡献。运用系统科学思维，可以把教学过程各要素看成一个系统，按照系统的方法分析教学问题和教学需求，确定程序纲要，从而使教学效果最优化。

传统的教学活动过程虽然也有教学设计的成分，但这种教学设计偏重执教者的教学经验，不乏主观性和随意性，在一定程度上缺乏系统性和科学性。把教学系统看作由若干相互联系的要素组成的具有特定功能的复合体，分析、把握这一特殊复合体的功能、特征，有助于从整体上形成现代教学观念❷。

综合以上观点，教学设计的内涵应该包含以下几点：第一，教学设计的对象是教学系统；第二，教学设计要应用系统方法；第三，教学设计的结果是形成方案；第四，教学设计的目的是提高教学合理性，优化教学效果。

---

❶ 皮连生.教学设计：心理学的理论与技术［M］.北京：高等教育出版社，2000：1-2.

❷ 江平.小学语文课程与教学［M］.北京：高等教育出版社，2017：100-101.

（三）小学语文教学设计

小学语文教学设计指教师运用教学设计的基本原理，遵循小学语文教学的规律，根据语文课程标准的要求，结合教材特点和学生的年龄特点与学习需要，以一定的教学观念为指导，确定教学目标，明确解决问题的步骤，对教学内容、教学过程、教学方法以及教学媒体等教学要素做出计划与安排，形成教学实施方案的过程❶。它主要解决"教什么"和"怎么教"两个基本问题。

教学设计是小学语文课堂教学的起点，是取得良好教学效果的前提和保障。

二、小学语文教学设计的理论基础

教学设计的理论基础包括系统理论、传播理论、教学理论和学习理论等。系统理论为教学设计提供了科学研究的方法；传播理论为教学设计提供了选用教学媒体的技术；教学理论指导了教学设计的具体操作；学习理论使教学设计符合学习规律。这些理论以综合的方式，在教学设计的过程中得到了不同程度的体现❷。

（一）系统理论

现代教学倡导以系统思维指导教学，系统理论为教学设计提供了方法论上的指导，是教学设计的重要理论基础。系统理论既是一种思维方法，又是一种可用于复杂系统的科学方法，它的根本优势在于以科学的思维方式追求系统的整体优化。

将系统理论应用于教学设计，就是要把教学看作由相互关联的部分所组成的具有特定功能的整体，从整体与部分、整体与环境的相互联系、相互制约中

---

❶ 罗雅萍.小学语文教学设计与案例分析［M］.北京：中国人民大学出版社，2019：1-2.
❷ 徐英俊，曲艺.教学设计［M］.北京：教育科学出版社，2001：22-34.

选择解决问题的方案。例如，在做一篇课文的教学设计时，教师分析处理教材要"通全册，备一组，教一篇"，不仅要把这篇课文作为一个整体（子系统）来看待，考虑讲授这篇课文的一节或几节课的各要素及其相互关系，同时还要考虑这篇课文与本单元教学甚至本课程教学的关系。基于这样的系统思考，可使教学各要素相互联系、相互依赖，形成一定的结构，指向特定的教学目标。

通过科学合理的设计，教学过程各要素能够发挥各自的作用，并形成一定的整体功能，构成一个有机而完善的整体。因此，小学语文教学设计不仅要注意教学系统中的各构成要素，还要关注各要素间的相互关系，运用系统方法，在众多因素的动态联系中探索有利于提高教学效率和效果的组合，选择、确定最优的教学方案。

（二）传播理论

传播是指社会信息的传递或社会信息系统的运行，是人与人、人与社会之间通过有意义的符号进行信息传递、信息接收或信息反馈活动的总称。传播理论揭示了教学过程系统中各要素间的动态关系，描绘了教学系统中的信息传播过程，并以信息传播的有效模式指导教学设计。

从威尔伯·施拉姆（Wilbur Schramm）提出的有意义信号的传播和接收模式来看，有效的传播不仅是发送信息，还要通过反馈途径，从接收者那里获取反馈信息，以便据此调整已发送的信息。因此，进行教学设计时应基于信息发送和反馈的需要，对学生进行分析，了解其原有的经验、兴趣和学习动机，以便确定发送信息的内容和方式，并通过反馈了解学生新的需求，修改教学信息，使传送的教学信息更有效。此外，教学媒体是传递教学信息的渠道，教学设计还应重视教学媒体的分析和选择，优秀的教学设计应选择有利于提高教学效率和效果的教学媒体 ❶。

---

❶ 江平.小学语文课程与教学［M］.北京：高等教育出版社，2017：102.

（三）教学理论

教学理论是为解决教学问题，研究教学一般规律的科学，"是人们在思考教学中所形成的旨在探讨、解释和预测教学现象的观念体系，是人们对各种教学现象及隐藏其后的各种教学关系和矛盾运动的自觉的系统的反映"❶。一般来说，教学理论为教师合理安排教学情境、选择教学方法、达到预设教学目标提供了理论依据，是教学设计最直接的理论来源。教学理论对"教"的各环节进行了大量的理论和实证研究，使教学设计由经验层次上升到理性、科学的层次；在实施教学的过程中又能发现教学设计的不足，反过来促进教学理论的再研究，增强教育理论的可操作性，教学理论与教学设计形成了相互影响、共同发展的格局。

（四）学习理论

学习理论是研究人类学习的本质及其形成机制的心理学理论，重点研究学习的性质、过程、动机及方法和策略等，是人们对学习问题进行科学研究的指南。通过解释学习的发生和发展过程，学习理论对有关学习法则的大量知识加以归纳和概括，使其进一步系统化、条理化和规范化，从而揭示学习的基本规律。

学习理论主要有行为主义学习理论、认知主义学习理论（包括建构主义学习理论）、认知 – 行为主义学习理论（折中主义学习理论）和人本主义学习理论。这些学习理论或以整体存在的形式呈现于不同教学设计流派的理论根基中，或以灵活随机的形式作用于教学设计的实践。不同的学习理论会产生不同的教学设计模式。比如，在行为主义学习理论的指导下，产生了以"教"为主的教学模式；在认知主义学习理论尤其是建构主义学习理论的指导下，产生了以"学"为主的教学模式。科学的教学设计应用这些理论的思想和观点，建构

---

❶　李定仁，徐继存.教学论研究二十年［M］.北京：人民教育出版社，2001：237.

教学设计的程序和环节。

第二节　小学语文教学设计的内容

小学语文教学设计主要包括教材分析、学情分析、教学目标设计、教学内容设计、教学过程设计、教学方法设计、教学媒体设计等内容。

一、教材分析

教材是课程计划、课程标准的具体化，是教师指导学生获取知识和培养能力的重要媒介。教材分析是一个重要的教学环节和教学技能，它是依据课程标准、教学目标、教学原则以及文本理解的原理与方法，理解、研究语文教材的内容、体例等，从而确定教学内容和教学方法的教研活动。从教材分析目的和主体的角度来看，它主要包括"教材研究""教材评价""教材解读"三个方面的内容❶。其中，一般意义上的教材分析主要是指一线教师的"教材解读"。从教材解读的分析单位来看，又可以分为宏观分析与微观分析：宏观分析主要是以学段、学年、学期、单元等为单位进行的，主要是从整体的角度把握教材特点和规律；微观分析主要是以单篇课文为单位进行的，主要是从具体篇章的角度理解文本，吃透课文。

二、学情分析

学生是教学的主体。学生的知识结构、能力结构、学习态度、思想情感、

---

❶ 吴忠豪.小学语文课程与教学［M］.2版.北京：中国人民大学出版社，2015：56-57.

学习生活环境以及师生间、生生间的关系等都会对学生学习产生直接或间接的影响，进行学情分析有助于教师根据学情进行科学合理的教学设计。教师应注意分析学生语文学习中的共性和个性问题。特别是就当前某一具体教学内容而言，学生已有的知识和生活基础与我们如何进行该内容的教学设计密切相关。

三、教学目标设计

教学目标是教师在教学前对学生学习行为变化的预期。教学目标设计要在对教材、学生进行分析的基础上进行。教学目标不仅对学生具有心理导向和激励功能，而且制约着教学设计和实施的方向，影响着教师对教材的处理、对教学过程的确定、对教学方法的选择和对作业习题的编制。

（一）目标设计要全面

语文教学目标应关注学生的全面发展。语文教学应使学生在语文知识掌握、能力形成的过程中掌握学习方法，形成丰富的情感，树立良好的态度，实现个体的充分发展。所以应从知识与能力、过程与方法、情感态度与价值观三个维度确定教学目标。

（二）目标制定要适度

目标的难易要适度，要落在学生的"最近发展区"。面对不同的学生，教学的内容、难度等也应有所调整，目标设计要有一定的弹性，以让学生"跳一跳，够得着"为标准，不宜过易或过难。此外，三个维度的目标要适当。语文知识与技能是核心目标，情感态度与价值观目标要恰当，过程与方法目标要体现。教学目标的多少应符合学习规律，不要贪多求全。在设计一课时教学目标时，被提倡的"一课一得"就是目标适度的体现。教师要学会做减法，根据课标要求，结合教材特点及学生实际精简教学目标。

（三）目标陈述要规范

1. 明确行为主体

教学目标表明了在教学结束时，学生应该达到什么样的能力水平，行为主体是学生，不是教师，所以，不可用"培养""指导"等词来陈述，也不能用"让学生知道……""使学生了解……""使学生掌握……"等句式来表述。

2. 行为动词要明确

所谓行为动词明确，一是指行为动词要与教学内容相匹配，二是指目标中的行为应具体、可观察。教学目标使用的行为动词如果含糊、单调、千篇一律，会直接影响教学效果。《义务教育语文课程标准（2022年版）》（简称"现行语文课程标准"）描述教学目标时使用的行为动词可以作为参考。

知识目标：

了解：会写、读准、认识、学会、把握、知道、写下、熟记等。

理解：提示、扩展、使用、分析、区分、判断、获得、表现、拓展等。

应用：评价、设计、运用、懂得、联系上下文等。

能力目标：

模仿：再现、模拟、讲述、表达、朗读、默读、朗诵等。

操作：复述、转述、选择、提取、收集、揣摩、仿写、修改等。

迁移：推想、想象、扩写、续写、改写、运用等。

情感领域的目标：

经历：尝试、感受、经历、参加、发表意见、提出问题、讨论、积累、体验、策划、分享、合作、沟通、组织等。

反应：喜欢、有……愿望、体会、乐于、敢于、抵制、有兴趣、欣赏、感悟、愿意、体味、尊重、理解（某人）、辨别、品味、关心等。

（四）教学重难点要突出

教学重点是指为达到教学目标而应着重指导的内容，它受教学目标的制约。教学难点是指学生学习的难处，它主要依据学情而定。如四年级下册❶《白鹅》的教学重点是引导学生了解课文是怎样写出白鹅高傲的特点的；教学难点是从那些看似贬义的词句中体会作者对白鹅的喜爱之情❷。有时教学重点、难点是一致的。教师在进行教学设计时要注意确定教学重难点，这可以有效帮助教师在教学内容、过程、方法设计以及实际教学中更好地突出重点，帮助学生突破难点。

（五）教、学、评一体化

教、学、评一体化旨在实现有效教学，涉及课程与评价两个领域的理论与实践。倡导教、学、评一体化，就是根据课程目标解决"教什么""学什么"和"会什么"三个方面的问题。

教育的根本任务是落实立德树人的目标，发展学生学科核心素养。教师作为教学过程中的组织者、指导者和引领者，要确定课堂教学"教什么""怎么教"，要指导学生"学什么""怎么学"，最后通过评价知晓学生"会什么"。教师教什么，学生学什么，落脚点在教学目标的设定上。清晰的目标是教、学、评一致性的前提和灵魂，在清晰的目标下设计好具体的教、学、评活动，才能得以实现教、学、评的一致。

四、教学内容设计

教学内容是为实现教学目标，要求学生学习的知识、技能和行为经验的总和，是达成教学目标的重要载体。在教学设计中，"教什么"比"怎么教"更重要。因为方法是为目标和内容服务的，教学方法、教学手段本身的合理与否，

---

❶ 本书中涉及的课文及教材内容均选自人民教育出版社出版的《义务教育教科书·语文》（2020年审订）一至六年级对应册别。下文将不再对教材版本进行说明。

❷ 蒋蓉，李金国. 小学语文教学设计［M］. 北京：高等教育出版社，2016：6.

主要是从教学内容的角度来讲的。正如巴班斯基所讲的"是教学目的和内容'选择'方法,而不是相反"❶。

教师在进行教学设计时应注意教学内容与教材内容的关系,是"用教材教",而不是"教教材"。选择适切的教学内容应从多角度出发,并注意整合:教学内容关照教学重难点,重点集中,难点分散;教学内容关照学情,在整合教学内容时,还需要现实地处理好知识与经验之间的关系。要注重寻找教材与现实生活、学生经验广泛联结的线索和节点,选择学生日常生活中熟悉或关心的素材、情境作为教学内容,把知识的学习与生活实际紧密联系起来,使学生能更加准确、真切地领悟知识,并感受到所学知识的应用价值。有些课文内容离学生的生活较远,教师还需创设情境,调动学生的生活体验,引领学生走进文本。只有这样,学生才会产生情感共鸣,受到感染,才能发挥语文熏陶感染的育人功能。

五、教学过程设计

教学过程即指教学活动的展开过程。小学语文教学设计要依据小学生语文学习的特点,不同板块教学内容的特点及具体教学内容的特点来进行。如阅读教学的过程应体现"整体→部分→整体"的教学顺序,遵循"语言文字→思想内容→语言文字"的教学规律,教学过程通常是"初读课文,整体感知→精读课文,思考感悟→熟读课文,总结延伸"。"初读课文,整体感知"阶段主要任务有二:一是导入新课,激发学生的阅读兴趣。二是引导学生自己读书,把课文读通,读顺,查字、词典自学字词,质疑问难,了解课文大意。"精读课文,思考感悟"在前一阶段整体了解课文大意的基础上,由教师引导学生进行细读、深读,交流读书心得,突出重点,突破难点,进行语感训练。"熟读课文,总结延伸"主要是指导学生在理解各部分内容的基础上,巩固知识,实践

---

❶ 巴班斯基.中学教学方法的选择[M]张定璋,高文,译.北京:教育科学出版社,2009:3.

方法，拓展延伸，逐步形成能力。在这种共性过程的基础上，再针对不同的教学内容设计有个性特征的教学过程❶。

六、教学方法设计

　　教学方法，是在教学过程中，教师和学生为实现教学目的、完成教学任务而采取的教与学相互作用的活动方式的总称。归纳起来，小学语文的教学方法主要有三类：语言的方法、直观的方法、实习的方法❷。语言的方法是以语言为媒介，通过语言的表述，让学生接受、领会教学内容，主要有讲读法、谈话法、讨论法。在教学中，有时仅靠语言表达，不能形成明确清晰的概念，因而需要事物与语言、概念与实际在教学中共同作用。在小学语文教学中，直观的方法主要有演示法、参观法。实习的方法是指通过运用、巩固和深化知识来形成技能技巧的教学方法，这类方法主要有练习法和作业法。

　　要做到科学、合理地选择和有效地运用教学方法，教师就要熟练地把握各类教学方法的特性，并根据教学目标、教学内容、学生和教师的实际情况以及教学环境条件等来思考。

（一）根据语文课程的性质与特点设计教学方法

　　工具性与人文性的统一是语文课程的基本性质，综合性和实践性是语文课程的基本特点，人文内涵丰富、价值导向鲜明是语文课程区别于数学、科学等课程的主要特点。所以语文教学更多运用谈话、讨论、读书等方法，较少使用演示法、实验法等；工具性特点使语文课程在方法设计上区别于同样富有人文内涵的品德等课程，更多选用练习法等，以培养学生的听、说、读、写各项能力。

---

❶ 蒋蓉，李金国. 小学语文教学设计［M］. 北京：高等教育出版社，2016：7-8.
❷ 徐家良. 小学语文教育学［M］. 北京：高等教育出版社，2019：191-201.

（二）根据教学目标设计教学方法

教学方法是为目标服务的，应紧紧围绕教学目标来对教学方法进行选取、组合、设计。如教学目标主要是掌握篇章的布局、结构、技巧，则应较多运用分析与讲解结合以及学生练习的方法；如教学目标主要是对主题思想的感悟、理解，则应更多运用问答和讨论的方法。

（三）根据课文内容设计教学方法

不同内容的教学有各自的规律，所以教学内容影响教学方法。教师应根据教学内容的特点，设计教学方法。如三年级上册《美丽的小兴安岭》，课文共六段，第一段总起，写小兴安岭的树木连成一片，就像绿色的海洋；中间四段描绘了小兴安岭春、夏、秋、冬四季的美丽景象，不仅抓住不同季节的景物特点，而且紧紧围绕树木这一共同事物来写，每段都是先写树木，再写树木周围的景色，和第一部分相呼应；最后一段是全文的概括，说小兴安岭是美丽的大花园，也是一座巨大的宝库，描述小兴安岭的美丽和物产丰富。有的教师设计的教学方法是"举一反三法"，即在引导学生学习第一段后，对中间的主体部分采用"先扶后放"的方式进行教学。教师重点指导阅读写小兴安岭"春"这一段，并引导学生回忆是如何读懂的，总结学习方法。然后让学生尝试用这种方法阅读写小兴安岭"夏"的部分，教师相机进行指导。进而放手让学生运用这种学法自学"秋""冬"的段落，学生读书、思考，同学之间讨论、交流。这种教学方法适用于侧重教给学生某种读书方法的课型，尤其适用于几个部分结构、写法相似的课文❶。

另外也应该考虑师生特点来设计教学方法，即教师根据自身的客观实际情况，并结合学生实际进行教学方法设计。

---

❶　蒋蓉，李金国.小学语文教学设计［M］.北京：高等教育出版社，2016：7-8.

七、教学媒体设计

"媒体"一词是英文"media"的译文，意思是"两者之间"。媒体也称媒介，是指在信息传播过程中，从信息源到接受者之间携带和传递信息的任何物质工具。在现代语文教学环境中，教学媒体不仅具有传递教学信息的功能，还以学生完成学习任务所需的认知工具、交流工具等形式内化在教学过程中，在学生的思维能力培养和语文综合素养提升方面发挥着越来越重要的作用。

教师进行教学媒体设计，既要满足呈现教学内容和支持教学活动的需求，又要从学生的角度出发，着重考虑加工过的信息以媒体的方式呈现给学生后，学生可能产生的理解方式和学习结果。教学媒体的设计应在考虑整体教学环境的基础上，依据教学目标、教学内容、学生的学习需求等进行。根据教学需要，教师也可设计让学生在课堂学习之前，准备课堂学习所需要的媒体材料。媒体形式的选择应符合小学儿童心理发展和认知特点，符合语文课程对学习环境和情境创设的要求。如四年级下册《白鹅》一课，可设计多次使用视频呈现白鹅的形象，使对鹅比较陌生的小学生对鹅有生动形象的感知，为学习、体会课文内容打下坚实的基础。

第三节 小学语文教学设计的撰写

撰写教学设计的过程就是对各项设计活动的整合过程，也是将设计时的各项分析工作以书面形式呈现的过程，是设计活动的一种书面化表述。在撰写教学设计时，要充分考虑设计时各项分析工作的结果，汇集各项研究内容，将其综合化、系统化和具体化。

一、教学设计的构成要素

一个规范、合理的教学设计一般包括设计理念、教材分析、学情分析、教学目标与重点难点、教学方法与手段、课型与课时分配、教学过程、板书设计、教学反思。其中教学过程是教学设计的主要部分。

（一）设计理念

简要说明本则教学设计的指导思想、理论依据和设计特色。设计理念主要来自以下几方面：一是现行语文课程标准中的基本理念、教学要求、教学建议等，二是教育学、心理学中的教学原则、原理、要求和方法等。这是确定教学目标、重点、难点、教学结构以及教法、学法的理论依据。

（二）教材分析

教材分析主要包括三方面内容：第一，分析教学内容的组成成分、特点、地位及作用；第二，分析教学内容与前后相关内容的区别和联系；第三，分析课程标准对教学内容的相关要求。

（三）学情分析

学情分析一般从学生原有知识、能力、心理基础和学习风格等角度进行分析，再从学生现有困难和能力生长点等方面入手，对学生情况进行分析说明。

（四）教学目标与重点难点

教学目标设定要依据知识与技能、过程与方法、情感态度与价值观三个维度来设计，注重完整性、适应性和可操作性，充分体现工具性与人文性的统一。目标的陈述要尽量用具体、明确、可操作的行为语言进行描述，便于落实和检查，不仅要突出重点，还必须从学生的实际出发，找出难点，化解难点，以达到预期的教学目标。

【案例1-1】

五年级下册《牧场之国》教学目标设计过程

通过分析教材和学情，我为《牧场之国》（2课时）设计了以下教学目标：

1. 会认"毡、牲"等10个生字，会写"仪、眺"等15个生字。

2. 体会荷兰牧场静态美和动态美的句子，感受表达效果。

3. 结合课文内容，感受课文反复强调"这就是真正的荷兰"的表达效果。

4. 感受荷兰独特的牧场风光和作者对荷兰风光的喜爱之情。

但是在实际教学中，我发现原来设计的目标有很多不足之处。首先，本单元的阅读要素是"体会静态描写和动态描写的表达效果"，与前一课《威尼斯的小艇》的动态描写对比发现，本课其实静态描写更为突出。因此，教学目标中第2点和第3点的表述显得冗杂，没有突出教学重点，难以落实"一课一得"。其次，教学目标没有准确体现教学方法，对于如何落实语文要素、发展学生素养还含糊不清，不利于实际教学的开展。最后，我发现教学目标用语不够准确，反复使用"感受"一词，难以准确评价教学效果。

结合上述反思，我将《牧场之国》一课的教学目标调整如下：

1. 借助随文识字等方法，会认"毡、牲"等10个生字，会写"仪、眺"等15个生字。

2. 有感情地朗读课文，积累静态描写的相关语句，体会荷兰牧场的宁静之美。

3. 结合课文2~4自然段，品味作者将人的活动和其他事物结合起来描写的好处，感受作者反复强调"这就是真正的荷兰"的表达效果。

（宁波市海曙区海曙中心小学吴珂逸）

（五）教学方法与手段

教学活动中涉及的教学方法和教学手段，包括所用的教具、学具、媒体，如实物、标本、模型、卡片、挂图、幻灯、录像、录音、课件等。教师要根据教学目标、内容、方法的需要，合理选择运用。

（六）课型与课时分配

不同的课型具有不同的教学任务和特点，教学结构也会有相应的变化。因此，教学设计必须明确课型。根据知识掌握的阶段，可以区分以下四种不同的课型❶：

（1）新授课，即以知识的理解为主要目标的课程，这类课程在中小学语文中所占的比例最大。

（2）复习课，即以知识的巩固为主要目标的课程，以学生的活动为主。

（3）练习课，即以促进知识的迁移为主要目标的课程，这类课程以学生的活动为主。

（4）检测课，即以知识的应用或检测为主要目标的课程，这类课程一般是在一个大的教学单元之后或期中、期末进行。

教师必须充分考虑学生的认知水平和年龄特征，对教学内容进行合理的课时分配和安排。如果该教学内容需要两课时或两课时以上完成，则需就每课时的教学要点做出陈述。

（七）教学过程

课堂教学过程，也称课堂教学结构，是教学设计的主体部分。我国当前普遍选用的课堂教学结构，一般分五个环节，即组织上课、导入新课、讲授新课、知识应用、布置作业。教师要按照不同教学环节，运用文字叙述活动过程，写出设计依据和意图。

（1）组织上课。其主要目的是稳定学生情绪，使学生集中注意力，做好心理和学习用具方面的准备，进入学习情境。

（2）导入新课。通过多种形式建立学生与新知之间的联系，进而引入新课，激起学生学习新课的兴趣和动机。

（3）讲授新课。这是教学过程的重点环节，学生在本环节中，掌握新知识

❶ 罗雅萍.小学语文教学设计与案例分析［M］.北京：中国人民大学出版社，2019：38.

和发展新能力。

（4）知识应用。其目的在于检查学生对新知识的掌握情况。教师一般采用提问、复述、当堂练习等方式，检查学生理解、掌握的情况，及时解决存在的问题，帮助学生巩固和消化所学的新内容，为独立作业和后续学习做好准备。

（5）布置作业。其目的在于进一步巩固所学知识。设计作业时，要求应明确具体，内容要具有典型代表性，形式灵活多样，可以采用思考与练习、必做题与选做题、课堂练习与课外作业相结合等方式。

上述五个环节是教学过程的基本环节，但并非所有的教学都必须经过这五个环节。教师在设计教学时可以根据不同的课型、教学内容等参考选用。

（八）板书设计

板书的种类很多，从语言运用来分，有提纲式、词语式；从表现形式来分，有文字式、表格式、图画式；从内容来分，有单项式、综合式等。不同的板书有不同的作用，但是不管采用何种形式，板书都应体现教学的目标和内容，展现知识的系统性，要具有启发性、简洁性，布局合理、优美规范。

【案例1-2】

三年级下册《我们奇妙的世界》板书设计

【评析】

《我们奇妙的世界》所在单元的语文要素是"了解课文是从哪几个方面把事物写清楚的"。图1-1为本课板书，左侧内容巧妙使用板贴，将文章主要内容有层次地展现出来，形象生动好理解，适合学情。教学中，教师根据课文内容为学生设置了寻宝、鉴宝、藏宝和展宝4个任务。其中，鉴宝侧重于课文的阅读与鉴赏，是本节课的重点和难点。板书右侧展示了教师通过图示为学生提供的学习支架——鉴宝秘诀，将学法进行总结和梳理，引导学生运用多种感官，如眼睛、耳朵、鼻子和手，展开想象，圈画词句，感受珍宝奇妙的颜色、形状和声音。学生通过联系生活经验、展开想象等言语实践，鉴赏天空的奇妙。

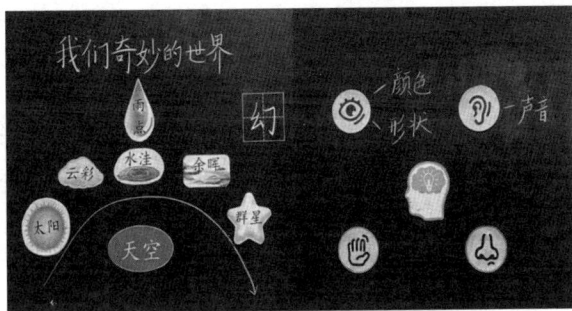

图 1-1 《我们奇妙的世界》板书设计

整幅板书从描写的角度、表达的层次关注作者是怎么把事物写清楚的。同时板书也成为本课落实表达要素"初步整合信息，介绍一种事物"的有效手段，指导学生借助鉴宝秘诀，结合鉴宝语，尝试表达，实现了读写结合。

（衢州市新华小学王萱琦）

（九）教学反思

教学反思可以是课前反思也可以是课后反思。如果是未实施的教学方案，主要写对教学效果的预期、实施过程中可能存在的问题等；如果是已经实施的教学方案，可以对本设计教学效果进行分析和反思。

二、教学设计的格式规范

按照表述方式不同，常用的编写教学设计的基本方法有文字表述式和表格表述式两种。

（一）文字表述式

文字表述式是指教师主要用文字形式将教学设计表达出来。文字表述式的教学设计一般由以下几部分组成：

（1）标题。标题要具体、明确。通用格式为"××版××年级××册《××》的教学设计"，一般不用副标题。可以设计一个课时，也可以设计几个课时或系列教学。

（2）署名。如果署名是多人，应说明谁是执笔人或第一作者。

（3）正文。正文包括设计理念、教材分析、学情分析、教学目标与重点难点、教学方法与手段、课型与课时分配、教学过程、板书设计、教学反思。

（二）表格表述式

表格表述式就是教师根据教学要求，按照教学内容设计一张"教学设计表"。它具有言简意赅、一目了然的特点，有利于教师熟记教学内容，能避免产生教学失误（表1-1）。

表 1-1　教学设计表

课题		执教	
教材分析			
学情分析			
教学目标			
教学重点			
教学难点			
课前准备			
教学过程	教学活动	学生活动	设计意图
板书设计			
教学反思			

三、教案的格式规范

教案又叫课时计划，与教师运用系统方法、分析教学任务、确定教学目标、选择策略手段、制定教学过程、评价教学效果，以达到课堂教学最优化的编制教学预案的过程不同，教案是指教师经过备课，以课时为单位设计的具体教学方案。

教案是上课的重要依据，是教师教学的脚本，主要呈现"教什么"和"怎么教"的内容，其中教学过程是教案的主要部分。教案有详案与简案之分。

（一）详案

这种教案内容翔实周密，尤其是教学过程编写更为细密。详案按照教学过程，把教师的引导语、过渡语、讲解语、小结语、评价语、所提的问题以及学生可能出现的行为一一列出，将运用的每种方法、教学用具按先后顺序呈现在教案中。详案便于系统记载教学内容、全面把握教学进程、增强课堂教学的预见性与计划性。新教师应先学习写详案，这样可以避免因经验不足、临场处置不当而影响教学效果。但预设过于细密，会使教学走向呆板，不利于课堂生成。

（二）简案

这种教案文字简练，篇幅短小，把有关内容批注在课本上，只写出最基本的内容，教学过程只呈现大致思路、主要环节和教学要点。这种教案适用于驾轻就熟的老教师，也适用于备课初期需要对教学活动进行初步简单设计的教师。

【案例1-3】

三年级下册《剃头大师》（第一课时）教学简案

一、主要内容与中心思想

《剃头大师》是部编版三年级语文下册第六单元的课文。课文语言幽默生动，富有童真童趣。通过"小沙"剃头与主人公帮助剃头的情节，展现了不同人物的性格形象，其中幽默又多样的描写手法令人印象深刻。

二、教学目标

1. 会读本课"剃、执"等5个字，会写"表，胆"等6个字。

2. 正确流利有感情地朗读课文，体会句子情感。

3. 联系上下文结合生活实际体会"老剃头师傅"的形象特点。

三、教学过程

（一）创设情境，趣味导入

请学生交流自己理发的经历，教师评价后带入课题。

（二）朗读课文落实字词，体会故事情节

1. 出示生字表，学生读写。

2. 学生朗读课文并思考：文中的"剃头大师"和"害人精"分别是谁？

3. 板书故事情节。

（三）任务设置，深化体验

1. 当一当小演员，感受人物的性格。

请学生做小演员，挑选一个文中的人物，并找到与他相关的有画面感的句子，和小组伙伴分享，合作表演选择的画面。

（预设：小沙——胆小、倔强姑父——严肃、慈爱）

2. 做一位小画家，描绘人物体会情感。

小组合作交流，写出的小沙三次剃头经历；为小沙画上发型与表情。

上台展示作品并自由发表看法。

（预设：小沙央求"我"理发只要求"别剪破耳朵"→被"我"剪得"整个头上坑坑洼洼"→"被迫去理发店剃了个和电灯泡一样的光头"）

（四）讨论升华

1. 老剃头师傅和我给小沙剃头有什么区别？

（老剃头师傅有耐心认真但眼神差了点，我自信但是马虎调皮。作者通过描述"我"与小沙之间的互动，包括对话、动作和心理活动，将一个看似简单的剃头过程呈现得异常生动、引人入胜，情节丰富多彩。）

2.老剃头师傅真的是"害人精"吗?

（小沙对理发者有负面偏见，老剃头师傅并非真正的"害人精"，而是一个尽职尽责的理发师。）

3.总结分析。

（小沙胆小怕事情；老剃头师傅尽职尽责；"我"调皮幽默却也马虎。）

（五）课堂小结

运用多种描写等方法写出人物特点。

四、作业设计

尝试写一件有趣的事，运用至少一种描写方法写出人物的特点，和同学们分享。

（浙江海洋大学师范学院 B20 小教 2 班虞舒婷）

【**实践与探究**】

1.在小学语文教材中选择一篇课文，完成一课时教学设计，并制作相应的课件。

2.使用之前完成的教学设计和课件，进行片段教学或无生试讲。

3.根据使用效果，从不同角度对教学设计进行评析和修改。

第二章　小学语文课程标准解读

【学习目标】

1. 知晓《义务教育语文课程标准（2022 年版）》修订背景。

2. 把握语文课程理念的时代特征和功能特点，了解现行语文课程标准的新
变化。

3. 完整理解现行语文课程标准的课程目标、课程内容、学业质量等方面的意义与
内涵。

第一节　义务教育语文课程标准概述

一、义务教育语文课程标准修订背景

2019 年初，教育部正式启动义务教育课程标准修订工作，经过大量调研、征求意见、论证修改、审议等工作，完成了修订任务，《义务教育语文课程标准（2022 年版）》于 2022 年 3 月正式颁布。本次修订工作是在《义务教育语文课程标准（2011 年版）》的基础上完成的。近些年，特别是党的十八大以来，我国社会经济发生了巨大变化，党中央高度重视教育工作，召开了全国教育大会，推进教育领域综合改革，强化教材建设国家事权地位，全面推进三科统编教材使用，教育格局发生了很大变化。

随着基础教育课程改革不断深入，义务教育语文课程理论与实践也取得了丰硕成果。义务教育语文课程标准修订工作在全面总结我国 20 年语文课程实施成就和经验基础上，参考、借鉴国际语文教育改革新进展，从立德树人根本任务出发，认真落实党和国家教育方针政策，充分体现未来社会人才培养新要求。

二、现行语文课程标准特点

现行语文课程标准继承了语文教育"文以载道""以文化人"的传统，在课程理念、目标、内容、学业质量等部分都提出了明确要求，要促进学生继承和弘扬中华优秀传统文化、革命文化、社会主义先进文化，提升对中华文化的认同感和自豪感，建立文化自信；基于义务教育语文课程培养的核心素养的四个方面——文化自信、语言运用、思维能力和审美创造凝练关键要素，统领并呈现义务教育语文课程总目标，并分"识字与写字""阅读与鉴赏""表达与交流""梳理与探究"四类语文实践活动呈现学段要求；积极探索并构建了结构化的语文课程内容，设计了"语言文字积累与梳理""实用性阅读与交流""文学阅读与创意表达""思辨性阅读与表达""整本书阅读""跨学科学习"六个学习任务群，每个学习任务群贯串四个学段，螺旋发展，体现学段特征，坚持阶段性、层次性与整体性的统一。首次在义务教育语文课程标准中增加"学业质量"部分，学业质量以核心素养及其表现水平为主要维度，结合四个学段的课程内容，按照日常生活、文学体验、跨学科学习三类语言运用情境，对每个学段学生语文学业成就表现进行整体刻画，四个学段的语文学业质量相互衔接，体现了层次性、整体性，为评价学生核心素养发展水平提供了基本依据。

第二节　义务教育语文课程理念

　　《义务教育语文课程标准（2022年版）》的课程理念由五个部分构成，每个部分关注一个重点，分别阐述课程标准的课程目标、课程结构、课程内容、课程实施、课程评价五方面的整体设想，这五个方面既各有侧重，又互相联系。因此，对课程理念的理解，既要注意五个方面的独特之处，也要注意它们之间的关系。

一、立足学生核心素养发展，充分发挥语文课程育人功能

　　一门课程必须有其独特的育人功能，这是其存在的前提条件。语文课程在

落实立德树人根本任务上有独特之处。语言文字是最重要的交际工具和信息载体，是人类文化的重要组成部分。语文课程是学生学习运用国家通用语言文字的课程。学生学习国家通用语言文字的过程，就是形成最基本的生活能力、工作能力和学习能力的过程，同时也是吸收古今中外优秀文化成果、提高思想文化修养、建立文化自信的过程。这些过程有助于学生成为德智体美劳全面发展的一代新人。

顺应时代对人才的需求，现行语文课程标准提出"核心素养"这一概念和"综合构建素养型课程目标体系"，强调"立足学生核心素养发展"："核心"强调的是课程目标与内容上的特点；"素养"强调的是语文学习指向学生终身发展的目的特点。语文课程引导学生学习什么样的知识，发展什么样的语文核心素养，获得什么样的能力，培养什么样的品格，形成什么样的价值观，是学科育人的基本问题。

核心素养取向的课程目标强调培养学生解决真实情境中复杂问题的能力，具体到语文课程，就是培养学生在真实情境中运用语言文字的能力。语文学科知识应包括典范的语言材料、典型的语言经验等，教师应引导学生在积累、梳理、探究过程中将它们建构为结构化的学科知识。杨向东教授认为，系统的、结构化的学科知识、技能、观念和方法，是学生深刻理解任务情境、明确问题、形成假设和问题解决方案的根本基础[1]。义务教育阶段的语文教学需要引导学生在识字与写字、阅读与鉴赏、表达与交流、梳理与探究等语文实践活动中逐步提升核心素养。

二、构建语文学习任务群，注重课程的阶段性与发展性

依照多年来的实践探索，义务教育语文课程结构主要划分为四个学段，依次为 1~2 年级、3~4 年级、5~6 年级和 7~9 年级。现行语文课程标准的一大突

---

[1] 杨向东. 指向学科核心素养的考试命题 [J]. 全球教育展望，2018（10）：39-51.

破为主要以学习任务群来组织与呈现课程内容，根据不同学段学生语文学习的特点，整体规划学习任务群的学习内容，体现课程的阶段性和发展性。

学习任务群的设计依据，遵循了学生身心发展规律和核心素养形成的内在逻辑。在语文课程中，核心素养的培养需要指向真实世界语文生活的语文实践活动，有很高的综合性，不能靠简单的记忆，也不能是单点知识线性排列的学习。学生作为学习主体，应主动建构言语活动经验，发展思维品质。

学习任务群的安排注重整体规划，根据学段特征，突出不同学段核心素养发展的需要，以生活为基础，以语文实践活动为主线，以学习主题为引领，以学习任务为载体、整合学习内容、情境、方法和资源等要素，设计语文学习任务群。"具体而言，学习任务群包含七种要素：引领性的学习主题；指向生活中语言文字运用真实需求的学习情境；识字与写字、阅读与鉴赏、表达与交流、梳理与探究等语文实践活动；引领性学习主综合性、整体性、结构化的学习任务；语文知识和典型语言材料等学习内容；语文学习的基本方法；多种多样的学习资源。

三、突出课程内容的时代性和典范性，加强课程内容整合

这一条是关于课程内容特点的理念。该理念的内涵主要是三个关键词：时代性、典范性、课程整合。

这里的时代性主要指关注新生活、开发新资源，以提升课程适应社会生活的意识。2011 年版课程标准在 7~9 年级的学段目标与内容中，首次提出"阅读由多种材料组合、较为复杂的非连续性文本，能领会文本的意思，得出有意义的结论"❶，成为语文课程建设中一道亮丽风景，如今电子文本、非连续性文本、混合文本、多文本、整本书等不同形态的读写文本随处可见。

---

❶ 中华人民共和国教育部.全日制义务教育语文课程标准（2011 年版）［M］.北京：北京师范大学出版社，2011：10.

注重语言材料的典范性是中国传统语文教育中行之有效的经验。但是，在新媒体成为主要阅读媒介以后，碎片化、浅表化、去经典阅读现象逐渐增多，由此带来的文化断层、语言粗糙等现象已经广受批评。这一理念不仅必要，也非常及时。强调语文课程的典范性，主要指语言材料构成要经典，鼓励经典阅读，提倡整本书阅读。无论是语文教材编写还是语文教学实施，都应该注意这一点。

加强课程整合是 20 世纪中叶以来国际课程改革的趋势，也是 21 世纪以来我国语文教育改革的主要方向。注重核心素养培养，按学习任务群建构内容，提倡单元教学，加强与社会生活的联系，与课程整合理念都是一致的。

四、增强课程实施的情境性和实践性，促进学习方式变革

2001 年 6 月，教育部印发《基础教育课程改革纲要（试行）》，确立了基础教育课程改革的六大目标，其中第五项目标专门针对课程实施这一要素，从正反两个方面明确了对学习方式变革的具体要求："改变课程实施过于强调接受学习、死记硬背、机械记忆的现状，倡导学生主动参与、乐于探究、勤于动手，培养学生搜集和处理信息力、获取新知识的能力、分析和解决问题的能力，以及交流与合作的能力。"[1] 本次语文课程标准修订过程除了接续前两版课程标准学思结合、知行合一、关注差异、激发兴趣、开发资源、拓展时空的课程实施理念之外，又顺应课程改革的整体发展趋势的一些新要求。

一是提出将"促进自主、合作、探究"作为新的学习方式，这是为了纠正部分学校和教师在学习方式变革实践中出现的误读和偏差，如自主学习的"有放无收"、合作学习的"合而不作"、探究学习的"有做无学"等。

二是强调"从学生的生活实际出发"。语文学习的外延和生活的外延相同，最好的语文教育必定是基于生活、为了生活、在生活中的。这也是 21 世纪课程改革一以贯之的理念。

---

[1] 中华人民共和国教育部.基础教育课程改革纲要（试行）[Z/OL].[2001-06-08].

三是强调"创设丰富多样的学习情境"。只有借助丰富多样的、真实的学习情境，才能真正将学习"还原"到生活中。PISA 阅读素养测试就明确提出了"为应用而阅读"的理念，并确定了生活中的四种阅读情境：个人的、公共的、教育的、职业的❶。

四是"设计富有挑战性的学习任务"。现行语文课程标准的第二条课程理念专门阐述了"语文学习任务群"，这里的"任务"正是与增强课程实施的情境性和实践性的课程理念呼应，再次明确了学习任务对培养核心素养的重要作用。从积极的角度来看，只有当学习任务具有挑战性时，才更容易激发学生自主探究的热情。

五是进一步强调了阅读在语文学习方式变革中的重要性。前两版课程标准针对阅读教学提出了"少做题，多读书，好读书，读好书，读整本的书"的要求，本次课程标准修订将其前置到"课程理念"部分予以强调，足见读书在语文学习方式变革中的重要地位。引导学生养成多读书、读好书、读整本书的习惯，用系统性、深刻性、经典性的阅读为学生的学习建构起雄厚而高雅的"智力背景"，这是能让学生受益终身的事情，也是语文教学义不容辞的职责。

五、倡导课程评价的过程性和整体性，重视评价的导向作用

本次课程标准修订以单独的条目阐述了课程评价的理念和要求，体现了对评价的高度关注。首先，从学和教两个视角，简要点明了课程评价的目的和功能。合理提出以课程评价促进学生学习、促进教师教学的评价目的。其次，提出了全面评价和全程评价的理念。长期以来，课程评价主要集中于知识和能力方面，而对于过程与方法、情感态度与价值观少有涉及。而今，课程改革已经

---

❶ 冯善亮.为了应用而阅读：PISA 阅读素养测评框架介绍［J］.广东教育（综合版），2014（10）：34-36.

进入核心素养时代，树立全面的、发展的学业评价观，在关注学生一时一地学业成绩的同时，还要着眼于学生长远的能力发展。再次，提出分类评价和综合评价的理念。现行语文课程标准一方面要求根据不同年龄学生的学习特点和不同学段的学习目标，因地制宜、因人而异地选用恰当的评价方式；另一方面要求评价抓住关键，突出重点。最后，提出多元评价和数字化评价的理念。充分发挥多元主体的优势，让家长、学生都成为评价主体，这可以使语文课程评价更具互补性和吸引力。与此同时，数字时代的到来为多元主体参与评价提供了充分的条件，为推动课程评价的范式转型，以及构建立体化的学习评价网络提供了无限可能❶。

第三节　义务教育语文课程目标

一、核心素养的内涵

义务教育语文课程培养的核心素养是文化自信和语言运用、思维能力、审美创造的综合体现。它与高中阶段的语文学科核心素养有一脉相承之处，且适应新时代的发展要求，同时兼顾了义务教育阶段的特点。

（一）文化自信

文化自信是指学生认同中华文化，对中华文化的生命力有坚定信心。通过语文学习热爱国家通用语言文字，热爱中华文化，继承和弘扬中华优秀传统文化、革命文化、社会主义先进文化，关注和参与当代文化生活，初步了解和借

---

❶ 郑国民，李宇明. 义务教育语文课程标准（2022年版）解读［M］.北京：高等教育出版社，2022：53-57.

鉴人类文明优秀成果，具有比较开阔的文化视野和一定的文化底蕴。

作为语文课程培养的核心素养之一，文化自信具备四个特点：第一，它是通过学习逐步养成的；第二，它主要指向三种文化（中华优秀传统文化、革命文化、社会主义先进文化）；第三，它是开放、包容的；第四，它是多向度并行的。

文化自信在核心素养诸方面中居上位，它内涵丰富，目标远大。义务教育阶段学生建立文化自信，要润物无声地落实到语文学习中。学生入学伊始认写汉字，就是在认识、了解和传承中华文化。汉字是会意字，文化含义十分丰富。教师要引导学生在学习字、词、句、篇的过程中，逐步培养学生对国家通用语言文字和中华文化的热爱。同时，也应在开阔的文化视野下，在文明的互相借鉴的过程中，在新旧文化的迭代过程中，铸牢对中华文化的自信。

（二）语言运用

语言运用是指学生在丰富的语言实践中，通过主动的积累、梳理和整合，初步形成语感；了解国家通用语言文字的特点和运用规律，形成个体语言经验；具有正确、规范运用语言文字的意识和能力，能在具体语言情境中有效交流沟通；感受文字的丰富内涵，对国家通用语言文字具有深厚感情。

作为语文课程培养的核心素养之一，语言运用由场景、路径和目标组成。语言运用的素养目标可以从对语言的掌握、对语言的运用、对语言的感情三个层次来理解。

（三）思维能力

思维能力是指学生在语文学习过程中表现出来的联想想象、分析比较、归纳判断等认知能力，主要包括直觉思维、形象思维、逻辑思维、辩证思维和创造思维。思维具有一定的敏捷性、灵活性、深刻性、独创性、批判性，有好奇心、求知欲，崇尚真知，勇于探索创新，养成积极思考的习惯。

思维是人类特有的一种精神活动，是在表象、概念的基础上进行分析、综合、判断、推理等认识活动的过程。它不仅存在于语文学习中，也存在于一切学习活动中。课程标准将思维能力纳入语文课程培养的核心素养中，在语文教学中强调要重视学生的思维能力发展，关注学生在语文学习过程中的联想想象、分析比较、归纳判断等认知表现，尤其要关注语文教学怎样用语文学科特有的方式来发展学生的思维能力。作为语文课程培养的核心素养之一，思维能力的内涵主要包括思维方式、思维品质和目标达成三部分。

（四）审美创造

审美创造是指学生通过感受、理解、欣赏、评价语言文字及作品，获得较为丰富的审美经验，具有初步的感受美、发现美和运用语言文字表现美、创造美的能力；涵养高雅情趣，具备健康的审美意识和正确的审美观念。

作为语文课程培养的核心素养之一，审美创造的内涵包括审美对象、审美路径、审美能力、审美情趣、审美意识和审美观念等方面。

（五）核心素养四个方面的关系

核心素养的四个方面是一个整体，四个方面的具体内容是互相关联的，不能简单分割。既然是不能简单分割的整体，为何又要分为四个方面呢？这就需要回顾一下本次语文课程改革的发展进程。

为了摆脱语文课程的技术主义、知识本位、文本为纲等片面做法，2001年印发的课程标准实验稿将"语文素养"列为语文课程的核心概念，强调语文课程应致力于学生语文素养的形成与发展。语文素养虽有外显的表现，但更多的是一种内隐的品质。语文素养最核心的内容是什么，需要进一步提炼归纳，以便教师把握。《普通高中语文课程标准（2017年版）》最早提出了"语文学科核心素养"的概念，并把普通高中语文学科核心素养分为语言建构与运用、思维发展与提升、审美鉴赏与创造、文化传承与理解四个方面。这是对学生通过语文课程学习应获得的正确价值观、必备品格和关键能力的具体化，是对语文课程育人目标的凝练和整合。

语文学科核心素养的四个方面是一个整体，存在着内在的、不可分割的关系。分解开来解释只是为了方便理解，并不意味着可以一个个单独施行或分别实现。教师在设计教学目标时要避免一项项简单对应。语文学科核心素养四个方面的提高是整体推进的，但在某一时段、某一教学环节中又可能是有所侧重的。有时，显性教学内容只与学科核心素养的某一方面或两方面相关，这是完全正常的。刻意追求在每堂课上都要体现语文学科核心素养四个方面的提高，反而会陷入刻板、机械、僵化的误区。语文学科核心素养就在语文教学的一般范畴内，它是对语文课程育人目标的优势整合与推进。它是润物无声的，是语文教育的恒久目标。

在四个方面中，文化自信是最重要的。核心素养是文化自信和语言运用、思维能力、审美创造的综合体现，其中文化自信的综合性最高，与其他三个方面的关联度最高。它既是语言运用、思维能力和审美创造中应有之义，同时又具有自身不可替代的独特内涵。

理解义务教育语文课程培养的核心素养，必须对语言运用与其他三个方面的关系有清晰的认识，只有这样才能避免出现背离语文课程性质、丢失语文课程特点的情况。

语言运用是语文课程独有的——要使学生在学习语言文字运用的过程中，加深对语文的理解与热爱，努力学会正确、熟练、有效地运用祖国语言文字。其他三个方面（文化自信、思维能力、审美创造）都与语言文字运用有关：要在发展语言文字运用能力的同时推进思维机制的发展，提高思维能力，增强思维的敏捷性、灵活性、深刻性、独创性和批判性；要激励学生在语文和其他学科的学习以及生活中，坚持对美的追求，培养健康的审美意识和正确的审美观念；要使学生在语文课程中进一步认同中华文化，理解和尊重文化多样性，关注当代文化，学习对文化现象的剖析，积极参与先进文化的传播。就语文课程而言，语言运用在核心素养中起到带动其他三个方面的作用，是核心素养的基础，其他三个方面的实现必须经由语言运用这一途径。我们要关注核心素养四个方面的综合发展和整体推进，同时要始终坚持语言运用在核心素养中的奠基作用。

二、课程总目标的特点

《义务教育语文课程标准（2022 年版）》提出的课程总目标的特点可以从以下四个方面来理解：

（一）育人取向

现行语文课程标准强调立德树人功能，重视思想品德和价值观教育；凸显文化育人的价值，即主动接受中华优秀传统文化、革命文化和社会主义先进文化熏陶，建立文化自信；广泛吸收人类优秀文化的精华，丰富文化内涵；积极参与社区文化活动与文化建设；提倡在实践中育人，即鼓励学生参与各种语文实践活动；提倡发展中育人，即根据义务教育阶段的学生特点和语文学科特点，在许多内容的表述上体现阶段性和过程性。这些内容既体现国家教育方针和政策，又凸显语文学科独特的育人功能，总体目标是培养德智体美劳全面发展的人，培养有终身发展学习能力和发展动力的人。

（二）学生立场

学生立场就是从学生的角度考虑语文课程设置。学生立场是由教育方针和教育规律共同决定的。现行语文课程标准提出的课程总目标从三个方面来保证其学生立场：一是出发点确立。课程标准虽然将课程总目标分为九条具体内容，但它们均指向语文课程培养的核心素养，而核心素养培养又指向一个归结点，就是学生的全面发展。二是学习内容选择。例如，"能结合自己的经验，理解、欣赏和初步评价语言文字作品"，能"用书面语言具体明确、文从字顺地表达自己的见闻、体验和想法"，这里面的"结合自己的经验""初步""表达自己的见闻、体验和想法"，都注意了学生的生活特点和心理特点。三是表述角度选择。表述角度就是课程标准中陈述一个学习行为的主语是谁，它也意味着课程实施的主体是谁。在教学大纲时代，陈述主语自然以教师为多，如"指导学生正确地理解和运用祖国语文"❶，其表述角度便是教师。进入课程标准时代后，课程标准中的课程目标均注意从学生角度进行表述，现行语文课程标准也继承了这一合理做法，这对编写教材单元目标、设计教学方案具有引领作用。

（三）整合意识

语文学科原本具有天然的统整性，但自新学制引入以来，在很长一段时间里，我国语文课程采用的是一种科学思维主导的模式，其特点和趋势是"不断分解"：将语文学习内容分成若干短文和知识点，再将它们分配到若干课时中。而语文教学就是让学生逐篇学习这些课文，去获取课文中的知识。这显然与现代课程理念背道而驰。现行语文课程标准中在追求课程整合方面做了更进一步的努力，从课程总目标来看，首先是树立核心素养理念，并以此为中心阐述课程目标。其次，强调核心素养的四个方面是一个整体，并加强九条课程总目标之间的内在关联性。最后，每一条课程目标集中阐述一个话题，并注意各要求之间的逻辑关系。例如，指向审美创造核心素养培养的第八条课程目标：

感受语言文字的美，感悟作品的思想内涵和艺术价值，能结合自己的经验，理解、欣赏和初步评价语言文字作品，丰富自己的情感体验和精神世界。

其意思可分为三层：第一层指向对作品的感悟，第二层指向结合自身经验进行加工，第三层指向用语言表达自己的审美体验与审美鉴赏。这三层指向有机整合、逐步提高，既有不同重点，又有内在关联。借助这样的整合思路和有内在逻辑的表述，能有效保证课程目标的整体性。

（四）时代特色

教育是社会生活的有机组成部分，课程理念、课程内容、课程实施和课程评价，都会在一定程度上反映社会生活的变化，体现教育教学理论和技术的进

---

❶ 中华人民共和国教育部.九年义务教育全日制小学语文教学大纲（试用修订版）[M].
北京：人民教育出版社，2000：1.

步。现行语文课程标准的主要变化是围绕核心素养组织课程总目标。围绕核心素养构建课程目标体系，帮助学生传承优秀文化，形成文化认同，增强文化自信，树立正确健康的文化交流态度，成为义务教育语文教育义不容辞的责任。

现行语文课程标准从多个维度强化文化育人目标：一是将"弘扬社会主义先进文化、革命文化、中华优秀传统文化，建立文化自信"列为课程目标。二是凸显汉字汉语中固有的文化内涵，在义务教育阶段要求"感受语言文字的美，感悟作品的思想内涵和艺术价值，……理解、欣赏和初步评价语言文字作品"。三是明确将"积极参与和组织校园、社区等文化活动"列入学习过程。以上这些变化使课程总目标具有鲜明的时代特征。

第四节　义务教育语文课程内容与学业质量标准

一、课程内容解读

义务教育语文课程内容主要以学习任务群的形式组织与呈现。学习任务群由相互关联的系列学习任务组成，共同指向学生的核心素养发展，具有情境性、实践性、综合性。

（一）语文学习任务群的内涵及特点

语文学习任务群是根据发展学生核心素养的要求，实现语文课程内容结构化的一种新探索，是语文课程内容新的组织形式。语文学习任务群由若干相互关联的学习任务组成，它通过真实情境中的学习活动整合重组原有相对孤立客观的知识，使之情境化、条件化，成为学习任务或学习活动。例如，把学习《三峡》《答谢中书书》《记承天寺夜游》《与朱元思书》等关于山水的古代作品，与学生在当下生活中的所见所闻所感结合起来，通过学习任务"山川之美，古来共谈"，统领"领略万千气象""感悟天地之心""尝试模山范水"等学习活动，引导学生在自主合作和综合多样的阅读与鉴赏、表达与交流、梳理与探究等实践活动中学习。这里的学习内容就不再是几篇单一的文言文，而是被整合在拥有真实情境的学习任务之中，形成新的结构化的内容。因此，可以说，学习任务群既是课程内容的结构，也是课程内容，是新的结构化的内容❶。从这个意义上说，语文学习任务群丰富了课程内容的内涵，体现了一种新的课程内容观。课程内容不能仅仅是知识点，应该是既有本学科的最重要的概念、命题、主题这些知识或者技能，还应有学生的学习过程，要明确学什么、学到什么程度、用什么样的方法学、学了以后怎么去运用，这些要素都应属于"课程内容"的范畴❷。语文学习任务群是以核心素养为纲的，不是一个单纯的知识内容的组织形式，更不是知识的线性排列。

语文学习任务群以学生的生活为基础，切实加强语文学习与学生生活的联系。内容选择从学生日常语文生活开始，从个人生活到公共生活，从家庭、学校到社会，逐步扩大语文生活的范围。语文学习发生在真实的生活情境之中，由此而设计的学习任务是与日常生活、社会生活相联系的包括语言运用活动在内的活动，容易激发学生的学习动机和兴趣，帮助学生积累生活经验，提高学生对语言的理解和运用能力，增进学生对生活和社会的认识，从而提高学生的生存和发展能力。

语文学习任务群以核心素养为纲，以生活为基础，以学习为主线，整合单元各种元素，具体整合途径就是以主题为统领、以任务为载体。以主题为统领，体现了一个单元里内容多样性和一致性的统一，也较好地处理了重点和一般的关系；以任务为载体，体现了学习与实际生活的联系，也体现了一个单元里学习方式的综合性、多样性与关联性、连贯性的统一。

---

❶ 郑国民，李宇明. 义务教育语文课程标准（2022 年版）解读［M］. 北京：高等教育出版社，2022：100.

❷ 朱慕菊. 构建新教学理念指导下的育人共同体［J］. 语文教学通讯，2021（Z3）：1.

（二）语文学习任务群的设置

义务教育语文课程设置"语言文字积累与梳理""实用性阅读与交流""文学阅读与创意表达""思辨性阅读与表达""整本书阅读""跨学科学习"六个学习任务群。现行语文课程标准对每个学习任务群的定位与内涵都进行了清晰的表达。

六个学习任务群突出义务教育语文课程的任务和儿童学习语文的特点；强化每个学习任务群的主要育人功能，突出正确价值观、必备品格和关键能力，加强识字与写字、日常会话、语言及文化积累、阅读鉴赏、表达交流与沟通、梳理探究、学会学习等语文关键能力的培养；重视学生文化自信、语言运用、思维能力、审美创造的全面发展；重视"整本书阅读""跨学科学习"等新的学习方式，促进学生核心素养与合作、反思、创造等综合素养的整体提高和协调发展。

每个学习任务群既相对独立，相互之间又保持着多种多样的联系。"语言文字积累与梳理"最具基础性，在独立设置学习任务群的同时，也渗透在其他学习任务群之中，既可以单独设计学习单元，也可以与其他学习任务群结合设计学习单元。"实用性阅读与交流""文学阅读与创意表达""思辨性阅读与表达""整本书阅读"，虽然区分较为明显，但各自与其他学习任务群也保持着多重关联和呼应。"跨学科学习"在专门设置学习任务群的同时，在其他学习任务群中也都有安排。每个学习任务群都有机融入了诸多教育元素，都是育人的综合体。

六个学习任务群并不与核心素养一一对应，也不是从学科知识内容单一维度去考虑的，其设置综合考虑了学习主题、学习场景、学习内容、学习行为等因素，是学科内容逻辑、生活逻辑、学习逻辑有机结合的产物。语文课程本来就是一门综合性、实践性课程。如果从综合的视角去仔细研究六个学习任务群的定位和内涵，就会发现六个学习任务群设置的合理性和内在秩序。工具性与人文性的统一是语文课程的基本特点。语文课程与自然科学课程不同，它既有清晰的一面，也有模糊的一面。语文学习任务群正体现了这种清晰与模糊的统一。

六个学习任务群贯串四个学段，螺旋发展，既具有整体性，又体现学段特征。整体性与阶段性统一主要表现在综合考虑学生的生活范围、语言学习需求、学习兴趣、认知特点、语言文字运用能力等发展的阶段性，学段课程目标以及课程内容的连贯性、层次性、广度和深度的发展梯度，统筹设计不同学段的学习情境、学习内容的范围与深度以及学习方式。

（三）语文学习任务群引领教学变革

语文学习任务群充分体现语文课程的综合性和实践性，引领教学方式变革。它以核心素养为纲，改变以知识点、能力点简单线性排列来组织课程内容的做法，追求知识、技能和思想情感、文化修养等多方面、多层次目标发展的综合效应，追求课程内容、学生生活、语文实践之间的协调和融通。教学内容的整合重组必然会引领教学的变革，改变围绕学科知识逐点解析的分析型教学，改变围绕学科知识和技能的逐项训练模式，把学生从被动的接受性学习和机械操练中解放出来。学生要围绕真实情境中的任务，综合运用多种学习方法去识字与写字、阅读与鉴赏、表达与交流、梳理与探究。这种学习是自主、合作、探究的学习，是主动积极的学习，是在行动中的学习、创造性的学习。教师会把更多精力放在教学设计与教学组织上，设计基于真实情境的任务，组织引导学生在行动中学习，在使用语文的过程中学习语文，在分析和解决问题的过程中学习语文。

二、学业质量标准解析

义务教育语文课程学业质量标准整体对应语文课程总目标，根据学习任务群的内容要求，总体描述学生语文学业成就表现，用以反映学段目标的达成度，旨在强化教师、教材编写者、考试命题人员科学的质量观，为课程教学、教材编写、考试评价提供依据。

（一）学业质量标准的基本架构

义务教育语文课程学业质量标准是学生核心素养在义务教育阶段的具体化，是对学生核心素养可观察的具体行为表现的描述。

义务教育语文课程学业质量标准以核心素养为依据，按照日常生活、文学体验、跨学科学习三类语言文字运用情境，呈现学生在文化自信、语言运用、思维能力、审美创造四个方面的整体表现，具体到每种情境，均按照识字与写字、阅读与鉴赏、表达与交流、梳理与探究的具体活动内容描述学生语文学业成就。四个学段通过相同的活动类型呈现水平特征，学业水平进阶表现为情境复杂程度的增加，以及学生完成不同类型任务时关键能力的发展。

在描述学生核心素养四个方面的水平变化时，总是把识字与写字、阅读与鉴赏、表达与交流、梳理与探究四个相关要求放在语言运用的过程中去描述，把相关的情感态度方面的表现与语文的具体表现放在一起，将学生情感态度等的变化作为能力及品质的体现来反映学生的学业水平，以体现核心素养的整体性和综合性。

现行语文课程标准通过这样的描述方式，试图完整反映义务教育语文课程对学生核心素养培养的基本要求，为评价学生核心素养的具体表现提供操作性较强的参照标准；刻画学生核心素养发展水平的进阶程度，区分学生核心素养表现的具体水平差异，也试图以关键表现作为参照，区分不同水平学生的表现，以体现学生语文学业的进阶性特征。

（二）关注对学生语用水平的刻画

语文积累是学生形成核心素养的重要前提，需要学生认识一定数量的汉字，掌握一定数量的词汇，背诵一定数量的文章，阅读一定数量的文学作品。这些基本的语言材料和语言经验是构成核心素养的基础。值得关注的问题是，有些人认识不少字词，也背诵了不少文章，但核心素养并不高，主要原因是他们没有把那些语言材料语用到语言理解和表达中。义务教育阶段学生核心素养水平的差异主要表现在语言经验的丰富程度和整合水平上。义务教育语文课程学业质量标准特别把语言材料和语言经验的积累和整合水平作为区分学生核心素养水平差异的重要标志之一。四个学段的语言经验的结构化水平不是截然分开、孤立存在的，而是相互依存、由低级水平到高级水平不断递进的，而且其发展又是连续的、螺旋式上升的。

（三）关注学生语用品质和思维品质的发展过程

语言是交际的工具，也是思维的工具，语言的发展和思维的发展密不可分。义务教育语文课程学业质量标准不仅关注学生外在的语言运用行为水平的变化，还关注学生在语文学习过程中思维能力和思维品质的发展与提升。

学业质量标准将学生思维能力和思维品质的变化水平置于语言理解和语言表达的具体行为过程中加以描述。例如，描述学生理解语言过程中的思维发展水平的高低，可以观察学生在阅读活动中是否能有效地提取信息、概括信息，是否能依据文本信息、联系个人经验作出解释，是否能对信息及其表达作出评价，是否能应用获得的信息解决问题，通过学生在提取信息、概括信息、解释信息、评价和应用信息时表现出的不同特征来刻画其水平。如此，不仅突出了对学生语言运用能力的考查，而且强调了对学生思维能力和思维品质的考查，并将两个方面的要求融为一体。

（四）关注学生情感、态度、价值观在教学影响下的积极变化

义务教育语文课程培养的核心素养，是学生在积极的语文实践活动中建构起来的个体语言经验系统。这个经验系统不仅包括学生的认知经验、语言经验，也包括学生在语言实践中形成的情感体验、态度倾向、价值观等。义务教育语文课程学质量标准不仅描述了作为认知经验的语文知识和技能，也提出了作为活动经验的语文活动过程、方法、策略的相关要求，还强调了学生在语言实践中形成的情感、态度和价值观方面的要求。

与三维目标表述方式不同的是，义务教育语文课程学业质量标准对这些方面学习结果的描述，是将其作为核心素养的有机组成部分置于语文实践活动中，作为语文学习所获得的情感、态度方面的基本品质来刻画的。义务教育语文课程学业质量标准涉及的学生情感、态度、价值观方面的要求，都与对语文实践活动过程的描述连接在一起。在谈到对学生积累、整合语言材料和语言经验的要求时，有对学生在积累、整合活动中表现出的主动性和积极性这一类态度倾向的要求，用"喜欢""有兴趣"等表现情感倾向的词语来描述，旨在体现对学生核心素养发展的整体要求，旨在强调这些方面的学习结果虽然不能通过纸笔测试直接测量，但作为重要的学习目标和学习结果，可以通过学生的学习表现进行观察、记录和评价，应该作为评价标准的重要内容。

需要进一步说明的是，情感、态度、价值观方面的变化及表现比认知方面的变化及表现复杂得多。兴趣、态度和个性特征的形成比较慢，只有过了很长一段时间，甚至好几年，才能在评估技术中看出变化，但是，情感行为可能会经历比认知行为更突然的转化。面对学生语文学习过程中复杂的情感、态度、价值观变化，现行语文课程标准列出的仅仅是初步描述，虽然建立了水平层级，但仅仅提供了过程性评价的指标框架，这方面评价的内容、形式与工具还需要更多的探索，通过积累大量的学生行为表现，进行长期研究。

【实践与探究】

1. 研读现行的语文课程标准总目标和学段目标。分析比较小学三个学段在语文实践活动四个领域的目标变化。

2. 上网搜集一个近期的名师教学实录，按照现行语文课程标准的基本理念对其进行评析。

3. 结合教学实践谈谈"学习任务群"的设计与实施将对未来的语文课堂教学会带来哪些改变。

第三章 小学语文教学设计的主体

【学习目标】

1. 从教师、学生两个方面理解小学语文教学设计的主体对教学设计的影响。

2. 明晰小学语文教师的角色定位和素养要求。

3. 掌握小学生学习特点，把握小学生语文学习规律，重新认识语文教学和语文学习活动。

第一节　小学语文教师的角色与素养

教师对自身角色的定位，直接决定了教师怎样对待学生，以及怎样进行教学。教师作为语文课程的实施者，只有积极地适应时代发展的需求，重塑人才观、教育观、课程观，完成一系列的角色转换，才能使新一轮的语文课程改革顺利、有效地进行。

一、现代教师角色

20 世纪 70 年代以来，兴起于西方的一些重要理论流派（如建构主义、实用主义、人本主义等）对现代教师角色进行了深入探讨，世界各国在相继进行的基础教育课程改革中对教师角色重新定位，将教师总结概括为：课程建构者、学习促进者、课堂对话者、教育研究者[1]。

（一）课程建构者

随着时代变迁，大数据、人工智能等先进技术带来的第四次产业革命对教育的冲击，现代课程已经由封闭走向开放，由专制走向民主。课程的目标、内容、实施、评价等因素越来越强调开放、多元、整合。比如，现行语文课程标准就对语文课程内容进行了重构，三个层次、六大任务群的结构化内容要求教

---

[1]　江平.小学语文课程与教学［M］.北京：高等教育出版社，2017：278.

师必须从对学科内容的关注转向对学生经验的关注，课程不再只是静态的文本课程，而且是动态的体验课程。

这就意味着：第一，教师对课程内容要有自己的理解和诠释，对于课程内容要从不同的层面进行意义建构。第二，教师应根据学习情境的实际需要，对课程内容进行再处理。这种处理不仅包含教学内容顺序的调整，还有对情境任务的创造性设计。第三，教师不再孤立于课程之外，而是课程的一部分。教师本身就是一部活教材，是课程的设计者和开发者。后现代课程论专家小威廉姆·E. 多尔（William E. Doll）认为，后现代教师更适合扮演"创造者""开发者""实施者"的角色。为了拥护课程的后现代观点，他建议发展一种"舞蹈型课程"❶，其中的"舞步"尽管是模式化的，但却是独特的，是舞伴（即教师与课本、教师与学生、学生与课本）之间交互作用的结果。

（二）学习促进者

现代科技高速发展，教师要在几年时间内把所有知识全部教授给学生，既没有可能，也没有必要。在网络发达的信息时代里，教师不再是唯一的知识源和信息源。而且，时代需要更多既有知识又有批判精神和创新能力的学生个体。为此，联合国教科文组织在其编写的《学会生存》一书中强调："现在教师的职责已经越来越少地传递知识，而越来越多地激励思考；除了他的正式职能以外，他将越来越成为一个顾问，一位交换意见的参与者，一位帮助发现矛盾论点而不是拿出现成真理的人。他必须集中更多的时间和精力去从事那些有效果的和有创造性的活动：互相影响、讨论、激励、了解、鼓舞。"❷课程方案提出要促进自主、合作、探究的学习方式，教师必须减少教导，增加促进，成为学生学习的服务者和促进者，这是教师最明显、最直接、最富有时代性的角色

---

❶ 小威廉姆·E. 多尔. 后现代课程观［M］. 王红宇，译. 北京：教育科学出版社，2000：149.

❷ 联合国教科文组织国际教育发展委员会. 学会生存：教育世界的今天和明天［M］. 北京：教育科学出版社，2017：108.

特征。人本主义心理学家卡尔·R.罗杰斯（Carl R. Rogers）指出，衡量一个教师优秀的标准是"看他（她）有多大的创造性以促进学习，以保持或激发学生对学习的热爱"❶。作为学生学习的促进者，教师的主要职责是：科学观察，适切引导，教学生学会学习；为学生提供丰富的学习资源，帮助他们发现所学知识的个人意义；给学生心理上的支持，营造理解、信任、温暖、愉悦的学习氛围，和学生一起创建教学共同体；培养学生的自律能力；及时反馈和有效激励，让学生享受成功的喜悦，帮助学生形成自我反思的习惯。

（三）课堂对话者

课堂教学应被看作一种师生平等对话与双向互动的过程。在对话教学中，教师不再是单纯的教授方，输出知识和方法；教师也不再把学生看作接受教育的"对象"，而是以"开放"的态度去面对学生，以"同伴"的身份去关照学生，以"对话者"的身份去尊重同样作为"对话者"的学生，教师不仅要会表达更要懂得倾听。通过对话实现信息的交互和传递，教与学的过程中教师本身也得到成长与发展，真正实现"教学相长"。

（四）教育研究者

20世纪70年代，英国学者劳伦斯·斯坦豪斯（Lawrence Stenhouse）从课程实施的角度，提出"教师作为研究者"和"没有教师的发展就没有课程的发展"的著名论断。他认为，教师是教室的负责人。从实验主义者的角度来看，教室正好是检验教育理论的理想实验室。对那些钟情于自然观察的研究者而言，教师是当之无愧的有效的实际观察者。无论从何种角度来理解教育研究，都不得不承认教师拥有丰富的研究机会❷。在他看来，课程是发展教育思想并进行验证

---

❶　江光荣.人性的迷失与复归：罗杰斯的人本心理学［M］.武汉：湖北教育出版社，2000：193.

❷　宁虹."教师成为研究者"的理解与可行途径［J］.比较教育研究，2002（1）：48-52.

的媒介，教学是课程探究的过程；而课程教学研究的最佳途径是教师与专职研究人员合作。教师可以成为一名改进课程实践的行动研究者。小学语文教师长期工作在教育教学一线，对实际教学中存在的问题最为了解，也更容易走进学生的内心世界，具有从事教育科学研究尤其是深入研究和反复实验的最佳条件和独特优势。教师要学会以研究者的心态置身于教学情境之中，以研究者的眼光来审视课程教学中的问题，把课程教学实践作为一个个课题来进行研究。

二、语文教师角色

通过文献综述可以发现，我国学者对小学语文教师角色的探讨还不够充分，更多地看到了教师角色的共性，而没有关注小学语文教师角色的个性。受此影响，小学语文教师的角意识相对比较朦胧。但专家们的某些观点还是值得我们关注的。

（一）母语的精通者

指导学生学习如何运用国家通用语言文字是语文教师的首要责任。小学语文教师必须非常熟悉和了解我们国家通用语言文字的特点和规律。与印欧语系明显不同，汉语是一种非形态语言，缺少词类标志和词形变化。汉语的主要语法手段是虚词和词序，受语法规则的限制相对较小，而语言组合的灵活性较大。作为汉语的书面符号，汉字是一种表意文字。汉字不仅有音码和义码，而且有形码。汉字的多码性决定了初学汉字难度高，同时也带来汉语书面语的易解、多解和深解等问题。汉语言文字的上述特点和规律要求小学语文教师要帮助学生打好文字基础，重视汉语作为母语的学习规律，在学习初期应重视积累，不求甚解，重视实际应用，不求理论体系完整。

（二）民族语言的示范者

教书重在立德树人，小学生有较强的向师性。这就决定了小学语文教师必须在语言的使用上成为学生模仿的榜样。小学语文教师必须非常热爱祖国语言文字，并通过言传身教激发学生对汉语的热爱；还要能够说好普通话，写好规范字，有较高的语文素养，成为学生学习语文的模范。

（三）语篇的品鉴者

阅读与鉴赏是学生重要的语文实践活动。语文教师不仅要指导学生习得科学的鉴赏方法，还要提升学生的审美品位形成正确的价值观念。语文教师鉴赏文章内容，不但要具备一定的语言文字知识，能够理解字、词、句的本义和引申义，还要具备文章学和写作学知识，了解作品的创作背景、表现手法和写作意图等。小学语文教师要综合采用多种方法，对文章内容做出相对合理的评价。小学语文教师在鉴赏不同体裁的文章时可以把握关键要素进行鉴赏。另外，小学语文教师还要准确把握学情，理解学生，鉴赏学生的习作。

（四）语文教学的实践者

来自一线的小学语文教师在不断的实践中，积累了丰富的教学经验和训练经验。如在识字教学方面，坚持识写分开和多认少写，要音、形、义相结合，要与听、说、读、写训练相结合；在写字教学方面，重视书写习惯的培养，关注写字姿势、强化写字基本功的训练；在阅读教学方面，重视学生的自读自悟，关注阅读策略和阅读方法的训练，把"读写结合"作为阅读教学的基本规律；在习作教学方面，鼓励学生进行释放天性的自由表达，主张先放后收和以读助写，重视观察能力培养和写作素材的积累；在口语交际教学方面，实行案例教学、情境教学，强调口语表达的社交功能和实用价值。这些小学语文教学的特点和规律，都是通过小学语文教师一节节语文课、一次次语文实践总结积累、论证来的。

三、小学语文教师素养

著名语文特级教师斯霞指出："语文教师如能具备一口普通话，一手好文章，一笔好字的基本功，有较丰富的自然和社会常识，并能懂得一些心理学和教学法，那么，上起课来就能得心应手，教学质量的提高就有了保证。"❶ 其实教学目标的多元性、教学任务的艰巨性、教学功能的多重性、教学内容的广泛性、教学过程的复杂性、教学方法的多样性、教学显效的长期性等，都决定了小学语文教师的素养结构必然是多层次、复合、全面的。小学语文教师素养主要由身心素养、道德素养、知识素养和能力素养等构成。

（一）身心素养

身心素养是小学语文教师其他素养的前提和基础。一方面教师要有较好的身体素养，主要指在运动、劳动和生活中所表现出来的力量、速度、耐力、灵敏及柔韧性等。小学语文教师由于承担了较多的教学任务，繁重的劳动需要消耗大量的精力和体力，这就要求小学语文教师必须有强健的体魄和充沛的精力。健康的体魄是其他一切素养的载体。小学语文教师只有身体素养好，才能承担日常的教育工作，保持旺盛的生命力。另一方面教师应该有良好的心理素养。小学语文教师健康的心理品质，不仅对小学生的影响是深远的，而且对自身的提高和完善有重要作用。心理素养包括智力因素和非智力因素。其中，智力因素主要指敏锐的观察力、稳定的注意力、清晰的记忆力、灵活的思维力、充分的想象力等。非智力因素主要指稳定的情绪、丰富的情感、乐观的性格、广泛的兴趣、坚定的意志等。

（二）道德素养

道德素养是教师的核心支柱，它决定着教师的理想信念，制约着教师的道德水平，影响着小学语文教师从事教育教学活动的态度，是教师职业发展的灵魂，甚至会影响所教学生的思想品德的形成。学生将自己的教师看作自己要努力学习的道德模范，所以教师的道德风貌起着重要的作用。不论在课堂内外、

❶ 汤振纲，齐云霞.斯霞语文教学艺术研究［M］.福州：福建教育出版社，2018：211.

学校内外，还是在社会生活和个人生活中，教师展现在学生面前的全部言行都是学生的榜样。教学永远具有教育性，语文课程历来讲究"文以载道"和"文道统一"，是最能触动学生心灵的课程之一。小学语文教师在实际工作中又多担任班主任工作。这就要求小学语文教师在个人道德素养和职业道德素养两个方面都应具备较高水平。

2019 年，中共中央、国务院印发的《新时代公民道德建设实施纲要》指出，要在全民族牢固树立中国特色社会主义共同理想，在全社会大力弘扬社会主义核心价值观，积极倡导富强、民主、文明、和谐、自由、平等、公正、法治、爱国、敬业、诚信、友善的背景下，教师应先"立己"再"树人"。尤其在职业素养方面，2008 年 9 月，教育部颁发了重新修订的《中小学教师职业道德规范（2008 年修订）》，该规范从爱国守法、爱岗敬业、关爱学生、教书育人、为人师表和终身学习六个方面对教师提出了明确要求。而为人师表是教师职业的内在要求，它要求教师言传身教，以身立教，没有爱就没有教育，教师要用自己的人格和学识魅力来教育和影响学生；终身学习是教师专业发展不竭的动力，它要求教师做终身学习的表率和典范，及时更新和优化知识结构。

（三）知识素养

知识素养是指教师在教学中所应具备的知识结构及一定程度的知识种类、数量。知识素养既是教师从事教育教学工作的前提条件，也是构成教师素养的重要基础。新时代的小学语文教师不仅是知识的传递者，更是知识的构建者和创造者。这样的角色要求促使小学语文教师具备丰厚的知识素养。概括地说，这种素养主要由四个层面的知识构成❶：

1. 本体性知识

本体性知识即教师的学科专业知识，是教师从事学科教学活动的基本前提。苏霍姆林斯基也把"熟知学科内容并且绰绰有余"作为教师教育素养的第

---

❶ 江平.小学语文课程与教学［M］.北京：高等教育出版社，2017：288-292.

一要素。他告诉教师："应当在你所教的那门学科领域里，使学校教科书里包含的那点学科基础知识，对你来说只不过是入门的常识。在你的学科知识的大海里，你教给学生的那点基础知识，应当只是沧海一粟。"❶ 小学语文教师必须拥有扎实、深厚、结构合理的语文学科知识，包括语言学知识、文字学知识、文章学知识、文艺学知识以及美学知识。

2. 条件性知识

条件性知识是指教师应具有的教育学和心理学知识。教师不仅要清楚教什么，更要知道怎么教，联合国教科文组织指出："教学若被视为一种专业，则需要教师具有专门的知识与能力：教师要学习应该教的知识和如何教授这些知识的专门知识。"❷

条件性知识包括揭示教育规律的教育学知识、研究人的心理活动规律的心理学知识、研究语文教学活动规律和方法的语文教育学知识；小学语文教师应在通晓所教学科知识的基础上，重视教育学和心理学的学习。小学语文教师如果经过了较为系统的教育学、心理学和语文教育学的学习，教学方法比较娴熟，就能更快地进入角色并取得好的教学效果，这样的小学语文教师往往更受欢迎。

3. 实践性知识

实践性知识是教师掌握的并在其教学实践中实际使用和表现出来的对教育教学的认识，是教师在教学实践中建构的、关于教学实践且指向教学实践的一种行动知识，具有实践性、情境性、个体性、缄默性和整合性等特点。实践性知识是教师知识结构中的重要组成部分，是教师专业化发展的逻辑起点，是影响教师教学成效的关键因素。教师的实践性知识主要由关于教育信念、课程、教学策略、学生、自我和反思等方面的知识构成。

---

❶ 苏霍姆林斯基. 给教师的建议［M］. 周蕖，王义高，刘启娴，等译. 武汉：长江文艺出版社，2021：8.

❷ 联合国教科文组织. 教育：财富蕴藏其中［M］. 联合国教科文组织总部中文科，译. 北京：教育科学出版社，2014：142.

教学经验是教师实践性知识的主要来源，它有利于教师快速高效地解决类似情境中的教学问题。但是，不加反思的教学经验也可能对实践性知识产生负面影响。如果不对经验加以理性反思，就会阻碍教师的自身发展。

4. 文化知识

小学语文课程是其他课程学习的基础，其内容几乎涉及所有的知识领域，从另一个角度来说小学语文课本好比一本小百科全书。这既给小学语文课程提供了丰富的教学内容，也对小学语文教师的知识面提出了更高的要求。叶圣陶先生认为："如果一位教师能够精通自己教的那门功课，对其他各门功课也都大致地进行了解，那么他在教课的时候就能触类旁通，一定会使学生得到更多的益处。"[1] 现代社会，学科之间互相渗透，所以小学语文教师需要具备结构化的多学科知识。其中包括思维科学知识、社会科学知识、自然科学知识等。

（四）能力素养

能力是人顺利完成某种活动所必备的个性心理特征。它是在具备一定知识经验的基础上，由内在的心智和外在的技能相互作用而构成的。小学语文教师的能力素养通常由语文能力、教学能力和科研能力构成[2]。这三种能力是小学语文教师素养的核心构成部分。

1. 语文能力

语文能力由听、说、读、写四种能力构成。语文能力是语文教师的基本功，是衡量语文教师素养的重要尺度。小学语文教师的语文能力应该整体上高于其他课程的教师。

具体说来，小学语文教师应该具备良好的聆听能力，倾听学生，了解学情，做出具体、切实和有效的指导。小学语文教师还应具备良好的口头表达能力，能够落实学生听的训练又成为学生说的示范。小学语文教师也应具备较强

的阅读能力和写作能力，一方面，小学语文教师需要通过阅读来充实自己，要善于通过正确、流利、有感情的朗读来吸引学生；另一方面能留心观察生活，善于分析问题，能用丰富的词语、流畅的文笔来表情达意，掌握各类文章的写作要领，善写"下水作文"和教研论文。

2. 教学能力

教师良好的教学能力是课程有效实施的重要保障。小学语文教师和其他学科教师一样，应该具备钻研教材、教学设计、教学组织、教学反思的能力。一线小学语文教师就是在不断的教育实践与教育反思中成长起来的。

3. 科研能力

作为一名合格的小学语文教师，不仅应具备较强的教学能力，而且应具备一定的科研能力。较强的科研能力也是新时代小学语文教师能力培养的生长点。教师不仅要懂得教什么和怎么教，还要理解为什么要这样教、学生需要教师怎样教等。科研能力是小学语文教师知识水平、教学能力和创新意识的综合体现，其主要包括调查研究的能力、选题立意的能力、文献综述的能力、设计实验的能力、撰写论著的能力。

教师专业化是世界教师教育发展的趋势和潮流，是新时代对教师队伍建设的要求。现行语文课程标准的颁布与修订，要求小学语文教师与新课程同步发展，不断提高自身的专业化水平。因为"一个国家的教育能取得什么样的成就，主要取决于谁是国家的教师以及他们能够和乐于干什么"❶。教师是课程改革的主体和关键因素，小学语文教学质量最终取决于小学语文教师的专业发展程度。教师个人的专业成长过程贯穿并持续于教师生涯的整个历程，是一个无止境的非线性的过程，它包括多个不同的阶段，而且在不同的阶段又有不同的发展速度和侧重点。

---

❶ 罗莎·玛丽亚·托雷斯，从改革的代理人到变革的主体：拉丁美洲教育的十字路口 [J].教育展望（中文版），2001（2）：115.

第二节 小学生语文学习的特点与方式

一、小学生的学习特点

（一）基于教师指导的有目的、有计划、有组织的学习

小学生的课业学习，是为了掌握人类历史积累下来的各种经验，是在特定条件下进行的一种有目的、有计划、有组织的活动；非课业学习与其相比大多是根据个人的需要、兴趣和特长，自行选定，带有任意性。课业学习的主要内容，是由国家根据社会的需要、学生的年龄特征和各学科的知识体系一规定的，学生不能任意取舍。当然，我们在注意"共性"的同时，不可忽视"个性"，尤其是小学语文课程中学生的课业学习。

在小学阶段，学生的学习是在教师的具体指导下进行的。教师掌握和控制着教育的目的、方向、进程，支配着学生的学习活动。教师的教学质量对于学生的学习质量有着重大影响，教师的教使学生学起来容易，少走弯路，节省时间。但从本质上说，教师的教只是一种条件，是外因，学生的学才是内因；教师教得再好，没有学生的愿意学，也是不起作用的。所以，从某种意义上说，学生学得好与坏，主要原因在于自己是否愿意学。即使愿意学，同一学习内容，每个学生的感受也是不一样的。

（二）以系统掌握间接经验为主

在小学阶段，学生所学的内容主要是前人创造的间接知识，是经过检验的真理。这些知识具有浓缩性和逻辑序列性的特点，是按照学科的发展逻辑结构排列的。学生学习这些知识时，总的来说要遵循从感性认识到理性认识，再从理性认识到实践的认识过程规律。此外，小学语文的学习与其他学科不同，是学生经历生活、体验情感、积累言语、培养语感的过程。

（三）互相帮助和互相竞争的集体交往活动

小学生学习更是一种集体活动，即学习是在一种集体环境中进行的。这种环境使互相帮助和互相竞争同时存在于学习的过程之中。一方面，师生、生生之间在学习、生活、情感等方面，互相请教、互相帮助，时时处处都在发生联系，进行交往。另一方面，学习又使小学生在获取知识、掌握技能、发展智力、提高能力的同时，在思想品德、身体、心理等方面得到健康发展。这就使小学生具有强烈的自我发展意识和自我完善要求，充分认识到学习与自身的利害关系，按照规定的目标，最大限度地挖掘自己的生理和心理条件与潜力，顽强拼搏、全面锻炼、提高自己，并在此过程中，不可避免地与他人展开竞争。由此看来，良好的学习环境和密切的人际关系，对小学生的学习起着重要的激发、鼓励作用。

二、小学语文的学习方式

学习方式（learning style），又译作学习风格，由美国学者哈伯特·塞伦（Herbert Thelen）于 1954 年首次提出。学习方式是指学生在完成学习任务过程中的基本行为和认知取向，是学生学习时在自主性、探究性和合作性方面所表现出的一些基本特征。

学习策略是指学习者完成学习任务或实现学习目标而采取的一系列步骤，其中某一特定步骤称为学习方法。学习方式不同于具体的学习策略和方法，它不仅包括学习方法、学习策略、学习手段等方法、技术层面的外在表现，还包括学习态度、学习品质等智慧、性格层面的内在品质，是学习者持续表现出来的学习策略和学习倾向的总和。

传统的小学语文学习方式以教师讲授、传授知识为主，学习活动成了知识技能生硬记忆、机械训练的活动，学生成为接受灌输的对象，被剥夺了学习的自主权，能动性及情意品质的全面发展受阻。现行语文课程标准在课程理念第

4条明确指出："激发学生的好奇心、想象力、求知欲，促进学生自主、合作、探究学习。"自主、合作、探究学习应该成为小学生学习语文的学习方式，可通过内涵解读来深入理解。

（一）自主学习

所谓"自主学习"是就学习的内在品质而言的，与之相对的是"被动学习""机械学习"和"他主学习"。自主学习是一种主动的、建构性的学习过程，是"自我导向、自我激励、自我监控"的学习。在这个过程中，学习者可以参与对自己有意义的学习目标的确定，自己制订学习进度，参与设计评价指标；学习者可以积极寻找各种思考策略和学习。在解决问题的过程中，学习者可以投入情感，让学习过程有内在的动力支持，从学习中获得积极的情感体验；学习者对认知活动能够进行自我监控并做出相应的调适。自主学习强调个体独立、自觉、主动地学习，强调对学习建立自我定向、自我监控、自我调节和自我评价。

教师应引导学生在自主学习方式实施过程中自觉经历自主选择、自主设计、自主发展等阶段。教师需要注意给予学生充分的自主选择权，并营造民主、开放的学习氛围，同时应当注意的是小学生自主学习能力尚处于较低水平，所以需要教师在过程中跟踪指导，来自教师适当的点拨可避免学生的学习活动处于盲目、随意的状态。

（二）合作学习

合作学习是针对学习的组织形式而言的，与之相对的是"个体学习"。合作学习指学生在小组或团队中为完成共同的任务有明确责任分工的互助性学习。它有以下几个方面的要素：积极的相互支配合，特别是面对面的促进性的互动；在完成共同任务中积极承担个人的责任；期望所有学生能进行有效的沟通，建立并维护小组成员之间的相互信任，有效地解决组内冲突；对个人完成的任务进行小组加工；对共同活动的成效进行评估，寻求提高其有效性的途径。

合作学习具有互助性、互补性、自主性、互动性等特点。在以班级授课制为主的教学形式下，小组合作学习是改善传统的师生单向交流的一个很好的方式。它通过多向的互动交流，使每个学生都有言语实践和自我表现的机会，让每个学生既可以发表自己的学习心得，又能够养成注意倾听别人意见的良好习惯，促进学生之间的互相启迪和帮助。

教师在指导学生进行合作学习时应注意建立小组是合作学习的前提和基础，指导小组成员建立互助合作的关系尤为重要，所以教师也应重视培养学生的合作态度和技能，教师在小组合作学习中是学习目标的制定者、程序的设计者、情境的创设者，以及讨论的参与者、协调者、鼓励者和评价者。小组合作学习的评价也较传统评价更为多元和全面。

（三）探究学习

这里所说的小学生的语文探究学习，主要是指在教师的引导下，学生独立发现问题、获得自主发展的学习方式，主要表现为：学习者有强烈的问题意识，不满足于接受现成的答案，把小学语文学习过程变成一种发现问题、解决问题的过程，积极主动地发现问题、探索和追寻现象间的因果联系，发现规律，找到解决问题的方法。

探究学习是一种学生通过参与发现问题、实验、操作、调查、信息搜集与处理、表达与交流等探究活动，从而获得知识与技能、发展情感态度与价值观、培养探索精神和创新能力的学习方式。一般而言，探究学习的基本特征主要表现在问题性、过程性、开放性等几个方面。我们一般把探究学习分为提出问题、制订计划、调查研究、交流总结四个阶段。

综上所述，小学语文"自主、合作、探究"学习方式的实施，旨在"以人为本，以人的终身发展为本"。在教学过程中，教师不仅要为学生的"自主、合作、探究"学习方式营造良好的氛围和空间，还应该重视学习共同体的建设，提高合作学习的效益。教师应成为组织者和引导者，将"自主、合作、探究"的学习方式真正落到实处，促进学生语文素养的全面提高，真正让学生爱学习语文、会学习语文。

【实践与探究】

1. 小学生的语文学习活动是怎样进行的？

2. 作为小学语文教学的研究者，小学语文教师应做好哪些工作？

3. 结合当下小学语文教师专业核心素养的内容，思考哪些方面是自己需要提升的？

4. 思考如何成为一名合格 / 优秀的小学语文教师？

第四章　小学语文教学设计的客体

【学习目标】

1. 从教材和课程资源两方面理解小学语文教学设计的客体对教学设计的影响。

2. 理解现行小学语文教材特点，能够根据学情创造性地使用教材。

3. 能把握不同类型资源的特点，因地制宜、因材施教，开发并利用好小学语文课程资源。

第一节　小学语文教材特点分析及使用

一、统编小学语文教材介绍

自 2012 年 3 月开始，根据中央对义务教育道德与法治、语文、历史三科教材统编统用、三年实现全覆盖的要求，教育部组织专家历时五年编写了义务教育三科教材。统编教材更加注重立德树人，让青少年从小绘好中国底色，落实优秀传统文化教育，强化革命传统教育，注重法治精神培育。从 2017 年秋季学期开始，至 2019 年逐步实现所有年级全部使用统编教材。

统编小学语文教材沿袭了现代语文教材一贯采用的文选型编写方式，一篇篇课文仍然是主体。比如，四年级上册的语文教材：全书共 8 个单元 27 课，除识字表、写字表、词语表外，共 120 页，课文约占 97 页，比重高达 80%。其他年级各册语文教材，课文所占的比重大致相似（一年级上册除外）。虽然阅读篇目占比较大，但语文教材不等于阅读教材。在每一篇课文的后面，都有生字条和写字条，规定了学生必须认识和会写的生字，从这个意义上来说，小学阅读教材又是识字、学词、写字教材。在统编语文教材中，许多课文安排了小练笔、写一写、选做题等指向写作的练习。比如，三年级上册就有小练笔 4 次、写一写 2 次，还有与写作有关的练习 3~4 次。这些写作训练点，都与课文有密切的联系，有些小练笔的设计就是课文内容的延伸。从这个意义上来说，阅读教材又是写作教材不可或缺的组成部分。如果再仔细研究，不难发现，口语交际教材、综合性学习教材，包括语文园地，都与阅读教材有着密切联系，不能将它们割裂开。特别需要指出的是，统编小学语文教材强调立德树人。整套教材都围绕社会主义核心价值观教育、中华优秀传统文化教育、革命传统教育、民族团结教育、海洋与国家主权教育、法治教育等方面选择课文和确定单元主题，体现了国家意志。可见，统编小学语文教材还承载着对学生进行情感态度与价值观教育的重任，是融语文知识、语文能力及情感态度与价值观于一体的综合性教材。

二、统编小学语文教材的特点

统编小学语文教材在吸收既有各种版本教材的优点基础上，更加强调遵循教学规律，更有效地提升学生语文素养，突出德育为魂、能力为重、基础为先、创新为上的编写理念。

（一）落实中华优秀传统文化教育，融合社会主义核心价值观

统编小学语文教材以马克思主义全面发展理论为指导，将党的十九大报告精神融于教科书中。在落实中华优秀传统文化教育方面，统编教材古诗文数量增加，小学语文一共编排了129篇，约占总篇目数的30%，从汉字文化、古代蒙学读物、古代文学作品、历史名人故事、文化艺术、文化常识和民风民俗等方面进行了选编。古诗文通过多渠道呈现，在识字、课文、课后题、语文园地中的"日积月累"栏目中都有所体现。统编小学语文教材共编排文言文14篇，与人教版教材相比文言文学习时间有所提前，从三年级就开始选入文言文《司马光》（上册）和《亡羊补牢》（下册），四年级上册安排2篇（《精卫填海》《王戎不取道旁李》），直至六年级，每册都有2篇。统编小学语文教材共编排古典名著4篇，内容分别选自《三国演义》《水浒传》《西游记》《红楼梦》。优秀传统文化的内容和体裁多样，包含了蒙学读物、歇后语、谚语、传统童谣、楹联、成语等传统文化内容，其中古诗文最为常见。

语文教材是落实社会主义核心价值观的重要载体，统编小学语文教材选

文文质兼美，将社会主义核心价值观教育同学生的语文学习有机融合，力求做到"润物无声"。教材中有毛泽东、周恩来、朱德、邓小平等老一辈革命领袖，也有江姐、方志敏、黄继光、雷锋等英雄人物，有钱学森、邓稼先等著名科学家，还有鲁迅、茅盾等著名文学家的作品。

另外民族团结、法治意识、国家安全及生态文明教育也得到了重视。统编小学语文教文准确，内容丰富，比如一年级上册的入学教育"我上学了"第一部分，教材开篇以整幅画面以雄伟的天安门城楼、鲜艳的五星红旗为背景，展现了各民族小朋友穿着各具特色的民族服装欢聚在一起的情景，目的是使刚入学的一年级新生知道中国是我们的祖国，初步了解我国是一个多民族的国家，感受作为中国人的自豪。

（二）"双线组元"，体现了语文学科人文性与工具性的统一

学科教学重在育人，培养学生的语文素养是学生学好其他课程的基础，也是学生全面发展和终身发展的基础。语文课程丰富的人文素养促进学生和谐发展，有利于学生提升思想道德修养和审美情趣，形成良好的个性和健全的人格。同时，语文课程丰富多彩的语文实践活动帮助学生正确地理解和运用语言，更好地培养语感，发展思维，系统有效地掌握语文的阅读、写作、口语交际的方法、策略，使学生的语文素养得到全面提高。统编教材在保留人教版"人文主题"组织单元的同时增加"语文要素"，形成双线组织单元，这成为了本教材的鲜明特点。教材采取人文主题和语文要素两条线索相接的方式、按单元组织编排教材内容。"人文主题"重在选文的思想性，"语文要素"重在听、说、读、写的基本知识和能力。以宽泛的人文主题将单元课文组织在一起，将语文训练的基本要素作主线，分成若干个知识或能力训练点，由易到难地分布在各个单元。双线组织单元结构编排的教材内容，对教学设计提出了新要求，教师既要把握横向联系，又要注意纵向联系。一个单元的教材内容中，课文与课文之间、课文与习作之间、课文与语文园地之间，都有密切的关系。教材在编排语文要素时也注意到了不同学段、同年级上下册、前后内容之间的讲究序

列和梯度。

（三）尊重语文学习规律，关注兴趣培养，注重读写结合

学生是学习和发展的主体，要充分发挥学生的主体意识，确立每一位学生的主体地位，让每一位学生充分展示自我，具有语文素养，成为语文课堂学习的主人。统编教材设计以学生为本，充分关注学生的兴趣，彰显学生的智慧，把"语文课程是实践性课程"落到实处，使"一切为了学生的发展"有了落脚点。以三年级下册第三单元为例，本单元的人文主题是传统文化，四篇文章均体现了深厚的传统文化内容。要落实的语文要素是"了解课文是怎么围绕一个意思把一段话写清楚的"。教材除了编排课文，还编排了综合性学习板块。综合性学习活动渗透在每一篇课文的教学中，每篇课文后面安排的综合性学习和单元的综合性学习互相呼应，习作与综合性学习也相互结合，整个单元板块教学是学习方式的一种根本性转变。教材内容的安排倒逼教学实践要整体安排，把综合性学习贯穿于整个单元，注重综合、注重实践、注重探究，切实提高学生的语文素养。

统编小学语文教材改变传统的完全以阅读为中心的教材编排体系，科学地安排语文策略与能力序列，在重视培养阅读理解能力的同时，提高语言表达，特别是书面表达在教材内占的比重。

同时，课后练习中增加大量写作的习题，强化写作的练习。通过写，学生把自己的内心想法表达出来，同时也促进学生从周围的世界里汲取更多的知识，充实到写的内容里。观察力、想象力、形象思维和抽象思维等能力得到综合训练，推动学生更好地发展。

（四）提升学生阅读量，培养好读书、多读书、会读书的能力

统编语文教材增强语文学科内容的系统化设计，合理安排总体内容，将选文、活动、知识等有机结合，用少量课文示范，让学生学会阅读，对阅读产生兴趣。统编的阅读教学设计，以各单元课文学习为主，分为"教读"和"自

读"两种课型，辅以"名著导读"和"课外古诗词诵读"，共同构建一个从"教读课文"到"自读课文"到"课外阅读"的"三位一体"阅读体系。

精读课文由教师带着学课文，举例子，给方法。略读课文由学生运用教读课上学到的阅读经验自主学习，举一反三。课外阅读是课堂教学的有机延伸和补充，落实"扩大阅读面，增加阅读量，提高品位。提倡少做题，多读书，好读书，读好书，读整本的书……营造人人爱读书"的良好要求。统编教材主编温儒敏强调"学习语文，读书很重要，作为一线教师，不离其宗的是"抓读书"。

另外，"快乐读书吧"符合同一单元的主题内容。如三年级上册第三单元"快乐读书吧"《在那奇妙的王国里》就是童话内容，此单元是童话单元，意在让学生感受童话丰富的想象，习作内容是编童话、写童话。其他年级也都是如此。与不同年级单元选文相同，不同种类的阅读文本充分考虑了不同年级的学习难度，三、四年级安排童话、寓言等短篇文章，或短篇文章连缀而成的作品集，五、六年级安排长篇小说，开展整本书阅读。

（五）与语文学习任务群联动，发展学生学科核心素养

与以往教材不同的是，统编教材创新编排体例，安排了"特殊单元"，为学生语文核心素养形成提供了"土壤"：

一是习作单元。从三年级至六年级，每册教材安排专门的习作单元，由两篇正文、"交流平台""初试身手"、两篇例文和习作组成。三年级是观察和想象，要求学生仔细观察，把观察所得写下来；发挥想象写故事，创造自己的想象世界。四年级要求写一件事，让学生选一件印象深刻的事，按一定顺序把事情写清楚；或者按照游览的顺序写一个地方，把游览的顺序写清楚。五年级要求学生介绍一种事物，通过细致观察、搜集资料，用恰当的说明方法，把事物分段介绍清楚；或者选择典型的事例表现一个人的特点，尝试把特点写具体。六年级围绕中心意思写文章，选择一个感受最深的汉字写一个故事，拟提纲，从不同方面或选取不同实例，表达中心意思；或是选择一种印象最深的感受，

回顾事情的经过，回忆当时的心情，厘清思路写下来，让真情自然流露。八个习作单元围绕学生习作的重点和难点进行不同维度的训练，层次分明，目标清晰，思维自成体系，难度螺旋上升，扎实推进。

二是阅读策略单元。主要安排在三年级至六年级每个年级的上册。三年级是预测，要求一边读一边预测，顺着故事情节去猜想，学习预测的一些基本方法。四年级是提问，阅读时尝试从不同的角度去思考，提出自己的问题。五年级是学习提高阅读速度的方法。六年级是选择阅读的方法，根据不同的阅读目的，选用恰当的阅读方法。阅读策略单元的安排帮助学生习得阅读策略，提升阅读效果，使学生成为主动的阅读者。

三是综合性学习单元。三年级至六年级每个年级的下册则安排综合性学习单元。三年级是传统文化，四年级是轻叩诗歌大门，五年级是遨游汉字王国，六年级是难忘小学生活。综合性学习单元更加强调梳理与探究能力的培养，为学生跨学科学习提供素材。重视学生的体验、感悟、反思、对话等在学习过程中的作用，旨在突出学生的主体性，促进学生的可持续发展。新课程倡导的自主、合作、探究的学习方式在综合性学习单元教学中的落实尤为明显。

三、教材的使用

语文教材是学生获取知识、提高语文能力、养成良好的学习习惯、提高思想道德情操和培养良好语文素养的锁钥。正如叶圣陶先生所说："语文教本好比一个锁钥，用这个锁钥可以开发无限的库藏。"❶ 这一形象的比喻恰好说明教材是教学内容的载体。语文教师备课、进行教学设计或者上课是"教教材"还是"用教材教"，反映了两种不同的教学观："教教材"是把教学狭隘地理解为传授知识，把教材当作唯一的教学内容；而"用教材教"才是当今课程改革积极倡导的教学观念，这种教学观认为语文教学的目标是指向全人发展的，而不是

---

❶ 叶圣陶. 叶圣陶语文教育论集［M］.北京：教育科学出版社，2015：183.

知识的传授。教学内容不仅有印在书本里的知识，还有蕴含在书本知识背后的学生与教师、学生与学生、学生与环境相互作用中呈现出来的鲜活的问题。

教师实施教学，用好教材是前提，而研究教材是正确使用教材的先决条件，教师研究教材的过程是教师再创造的过程。其方法和步骤一般是从整体到部分——了解整套、把握全册、按组掌握、逐课吃透，再从部分到整体，反复理解，不断升华。

（一）通览全套教材，了解编排体系

钻研小学语文教材，要有整体观念。要把全套教材看作一个整体去通览，了解教材的编排体系，了解各册教材的分工、联系和衔接。每一套教材的编写人员都在努力追求建构一个促进学生语文核心素养发展的有特色的体系。了解教材编写的指导思想，了解教材的体系结构、内容等方面的特点，教师就能把握各部分内容间的纵向联系和横向联系，以便高屋建瓴地处理并使用教材。

（二）通读全册教材，把握基本结构

一册教材相对而言是一个整体。在通览了解整套教材的基础上，认真通读教授的全册教材，从整体上熟悉一册教材的所有教学内容、全册的编排及其结构特点、各项训练重点与难点的安排是备课的重要环节。把握全册教材，还要注意通读每一篇课文，每一课的课后练习、阅读指导、口语交际、指导习作、综合性学习的安排与提示等。找出各课、各单元之间的内在联系。

（三）研究整组教材，厘清训练层次

统编小学语文教材的编排，一般都呈现为围绕语文要素和人文主题的一个个学习单元。研究使用统编小学语文教材，一定要认真分析单元语文要素和人文主题，了解内容大意，明确目标，然后分篇章或模块学习，最后将单元整合。掌握教材所设计的语文知识和语文能力训练次序，设计好每单元的目标层次。

（四）逐课琢磨教材，内容融会贯通

每一篇课文相对而言也是一个整体，教师必须逐课推敲、潜心钻研、吃透教材。从每篇课文的题目、内容、插图、课后练习等方面理解编写者的意图，结合内容，厘清脉络，明确重点与难点，把握中心，然后进一步钻研课文中的语言运用、修辞、语法、标点，琢磨课文的篇章结构、体裁特点、语言风格，以及人物形象、故事情节、表现手法等。

虽不需要将上述内容一股脑儿都教给小学生，但作为教师，一定要弄通、弄懂、了如指掌。在备课过程中认识本篇课文在组中的地位与作用，为确定教学目标、安排教学课时、选择教学方法做好充分的准备。

每一篇课文的教学都应有重点、难点。确定一篇课文的重点主要依据两个方面：一是课文篇章、结构中的重点段落，二是课文在本组教材中所承担的主要任务。引导学生学习一篇课文，不能平均使力，要在字、词、句、段、篇以及听、说、读、写训练项目中选择一两项重点，集中训练。在教学设计中想方设法突出教学重点，让重点落到实处，提高学生理解重点的能力。教学难点一般包括两个方面：一是课文内容中学生难以理解的地方，二是语文知识和语文能力训练中学生难以掌握之处。教师要根据教材特点与学生实际找准课文难点，运用教学策略引导并帮助学生突破教学难点。

（五）用好参考书，切勿舍本逐末

教师还应该用好教学参考书、教学案例书等其他与教科书有关的课程资源。特别是要正确有效地使用教学参考书与教案参考书。目前，各种版本的教学参考书、教案参考书很多，为广大教师分析教材和备课带来便利。甚至有些教师舍本逐末，抛弃了与统编版教材相配套的教师用书，一味地追求教学设计的新、奇、变，照搬照抄各种教案参考书中现成的教学设计。这样的做法是不可取的。统编教材相配套的教师用书是官方指定的配套用书，内容有一定的权威性和指导性，教师应该认真研读。而其他版本的教学参考书，只能作为参

考，更不能让教学参考书束缚教师的创新与专业发展。胸中有"书"但不唯"书"，是我们使用教学参考书的良策。

第二节　小学语文课程资源的开发与利用

一、小学语文课程资源内涵

现行语文课程标准明确指出："语文课程资源既包括纸质资源，也包括数字资源；既包括日常生活资源，也包括地域特色文化资源；既包括语文学习过程中生成的重要问题、学业成果等显性资源，也包括师生在语文学习方面的兴趣、爱好和特长等隐性资源。"这段表述让我们进一步明确了小学语文课程资源的概念。教材资源包括教科书、教学参考书、配套读本、教学挂图、工具书以及教师的教案和学生的学案等。教学资源包括师生人际交往、作业及批改、各种教学案例等。学生本身也是课程资源。课程资源可以进行以下分类：

（1）传媒资源。信息技术已经走进了我们每个人的生活。丰富的网络资源也是小学语文课程资源的重要组成部分。

（2）学校资源。主要指校园建设、馆藏资料、各类活动以及教师经验、学生经验等。例如报告会、演讲会、辩论会、戏剧表演、研学活动等，还有图书馆、庭廊环境等。

（3）社会资源。生产劳动活动和生活中的人际关系都是资源。小学语文课程沿着家庭—学校—社会—国家—世界的思路引导小学生认识世界、了解世界。

（4）自然资源。指自然世界中的自然形态（日月星辰、风霜雨雪、高原山岭、平原大海、江河湖泊等）和人工形态（海堤水库、农田果园、园林花卉、种植养殖、基础设施等）。

（5）家庭资源。包括家长和亲友、家庭物质环境和家庭文化环境、亲友人际交往、生活学习习惯等。

"生活处处皆语文"，小学语文课程资源内涵丰富。这些丰富的资源在小学生的语文学习中发挥着协同作用，让小学生体悟"语文"的魅力。

二、开发与利用资源的基本问题与策略

课程资源的开发与利用要坚持目标导向，精选优质课程资源；调动多元主体，丰富课程资源类型，建立合作开发机制，实现课程资源的共建共享；充分发挥课程资源的育人功能，优化教学活动。小学语文课教师应该充分利用好各类课程资源，一定要注意协调好相关的因素，处理好相关问题。

（一）课堂教学资源与课外学习资源的区别

就课堂教学资源利用的经常性、便捷性来讲，课堂教学资源的开发、利用应占主导地位，课外学习资源对课堂学习起到一种辅助作用，是课堂教学资源的补充和深化。因而，小学语文课程资源的开发、利用要坚持"课堂为主""课外为辅"的基本策略。

1. 课堂教学资源的开发与利用

小学语文课堂教学资源包括教材、教学参考书、工具书、其他图书、纸印文字、图片、录音、录像、电影、电视、网络、电子音像资源及包括教师、学生在内的人力资源。

开发与利用小学语文课堂教学资源：一是用好教材内容资源。要充分利用教材创设的学生理解、表达、交流的空间，根据课文内容或教学活动选取一些语言文字、图画资料等，作为课文学习的背景、补充阅读材料，或以此组织语文综合性学习等，给学生的学习创造良好的空间。二是用好影视、网络等信息化课程资源。网络资源不仅是课程资源的手段，而且本身也是一座巨大的课程资源库，它打破了教室的相对封闭性，使教室成为一个开放的、民主的、师生

互动的教育教学场所。教师应充分发挥网络资源在语文教学中的独特作用，使学生在利用网络资源中得到了相应的发展。三是师生互动生成资源。小学语文课堂教学资源的开发、利用不能忽视教师、学生这一重要资源。教师个人的能力素养、观念手段都是实现资源优化整合的必要因素，教师是重要的、充满生命力的教学资源。学生作为教学对象，也是十分宝贵的课堂教学资源。"以学定教"要求教师根据学生学习的实际情况，选定适当的教学方法与手段进行教学。实践证明，只有师生动态的课程资源与其他以物化形式存在的静态课程资源有机结合时，才能生成充满灵性智慧的优质资源。

2. 课外学习资源的开发与利用

教师应利用好图书馆、广告栏等课外阅读学习资源，使课外阅读与课堂教学有机结合起来，使课堂教学资源得以增值，使课外学习资源的教育功能、审美功能等能得到充分发挥，最终使两者互为补充、相得益彰。比如，通过阅读报纸、杂志，利用图书馆资源加强学生的情感体验，使语文教学贴近社会生活；利用阅读网络资源，提高学生收集信息、处理信息的能力。

参观、游览等实践活动也是很好的课外资源。教师应引导学生将学习的视野引向人生、家庭、社会、科学、自然等更为广阔的世界。组织学生参加社区活动、场馆参观、亲近大自然，或进行社会调研、参与文化活动和各类竞赛活动等。与学校、社会各项活动相结合，与学生综合实践活动相结合，在各项丰富多彩的实践活动中拓宽语文学科实践平台，让无处不在的课外学习资源为"自己"所用，逐步成为语文课程资源。

（二）开发语文课程资源的制约因素

从学习理论角度讲，课程资源要为学习内容服务，符合学生身心特点，满足学生的兴趣爱好和发展需求。从教学理论上讲，课程资源要与教师教学修养的现实水平相适应。因此，开发语文课程资源要考虑到四个因素的制约：一是社会发展水平的需要，二是学生发展水平的需要，三是学校社区的资源条件现状，四是教师的教学风格。这四个因素及其协调程度影响课程资源开发与利用的质量。

（三）语文课程资源开发中的调查工作

在实际资源开发中，教师应做好三次调查：一是开展社会调查，了解社会发展趋势，以明晰未来人才应具备的知识、能力及相应的素质。二是调查学生情况，了解学生的发展需要和素质现状，以确定课程资源开发的重点、主导方向。三是调查社区课程资源的条件与分布状况，如自然环境、人文环境等，有的放矢地选择、利用。

【实践与探究】

1.选取一本统编小学语文教材，对照《义务教育语文课程标准（2022年版）》进行分析，看看教科书是如何体现其中的"教材编写建议"的。

2.请根据小学语文课程资源开发与利用的基本策略，对一个教学活动实录进行点评。

第五章　识字、写字与拼音教学设计

【学习目标】

1.理解汉字、拼音的特点以及字典在识字与写字教学中的意义。

2.通过案例研究，掌握汉语拼音教学、识字与写字教学的策略、过程、方法。

3.根据不同学段目标，尝试设计并实施拼音、识字与写字教学活动，掌握教学技能。

第一节　汉字与民族文化的传承

汉字是汉民族文化的重要组成部分之一，作为记录汉语的一套符号系统，自造字之初便承载着先人的思想观念，蕴藏着丰富的文化内涵。在民族文化不断向前发展的同时，汉字的形体也随之在音、意、繁、简等方面发生了变化，这都反映出当时人们的思想认识、文化习俗和生活实际的变化。

一、汉字的构字方法与文化意向

（一）汉字的构字图景思维

东汉许慎在《说文解字》中，将汉字造字、用字的方法归纳为六种，分别是象形、会意、指事、形声、转注和假借。其中，象形、会意、指事、形声是汉字造方法，也就是我们平时说的汉字构字规律，转注和假借是用字法。

汉字起源于图画，由象形字演变过来的汉字，至今还能反映事物的特征，例如"爪""鸟"等象形文字，把爪子、鸟儿的形象栩栩如生地展现在我们面前。会意字是把两个或两个以上的实物形体结合起来，从它们的联系或配合上表示出一种新的、抽象的意义，字形、字音、字义三位一体，通过笔画部件构形表意。指事字是由象征性符号或由象形字加上象征性符号演变过来的汉字，如"刃""本"等，可以从字形上推断出它的大致意思。形声字是由两个象形字组合起来的，它的形旁表示汉字的意义，声旁表示汉字的读音。虽然经过历代字形简化和读音演变,有些形声字形旁的表意功能已经不太明显,声旁的表音功能不太直接,但是仍能从中寻找到识记生字的方法。

(二)汉字的文化意向性

汉字作为一种语言符号,记录并承载着中华民族文化数千年的沧桑变迁,横平竖直的一笔一画,体现着中国人骨子里的坚韧不屈与血脉里的文化传承。通过了解汉字文化,"热爱国家通用语言文字,热爱中华文化,继承和弘扬中华优秀传统文化、革命文化、社会主义先进文化,关注和参与当代文化生活,初步了解和借鉴人类文明优秀成果,具有比较开阔的文化视野和一定的文化底蕴"❶,认同中华文化,对中华文化的生命力有坚定信心,实现文化自信。

1. 构字规律中的文化意向

汉字在构字规律中体现的文化意向,可以从汉字的结构形态和汉字表示的意义两方面来探究。

从结构上来看,汉字是方块字,书写布局有严格的要求,就每个字而言,要求结构匀称得体,笔画不松不紧,体现中华传统文化崇尚的对称之美。整篇布局时,要求汉字大小基本相同,字行之间有一定的空隙和距离。可以说,汉字书写艺术是中国"和谐"文化的集中体现。

从意义上来看,汉字采用联想、比拟等方法,勾画具体事物之间的联系,表现出具有生活图画和情景意象的思维方式。

我们常说,"一撇一捺就是'人'",那么,"人"这个字为什么要这么造呢?我们可以观察"人"字的形态。人的形态与动物的形态不同,人是站立行走的,不用手和脚爬行,所以,"人"这个字就是通过舒展的撇捺"立"起来。侧立形态的"人"字,看上去就像一个人伸出双手在田间劳作,因此,"人"这个字也反映出人从事主要活动时的形态。我们的祖先已经认识到人之所以区别于

---

❶ 中华人民共和国教育部.义务教育语文课程标准(2022年版)[M].北京:北京师范大学出版社,2022:4.

动物，就在于人能够劳动，所以在造"人"这个字的时候，取区别于动物的特征；正因为男人和女人从事的劳动不同，造"男"和"女"这两个字的时候也注意二者的区别，这恰恰反映出"以人为本"的传统文化思想。

另外，我们从会意字的构字规律中更容易发现汉字中蕴含的文化意向。"休"字的左边是人，右边是木，它的本义就是休息，它是古人根据人劳作间歇在树下休息的场景造出来的字。"休"字的创造，体现了人类与树木的密切关系，在紧张的劳作之余在树下休息一下，是一件令人愉快的事情，因此，"休"又可以引申出"美好""高兴"的意思。另外，汉字借助书写过程中的轻重提按和行笔使转，创造了点画的粗细、浓淡等汉字多姿的变化，形成不同质感的笔画，给人美好的视觉感受。

2. 汉字释义中的德育文化

中国自古就有"礼仪之邦"之称，崇尚礼仪是中华民族的优良传统。翻阅古典著作，细细品味汉字的意思，便能了解民族文化精神的内涵，体会为人处世的道理，提升学生的品德修养。

"谦"，本意是谦虚、谦虚，教我们内心要恭顺谨慎。《周易》中有述，"谦"好比是一把刀的刀把，一把刀再锋利，没有刀把就无法派上用场。一个人再有才华，不懂得谦虚，就好像没有刀把的刀一样，难以发挥大的作用。可见，谦虚是中华民族的美德。

我们透过文化典籍，仍然能体会得到汉字传递、表达的德育文化内涵。在识字教学中，将汉字蕴含的文化加以渗透，使优秀的民族文化得以传承和延续，潜移默化地陶冶人的性情，提高人们的道德水平。

二、识字教学中的民族文化渗透

识字教学是发扬优秀传统文化的途径和手段。从继承汉字文化的角度进行小学识字教学，既要了解古人造字时汉字的音、形、义，又要把古代的汉字文化融入小学识字教学中。传统文化与识字相结合的教学环节，不仅能深化学生对汉字的认识,培养、提升学生的识字兴趣,还能发扬传统文化的育人功能。

(一)教材编写中的文化元素体现

教材编排中,在识字教学方面凸显传统文化元素,对弘扬中华传统文化起着举足轻重的作用。

第一,教材中选用了大量有浓厚中国元素的插图,在视觉引导中对学生进行文化熏陶和渗透。如一年级(下)册《春夏秋冬》中的插图背景选择中国特有的扇面造型,与朗朗上口的识字内容相得益彰,让传统文化滋养学生的内心,丰富文化体验。

第二,选文内容上更偏向传统文化内容,将多元的传统篇目作为识字材料,将识字蕴藏在文本中,借助语境帮助学生识字儿童在诵读中识字,在积累中受到传统文化的滋养。一方面帮助儿童快速积累背诵,另一方面将民族传统文化的种子植根于儿童心间,激发儿童对传统文化的热爱之情。一年级语文课本"日积月累"栏目中体现传统文化的内容(见表5-1)。

表5-1 一年级"日积月累"中体现传统文化的内容

一年级上册		一年级下册	
古诗	《咏鹅》	古诗	《春晓》
	《悯农(其二)》		《赠汪伦》
	《古朗月行(节选)》		《寻隐者不遇》
	《风》		《画鸡》
俗语	一年之计在于春	成语	春回大地万物复苏
		歇后语	小葱拌豆腐——清二白
	种瓜得瓜,种豆得豆	名言	读万卷书,行万里路
		谚语	朝霞不出门,晚霞行千里

第三,根据汉字的音形义特点,选取了字理识字、古诗文识字、韵文识字等多种识字形式,体现了浓郁的中国特色,彰显出识字教学中的"中国功夫"。识字文本的选编,遵循了汉字表意文字、音形义相结合的特点,有利于帮助儿

童识字，激发儿童对祖国文字的热爱之情。

（二）识字教学与传统文化的融合

汉字是中华民族所特有的文化符号，汉字的构造彰显出汉语文化。根据汉字演变过程和发展规律追踪溯源，分析汉字构造，可以帮助学生进一步理解汉字的字义，同时增强汉族文化的认同感。因此，教师要有意识地在识字教学中强调对汉字源头的分析，根据字的特点，有针对性地选择教学方法，充分挖掘每个汉字背后的文化内涵，让学生感悟中国汉字的精妙，潜移默化地传播优秀传统文化。

【案例 5-1】

二年级下册识字《"贝"的故事》教学设计设想

教材中依次展示了贝壳实物图、甲骨文"贝"字、小篆"贝"字、楷书"贝"字。插图和文字内容帮助学生直观地感受到"贝"字的形状变化，也就是对汉字溯源的分析。教师在引导学生认识"贝"以及"贝字旁"的字时，可以这样来设计：

甲骨文"贝"，是贝类的两扇壳张开的样子。古时候，由于贝壳很漂亮、很珍贵，所以人们就会把贝壳当作饰品戴在自己的身上，慢慢地，人们逐渐发现，贝壳携带方便并且不容易被损坏，所以就把贝壳当作了钱币。因此，带有"贝"的偏旁的字往往都和钱财有关，比如"财、赔、赚、贫"等。

从甲骨文入手，介绍"贝"字的由来、演变以及发展，共同见证"贝"的前世今生，通过这样的讲解，用直观的方式引导学生发现汉字最初的模样。学生一下子就明白了"贝"为什么能作为钱币，也能结合读音或语境猜到"贝"字旁的字大概是什么意思了。

（沈阳市浑南区第二小学董琴）

第二节 拼音教学的一般规律

根据小学生掌握汉语拼音的特点，可以将拼音教学目标分为以下三个层次：一年级，达到保底目标，准确拼读、正确书写；二至四年级，在运用中巩固、熟练；五、六年级，逐渐满足信息社会对拼音程度的要求。准确定位拼音教学目标的序列，才能在拼音教学中达到事半功倍的效果。

一、正确拼读是拼音教学的中心

拼读，指的是会拼音，会辨四声，这是拼读音节的基本要求。其中，会拼音具体指学会 23 个声母、24 个韵母和 16 个整体认读音节，要求读准音、认清形。会辨四声指的是能认清调型，读准声调。正确拼读在拼音教学中处于核心地位。

（一）正确拼读拼音是小学生学习普通话的工具

汉语是目前世界上使用人数最多的语言，推广普通话是我国的一项基本国策。仅依靠汉语语言环境或是耳听口授的教学方式，不容易收到好的学习效果，最有效的途径就是教学生学会汉语拼音。正确拼读拼音，利用拼音学习普通话、正音正字，是推广普通话的重要渠道。因此，正确拼读拼音，是帮助学生摆脱方言影响、说好普通话的重要工具。

（二）正确拼读拼音是提升学生语文能力的需要

识字、阅读和写作都是小学生语文能力培养的重要方面，正确拼读拼音在提升学生识字、阅读等方面有着不可替代的作用。

汉语拼音是汉字的注音符号，利用汉语拼音能帮助小学生读准字音，纠正错误的读音，区别多音字。小学生在书面交流或习作练习中，遇到不会写的字或一时想不起来的字，都可以先拼读字音，再查阅字典认读汉字、学习汉字。可以说，汉语拼音是帮助小学生识字的有效工具。另外，认识拼音，学会使用拼音输入法，也就掌握了一种基本的办公技能。

语音是儿童在阅读中获得语义的重要途径，加强培养儿童阅读能力的关键是帮助他们解决书面字词的形、音转换问题。拼音可以作为一种线索工具，在儿童已有的音、义联系基础上，为字形提供语音信息。小学生在学习拼音拼读时，熟练拼读音节后，可以阅读注音读物，展开丰富的想象，感受语言的优美，提升阅读兴趣，从而在一定程度上帮助儿童克服阅读障碍，提升阅读能力水平。

总之，正确拼读汉语拼音是学生学习普通话的有效工具，方言区的学生学习标准普通话，必须要学会拼音；正确拼读汉语拼音为学生识字、阅读提供了工具，为学生尽早识字、阅读打下了基础。

二、认识大写字母是拼音教学的保障

认识大写字母，熟记汉语拼音字母表，为学习音序查字法作铺垫。小学生能有序地正确认读、背诵大写字母表，能将大小写字母相对应，在学习生僻字时，就能借助字典这一工具查找、练读拼音，从而提高拼音拼读、书写能力。

与认识大写字母相关的教学内容，在一年级下册中出现了三次，分别是"语文园地一""语文园地二"和"语文园地三"。"语文园地一"识记大小写字母，熟记字母表。"语文园地二"要求正确认读每一个大小写字母，尤其要关注字形发生变化的字母，能将大写字母和小写字母一一配对。"语文园地三"在讲解音序查字法时，指出先在"汉语拼音音节索引"里找到大写字母。可见，在教材编排上，通过认读和识记大写字母、背诵字母表、使用大写字母帮助查阅音节三个环节，将大写字母与拼音教学紧密联系起来，同时也帮助小学生的拼音能力逐步得到提升。

三、借助拼音认识汉字是拼音教学的关键

一方面，要求学生自主借助拼音来识字、读字，只要求会认、会读，不要求分析字形和书写，从而使拼音和识字达到相辅相成的作用。另一方面，强调借助字典，运用音序检字法和部首检字法认识汉字。随着年级的增加，教材注音的内容也在逐渐减少。其中，一年级上册教材在系统地学习拼音之前，学生们会在识字部分学习一些没有注音的生字，这些生字大多是生活中比较常见的，或者是在启蒙教育中接触过的生字，也就不需要汉语拼音来帮忙识记了。

课程标准在学段要求中没有单独列出汉语拼音教学的目标和内容，而是将其放在一年级上册的"识字写字"要求中，这样安排更加强调汉语拼音在识字教学中的辅助功能，体现出语文教学的整体性。学习汉语拼音的意义和目标是识字、查字典以及学习普通话等。教师在语文教学中能够把握好"度"，不需要对拼音教学锱铢必较，而是让拼音教学成为识字的小帮手，让学生能够充分利用拼音识字，最终可以进行自主阅读。学生只需学会音节的拼读，能够正确书写声母、韵母和音节，熟记《汉语拼音字母表》即可。这样的安排可以改变过去拼音教学内容过多、教学时间过长致使学生感到枯燥和厌烦的状况，更有利于识字教学的开展。

第三节 字典——汉字与拼音的融合工厂

一、认识字典

从传说中的仓颉造字到有迹可循的甲骨文，从繁体字到简化规范字，汉字随着时代发展一直在经历变迁，与此同时，记录文字变迁的工具——字典也随之更替变化。许慎的《说文解字》被称作我国的第一部字典，《康熙字典》对我

国文字的发展产生了跨时代的意义。现在，小学生入学时，都会收到一份特别的礼物——《新华字典》，字典已经成为家庭中的必需品，是我们学习中国语言文字的好帮手。

以《新华字典》为例，其包括如表 5-2 所示的六部分内容。

表 5-2 《新华字典》的内容

序号	内容
一	修订说明
二	凡例（指书籍正文前说明全书内容和体例的文字）
三	汉语拼音音节索引
四	新旧字形对照表，包括部首目录、检字表、难检字笔画索引
五	字典正文
六	附录，包括汉语拼音方案、常用标点符号用法简表、我国历史纪元简表、我国少数民族简表、我国各省（自治区、直辖市）及省会（或首府）名称表，以及世界各国和地区面积、人口、首都（或首府）一览表，还有计量单位简表、地质年代简表、节气表、元素周期表

从字典的结构和内容中，我们发现，字典将拼音和汉字结合起来，借助字典既可以通过拼音查阅汉字，又可以校正汉字的读音。另外，字典作为传承传统文化的瑰宝，以收字为主，也收录词语，并为字词提供音韵、意思解释、例句、用法等，它是学习汉语的重要工具书。

二、字典教学的意义

小学是激发学生利用工具书提升学习能力的启蒙时期，字典是学生接触到的最早的一本工具书，查字典就成为学生应该掌握的基本技能，因此，我们要把握好教小学生查字典的最佳时期，让小学生认识字典、会用字典、爱上查字典，从字典中受益。

字典教学可以帮助学生提高自学能力。对于学生而言，字典就像一位无声的教师，如果他们学会查字典，就不需要请教别人，便能自学生字、减少错别字，从而提高写作和阅读能力。字典教学可以帮助学生提升普通话能力。学生学会查字典便能通过字典帮助自己正音，说好普通话。把字典当成自己的朋友，便是开辟了一条通往知识的路。因此，教师在语文教学中，要重视指导学生选择恰当方法查字典，解决学习中的困难，从而提升学习能力。

三、查字典教学

查字典教学是培养学生语文自学能力的重要手段，对学生自主学习和终身学习具有深远影响。

常用的三种查字典方法，分别是音序检字法、部首检字法和数笔画检字法，其中，音序检字法和部首检字法是小学阶段重要的查字典方法。

（一）音序检字法

音序检字法是按字音查字词的一种方法，其教学与一年级的认读拼音是同步进行的，在查询字典的过程中还能进一步巩固拼音的学习，让小学生做到学中用、用中学。

根据一个字的汉语拼音第一个字母，就可以在"汉语拼音音节表"中找到这个字的拼音音节在正文中的页码，再按照这个字的声调到对应页码查找。查找只知道读音而不知道写法或意义的字，可以用这种方法，但必须熟悉汉语拼音字母顺序和汉语拼音音节。可见，认识大写字母，并熟记汉语拼音字母表、读准字音、了解字的声母和韵母、掌握字母的写法，是使用音序检字法的前提。一年级下册"语文园地三"第一次出现音序检字法，附有"音序检字法口诀"便于学生记忆和掌握，进一步帮助学生掌握音序检字法的操作方法。"音序查字法口诀"如下：

音序查字要记牢，先把大写字母找。

字母下面找音节，看看它在第几页。

（二）部首检字法

部首检字法是按字形查字的一种方法。它是根据汉字的部首去查检的，只要字典正文中的单字是按部首归类进行排列的，都可以运用部首检字法。运用部首查字法，需要会数笔画数、找部首和笔顺，其中找部首是难点。如二年级上册"语文园地二"安排学习部首查字法。教材详细地介绍了如何利用部首进行查字。具体呈现方式如下：

教材中先出现了一首小儿歌：

葡萄架，高又高，上边挂着紫葡萄。

狐狸看见往上跳，跳哇跳，够不着。

够不着，心不甘，不说自己笨，倒说葡萄酸。

接着，用两个泡泡图的方式引导学生思考，遇到像"狐"这样的字可以用部首查字法：

读书的时候，遇到了不认识的字，该怎么办？遇到不认识的字，可以用部首查字法查字典，如"狐"字。

最后，进一步给出部首查字法的步骤：

第一步：要查"狐"字的读音，先确定这个字的部首是"犭"，再数数"犭"的笔画，共三画。

第二步：在"部首目录"里的"三画"中找到部首"犭"和它所在的页码。

第三步：按照页码，在"检字表"中找"犭"部。再数数"狐"字除去部首还有几画，然后在相应位置找到"狐"字和它在正文中的页码。

第四步：按照页码，在正文中就可以查到"狐"字了。

（三）数笔画检字法

数笔画检字法也叫笔画起笔检字法。查找读音不确定、部首不明显的字，适合选用这种方法。只要数准字的笔画、认准笔形、写准笔顺，就可以在字典的"难检字笔画索引"中查到这个字在正文中的页码。这种查字典方法通常在中学阶段学习。

需要注意的是，在讲解查字典方法前，教师要边操作边讲解，让学生对查字典的过程有整体印象，再一步一步操作，反复演练，直至学生能独立运用。在讲授音序查字法时，要充分做好汉语拼音的复习与巩固，发挥拼音与汉字相辅相成的促进作用，实现音与形的充分融合。此外，要教会学生根据具体的情境，选择恰当的查字典方法，节省时间，提高查字典效率。

第四节 识字与写字教学设计的策略

识字与写字教学是小学语文教学的重要内容之一，贯穿整个义务教育阶段。本节着重探讨识字写字的教学设计策略。

一、识字教学设计策略

识字是学习和掌握文化知识的必要手段，是学习文化的开始。识字是儿童从运用口头语文过渡到学习书面语言的基本环节。识字教学是词、句、段、篇教学的桥梁和纽带，对培养学生的理解、表达等能力都具有深远的影响。

（一）基于汉字特点，渗透汉字文化

1. 探源字理文化，丰富汉字内涵

汉字是表意文字，它的形体结构具有直观性、形象性等特点。在部分汉字的教学中，教师可以引领学生探源字理，帮助学生更加形象地记住汉字。如一年级上册《口耳目》一课，呈现了由图到甲骨文到小篆到隶书再到楷体的演变过程，让学生说说哪些地方发生了变化，以此在识记生字的同时感受汉字

的趣味。

汉字中还有不少形声字。教师要利用形声字声旁表音、形旁表义的功能，引导学生认识汉字的造字规律，从而更准确地认清形、记住音、理解义。如一年级下册"语文园地五"的"识字加油站"是一首对韵歌："有饭能吃饱，有水把茶泡，有足快快跑，有手轻轻抱，有衣穿长袍，有火放鞭炮。"在日常的形声字教学中，教师也可以引导学生用这种编儿歌的方法帮助识字。

2. 利用汉字游戏，感受汉字奇妙

识字教学在第一学段中占较大比重，抓住本学段学生形象思维为主的特点，教师可以设计各种汉字游戏，让识字过程充满趣味，又让学生感受汉字的奇妙。常用的汉字游戏有：

（1）猜字谜。猜字谜是一种常见的汉字游戏，把生字编成谜语，在猜字谜的过程中识字，增强教学的趣味性。如一年级下册的集中识字课《猜字谜》，教师通过让学生读谜面感受字谜形义结合的特点，感受汉字的奇妙。同时，教师鼓励学生自己搜集、自编字谜让同伴猜，并把这样的方式用在其他识字课中。

（2）对对子。对对子是汉文化在社会生活中贯古通今，生命力最强，最精炼、实用的文学艺术。一年级下册识字课《古对今》就是以对子的方式呈现韵文，让学生通过反复诵读发现对子的特点，即前后字数相同、词性相同。这样对对子的方式也可迁移运用到别的识字课中。

（3）汉字朋友说说话。有些汉字容易混淆，教师可用"汉字朋友说说话"的方式让学生辨析，换一种生动有趣的方式给学生留下深刻的印象。如为区别"坐"和"座"，可以让学生想想这两个汉字见面会说什么：

"坐"对"座"说：你整天背着什么呢？不觉得很累吗？

"座"对"坐"说：老弟，我背的可是把大椅子呀！有了它，你才能"坐"呀！

"坐"说：那真是辛苦你了！我们先把椅子让给有需要的人坐吧！

（二）根据教学内容，选择教学形式

学生在义务教育阶段要认识常用汉字 3500 个左右，这些生字以不同的形式分布于各学段的教材中，除了课文中的生字，第一学段有独立的识字单元，与第一、二学段的部分"语文园地"的"识字加油站"，一起组成了识字内容。教师应该根据教学内容选择适当的教学形式。

1. 在集中识字中整合方法

集中识字是传统的识字方式，即先用一段时间集中教学本课要认的所有生字。这样的教学方式组织方便，有利于汉字之间的分析比较，也有利于识字方法的总结与整合。一般来说，识字单元的教学内容与"识字加油站"都会采用集中识字的教学形式。在引导学生集中识字时，应合理创设情境，在情境中引导学生识字。

2. 在随文识字中深入理解

小学语文教材编排以课文为主，一篇课文一般会融入适当的生字，少的三四个，多的十几个。如果用惯有的先学生字再读课文的模式，学生不免会感疲乏，且脱离语言环境的生字学习容易遗忘。因此，教师可以把一篇课文中的生字教学分散在各个语段学习中，边识字，边阅读，既加深对生字的理解，又促进阅读的深入，提高教学效果。

集中识字和随文识字各有妙处。对于生字数量多的课文，如果采用集中识字的教学方式，将识字与阅读完全割裂，显然不行；如果十几个生字都采用随文识字的方式，那么又会打破阅读的流畅性。因此，将集中识字与随文识字有机结合才是识字教学的关键。

（三）引导自主识字，培养学习能力

语文是各科学习的基础，而识字是语文学习的基础。学生在学习中遇到不认识的生字，部分是通过教师的"教"来习得，而更多的需要通过学生的"学"来习得。"教"是为了"不教"，培养学生自主识字的能力尤为重要。

1. 逐步传授方法，培养自主识字能力

教师要充分解读教材，注意传授学生识字方法，培养学生自主识字的能力。拼音单元的生字，要让学生借助拼音自主读准音；识字单元的集中识字要注意总结归类，学习多样的识字方法；课文中的识字教学要学习联系语境理解意思。

义务教育语文教科书的识字助学系统包括课后习题和"语文园地"中的"我的发现""字词句运用""识字加油站""展示台"等。这些助学系统常以学习伙伴的口吻提示构字规律、识字方法等。教师要引导学生关注提示的规律和方法，并学以致用，尝试自主识字。

2. 重视活动与评价，促进自主识字能力发展

如何发挥学生的主体性？课前鼓励学生用已学的识字方法自主识字；课中引导学生用同伴互助、集体交流等方式分享自主识字的成果；课后开展"识字对对碰""识字迷宫""一字开花"，以及每日阅读活动巩固学习的生字，同时自主学习新的生字。

对于识字的评价，要注意过程和结果相结合，课内与课外相结合，知识能力与态度相结合，要关注学生自主识字的态度和情感。评价识字要考查学生认清字形、读准字音、掌握汉字基本意义的情况，以及在具体语言环境中运用汉字的能力，借助字典、词典等工具书识字的能力。

二、写字教学设计策略

写字是学生必须要掌握的基本技能，写好汉字也是对中华优秀文化的传承。写字的过程，也是学生良好性情、审美能力和文化品位形成的过程。

（一）关注细节，培养良好习惯

良好的书写习惯是提高书写能力的关键。"书写提示"对书写习惯提出了要求，从一年级注意坐姿、握笔姿势到六年级养成自我检视的习惯，"书写提

示"将书写习惯的要求贯穿始终（表5-3）。

表 5-3　统编小学语文教材"书写提示"栏目关于书写习惯的要求

年级	书写习惯
一	写字时注意坐端正，握好笔
二	写字时要保持正确的坐姿和执笔姿势。先看后写，才能减少修改次数，保持页面整洁
三	使用钢笔，注意执笔姿势，把字写得规范、端正、整洁
四	认真对待每次写字，养成提笔就练字的习惯。集中注意力。掌握正确的运笔方式。一句话要连贯地写出来。书写速度要均匀，不要忽快忽慢
五	注意笔画，结构等方面的细节
六	书写要正确，不出现错别字和不规范的字。养成自我检视的习惯，不断提高书写水平

　　教师要从细节着眼，逐步培养学生的书写习惯。良好的书写习惯的养成，光靠课堂上的写字指导是远远不够的，需要教师在日常多关注、多提醒，并让家长共同关注孩子的书写习惯，促进学生书写水平的提高。

（二）依据教材，精讲书写要点

　　在日常教学中，要注重对学生的书写指导，讲清书写要点。在一年级的书写起步阶段，教师要加强基本笔画书写及笔顺规则的指导。二年级重在指导把握字的间架结构。三年级在指导笔画及结构美观上更加精细化。四年级开始指导在横线格上书写片段。第三学段还提出了书写速度的要求。教师要以"书写提示"为支架，逐步指导，循序渐进，提高学生的书写质量和速度。

（三）强化实践，巩固书写技能

　　正确的书写指导，还需持续不断的书写练习，方能真正提高学生的书写能力。在课堂上，教师引导学生学习书写要点之后，要为学生的练习留足时间。当然，大量的、机械的书写只会加重学生的负担，使学生产生厌烦心理。所以，写字练习要化"多练"为"巧练"，课内课外相结合，突出重点，强化实践。

（四）多元评价，促进长远发展

提高学生的书写技能，应充分发挥评价的作用，让教学活动有始有终。

一方面，要细化评价标准，做到教学评一致。如二年级上册"语文园地一"中的"书写提示"，两个气泡分别就对字形结构与书写姿势提出要求："有的字左边窄，右边宽；有的字左边宽，右边窄。""写字时要保持正确的坐姿和执笔姿势。"在学生书写前，教师要提出书写的"三星标准"，每完成一项记一颗星（表5-4）。

表5-4　书写评价表

要求	评价
保持正确的坐姿和执笔姿势	☆
注意把握左右两边的结构大小（左窄右宽或左宽右窄）	☆
字形匀称，笔画提按有度	☆

另一方面，让学生都参与评价过程。在学生书写完毕后，展示一名学生的作业，教师引导学生对照标准进行评价，然后让同桌互评或自评。在评价之后，还可让学生再写一个，改正问题，一次比一次写得好。

三、汉语拼音教学设计策略

汉语拼音是语言学习的基础，是帮助识字、阅读和学习普通话的有效工具，其作用不可忽视。

（一）激发学习兴趣

汉语拼音的教学相对比较抽象，要使刚入学的六七岁儿童面对单调、枯燥的"符号"，顺利通过拼音关。在教学过程中，教师就要善于采用生动活泼，富有启发性和趣味性的教学形式，激发学生学习兴趣。

在教学中，教师不仅可以创设情境，营造与教学内容相适应的场景或氛围，优化学生的情感体验，还可以示范演示，有效利用手势、多媒体或其他直观教具，讲解汉语拼音的读音、字形，给学生留下比较直观的印象。同时，也要充分利用学生对游戏活动的兴趣，有计划、有目的地设计各种游戏活动，激发兴趣，增强学习动力。比如做实验、猜一猜、开火车、摘果子、找朋友、邮递员送信、听音取卡片等，学生在游戏中学拼音，乐在其中。也可以用巧编顺口溜、创编小故事的形式促进学生用喜欢的形式记住字母的音和形，从而使原本相对无趣的学习活动转变为活泼有趣的体验活动，进而增强学生学习拼音的兴趣，让学生在玩中学、在学中玩，达到事半功倍的教学效果。

（二）充分利用教材，与识字、说话相融合

教师要充分利用好教材，将拼音与识字学词、口头表达整合设计，听说读写齐头并进，综合发展学生的各方面能力。

1.巧用情境插图

每一节拼音课都配有包含本课所有字母或音节的情境图，注重以图提示字母的音或形，帮助学生借助形象的事物建立字母音与形的联系，在学生的心理上创造出"画面—字母—拼音"这样一个学习链，降低难度，增强拼音学习的乐趣。

以教学声母"bpmf"第一课时为例，教师可以先引导学生观察课文中的图画，说说谁在干什么，学生说到词语"广播""山坡""摸一摸"时，自然引出声母"b、p、m"的读音教学，再引导学生找找图画中藏着的拼音宝宝，学生在小朋友的衣服上找到了"p"，学生在这一过程中又记住了这几个声母的形状，再配上顺口溜"我听广播 bbb""我爬山坡 ppp""一根拐杖 fff""两个门洞 mmm"，学生就牢牢记住了。

2.熟读拼音儿歌

用好拼音儿歌不仅可以巩固所学的拼音，而且能激发学生的学习兴趣，发展学生的语言。读儿歌可以放在书写拼音之前或者课中操时进行，让学生身心放松一下。教师和学生可以一边读一边做动作，在朗朗上口的儿歌中，学生不仅巩固了拼音，也不知不觉地认识了简单的汉字，还受到了良好的教育。

3. 先识后拼，拼识并进

先识字后拼音是一年级上册语文教材编排上的一个特点。这样安排符合一年级学生的心理和认知特点。学前儿童在入学前已经有了一定的识字量，比如"天、地、人""日、月、水、火"等，先安排识字课，从学生熟悉的事物入手，可以提高其心理接受程度，可以适当降低拼音学习的难度。在拼音单元里安排边学拼音边认少量汉字，既强调了拼音的作用，又巩固了拼音。虽说识字是最终目的，拼音只是识字的拐棍，但在这个阶段，识字和拼音是相辅相成、双线并进的。比如"dtnl"一课，安排认读词语"马路""泥土"和儿歌《轻轻跳》，让学生认读"马、土、不"三个生字。

（三）拓展拼读内容，与生活相结合

语文学习的外延就是生活，汉语拼音的学习也不例外。一方面，教师要善于调动学生的生活经验，把学生已有的经验作为学习拼音的重要资源；另一方面，教师要将拼音教学贯穿到学生校内外生活当中，做到学用结合。比如一年级的课后练习题都是注音的，要让学生自己拼读，独立读懂题目要求，使学生得到拼读训练。每天布置作业时，教师可以写上拼音，让学生自己拼读，明确作业要求。在家里，要求学生和父母一起阅读浅显的拼音读物。在拼音全部教学完毕后，可以让学生试着用拼音来写写句子。

此外，教师还要创设开放性的学习环境，让学生感到生活中处处可以学到拼音。鼓励学生给家里的家具、电器，教室里的物品贴上拼音标签；指导学生用拼音做一块自己的姓名牌，介绍自己的名字，认识同伴的名字；使用拼音化的课表……让学生随时随地可以学到拼音，巩固拼音。

四、"语言文字积累与梳理"学习任务群设计策略

"语言文字积累与梳理"在课程内容的六大学习任务群中处于基础性地位，发现汉字的构字组词特点、掌握语言文字运用规范、感受汉字的文化内涵、奠

定语文基础是本学习任务群的核心任务。

　　要想引导学生开展积极的语言实践活动，改变灌输式、碎片化的教学误区，就要以目标为指引，一体化设计学习任务、活动和评价，让学生不仅要用语文的方式主动做起事来，更要正确、持续、深度地做事。

（一）创建联结学生生活与语文学习规律的主题情境

　　"语言文字积累与梳理"学习任务群的教学提示强调，要引导学生在真实的生活情境中学习识字、写字、诵读、积累、梳理和探究。适宜的主题选择和情境创设，是解决过去长期存在的去情境化识字、写字训练中反复抄默、死记硬背等教学问题的关键环节，是打通学生语言文字学习和真实生活壁垒的重要策略，也是架设学生语言文字学习和运用的有效桥梁。

　　进行单元教学设计时，应选择既贴近学生的生活，又符合语言文字学习规律的单元大主题和大情境，这是语文课程人文性和工具性相统一的要求。如"认识草木之名"单元，属于"人与自然"主题，融合了"日常生活情境""跨学科学习情境"和"文学体验情境"三种情境，建构了贯穿整个单元学习的大情境。引领学生在日常生活场景中，发现植物名字里的构字、组词秘密，主动认识、积累更多草木之名，感受人与自然的关系，获得文化的滋养。

（二）架构主题任务统领下的进阶型任务群

　　主题任务是引导、统领整个单元学习活动，并贯穿单元教学始终的任务。主题任务统领下的学习需要进一步分解成有内在逻辑和进阶关系的几项任务，建构新的单元学习历程，引导学生积极主动地展开语文实践。如"过一次汉字中国节"主题分为三个任务，依次是"发现节日好名字""不一样的节日体验"和"节日里的字词故事"，从探究节日命名规律到发现节日名称、活动和事物名称之间的关联，再到整合探究成果，获得文化滋养。从搜集整理到发现规律再到综合运用，前一个任务是后一个任务的基础，后一个任务是前一个任务的递进。这样的设计既体现了该任务群的学科逻辑，又符合学习逻辑和生活逻辑；

既让积累的成果有用武之地，也让积累基础上的梳理和创造性运用水到渠成。

第五节　识字与写字教学设计的内容与方法

识字、写字与拼音教学是学习语文的基础，又贯穿整个义务教育阶段。学生从一年级入学到六年级毕业，年龄跨度大，识字、写字与拼音教学在不同学段承载着不同的教学任务，因此，教师要根据学段特点，遵循学生身心发展的规律，科学有效地设计教学。

一、第一学段识字与写字教学设计要点

（一）注重激发识字兴趣

第一学段承担着识字教学的主要任务，而作为主体的学生刚从幼儿园过渡到小学，注意力、思维等发展不完善，需要教师想方设法提高识字教学的趣味性，调动学生识字的兴趣。

1. 联系生活，提高识字兴趣

生活是学生学习的大课堂，教师要引导学生在生活中识字的意识和习惯。第一学段，教师可以分阶段布置生活识字的任务。如认识小伙伴的姓名，剪贴食品包装上的生字做成识字小报，认识校园、小区、街道上的各种指示牌、广告牌、标语等，评选识字小达人。

课文中的生字，教师也要适当地联结生活。如《开满鲜花的小路》有一生字"局"，放在词语"邮局"中，学生识记没有问题。但脱离了语境，学生很快就会忘记。这时，教师可提问学生：你还在哪里见过这个"局"字？学生可能会说："我上学要经过公安局。""叔叔在教育局工作。"教师要及时表扬这

些同学是生活中学习的有心人，再出现"公安局""司法局""教育局""社保局""劳动局"等词语，让学生认读，这样学生的识字兴趣就更加浓厚了。

2. 丰富形式，增添识字趣味

教师要让课堂的学习形式富有变化，激活学生的学习兴趣。

读是学习汉字的最重要方式。读的形式有很多，在课堂不同的阶段要选择不同的形式激活学生的积极性。在初读环节可以自由读、教师领读，学习记忆阶段可以男女生对读，检查环节可以开火车读、学习伙伴赛读等。

课中简单易操作的小游戏可以让学生的肢体和精神得到放松，在玩中学习。如识字课《操场上》，设计"我说你做"的小游戏，请学生根据教师出示的词语来做动作，既做课中操，又让学生巩固了几个动词。

多媒体的运用更是为增加识字的趣味性提供了丰富的舞台，教师要充分利用好平台，让学生在课堂中能够始终保持学习的热情。

（二）提炼方法，培养识字能力

第一学段是学生独立识字能力发展的重要阶段，教师在日常教学中，要依据学习内容提炼识字的方法，培养学生独立识字的能力。

1. 借助拼音，认读生字

发挥拼音的工具性，课前预习要求其圈出带有拼音的生字，课中引导学生借助拼音读准音，既巩固刚学的拼音，让学生感知拼音帮助识字的好方法。这一阶段，建议将生字的音拼读一遍，加深学生印象，提高借助拼音识字的熟练度。在拼音单元以后的课文单元及识字韵文学习时，教师同样要求学生在文中圈出本课要认的生字，并借助拼音读准音，培养自主识字的习惯和能力。

2. 探寻字理，巧记生字

基于汉字的古老历史和灿烂文化，教师可以引导学生通过探寻汉字字理文化，帮助学生识记生字。通过字理学习，学生不仅能更好地掌握要学的生字，还可以进一步感受汉字的独特魅力。当然，探寻字理是以能助力识字为原则的，有些汉字经过漫长的演变，古今意义相差甚远，且难以理解，那么这样的字理探寻就没有必要了。

3. 字串识字，提高效率

汉字中，有很多同音字、形近字，在教学时，教师要引导学生观察与比较。对于同类的生字和词语学习要注意整合。字串识字常见形声字的学习。如学习二年级上册《树之歌》后，学生就可以根据形声字形旁表义、声旁表音的功能猜出"橡""榕""樟""楠"等字的读音了。又如，学习"桂"时，可以与"挂""娃""哇"等字进行比较，并编顺口溜"有木开桂花，有手才能挂，有女是个娃，有口叫哇哇"。

4. 联系语境，理解字义

汉字教学普遍遵循"字不离词，词不离句"的原则。汉字常常是一字多义、一词多义，要通过词语来理解字义，根据句子来理解词义。如统编语文一年级下册与二年级上册的最后两篇课文，只有个别难字注拼音，这就要求学生借助语境及插图和生活经验来猜读，同时理解字义。在初读环节，教师可以提出这样的要求：自由读课文，遇到不认识的字自己猜一猜，读一读，想一想它的意思。有的词语联系语境理解效果更佳。

5. 学习查字典，自主识字

在一年级下册"语文园地三"和二年级上册"语文园地二"分别安排了用音序检字法和部首检字法查字典，这为学生自主识字提供了很好的支架。教师要让学生熟练掌握这两种查字法，并运用到平时的学习中，鼓励学生遇到不认识的字和不理解的字试着用查字典的方法来解决。

（三）加强复现巩固，保持记忆持久

第一学段识字量大，识字时间有限，学生识字能力有限，新学的生字容易遗忘是普遍存在的问题。因此，教师要把握学生的记忆周期，选择适切的方法帮助学生解决生字回生的问题。

1. 课堂中合理安排生字复现

在一堂课中，同一个生字或词语可以在不同的阶段重复出现。通常可以采用这样的模式：首先，在初读环节先读准音；其次，在相应语段学习中理解意思，将要重点学习的生字词在课件中放大标红；再次，在读完全文后，生字词再次集中出现，认读巩固；最后，在指导书写时分析字形。通过多次复现生字，帮助学生建立音形义的联系，加深印象，巩固记忆。要求会认的生字没有必要逐个分析字形，只需抓重点。一篇课文教学通常需要两课时完成，第二课时要复习巩固第一课时学习的生字词。一般在第一环节就安排复习检查，形式可以是直接认读生字词语，也可以是听写，还可以是字词填空等。当然要把握节奏，耗时不能太多。

2. 阶段复习，适时补漏，及时纠错

要降低学生生字回生的概率，教师就要掌握学生的遗忘规律，在适当的时候组织复习。当天学习的生字尽量当天过关，要求会写的生字词要课课听写。前一课错误率高的生字词可在后一课检查时再次出现。在一单元学习结束后，组织一次单元字词盘点，复习检测，发现漏洞及时弥补，发现错误及时纠错。在期中和期末再组织字词专项复习，不断加深学生对生字词的印象，提高记忆的稳定性和持久性。对于错别字问题比较严重的学生，建议准备一本"纠错本"，对那些字词反复听写。教师还要通过比较，讲解字理等方法帮助学生记忆，防止形近字、同音字混淆。

（四）培养书写习惯，扎实写字教学

1. 规范写字姿势，培养书写习惯

写字的姿势和习惯将伴随人的一生。刚入学的儿童手指肌肉未完全发育，手指力量不足，给书写造成了一定的困难。在书写方面，教师不能给学生提太高的要求，书写的内容也尽量简单、少量。教师要重视执笔姿势的指导，教师要精准示范，挨个儿检查学生执笔是否规范，及时纠正，还可将执笔要领编成顺口溜帮助学生记忆。

学生写字时要身正、肩平、臂开、足安，胸离桌面一拳，眼离书本一尺，指离笔尖一寸。教师同样可以编成顺口溜提醒学生做到。每次要提笔写字时，

先念一遍顺口溜，形成一种写字的仪式感。在学生开始书写时，教师边巡视边轻声提醒学生注意姿势。

除规范执笔和书写的姿势，教师还要培养学生的书写习惯。第一学段的学生建议使用 2B 或 HB 的木杆铅笔，提前削好，笔尖不宜削得太尖，以防折断。书写过程中，不能频繁使用橡皮，书写完毕要将铅笔、橡皮及时放回铅笔盒中。写字时，还要注意保持作业本整洁，发现有卷角及时抹平。

2. 示范笔画书写，掌握笔顺规则

笔画是构成汉字的最基本部件，写好汉字首先要练习写好笔画。在一年级起始阶段，学生每认识一个基本笔画，教师都要示范笔画的书写，让学生跟着书空练习，感受笔画的轻重缓急、起承转合，发现笔画的运笔特点。还要认识同一笔画的不同形态，如横有短横和长横，竖分垂露竖与悬针竖，撇有平撇、斜撇和竖撇等。

书写独体字和笔顺特殊的汉字，教师在范写时还要说清笔顺，再要求学生边书空边说笔顺。在随文写字时，逐步渗透笔顺规则，并在学生书写时进行巡视，关注笔顺是否正确。

3. 关注字形结构，书写匀称美观

曾有研究者通过实验发现，小学生写字质量低的原因之一是对汉字结构感知较差。要把汉字写得美观，除了笔画的用笔，字的间架结构很重要。

第一学段的生字都是书写在田字格上的，教师要指导学生观察每一笔画及部件在田字格中的位置。教师要提醒学生字形大小要适中，格子的上下左右都要适当留空。独体字要学会找主笔，即刚好书写在"横中线"或"竖中线"的笔画。书写合体字时要比较几个组成部分的大小，如左右结构的字有的是左右均等，有的是左窄右宽，有的是左宽右窄。对于笔画多的字，笔画之间要注意穿插，要写得紧凑一些。

4. 引导观察对照，评价促进发展

学生书写生字常有一个怪象，那就是离例字最近的第一个字写得最好，越往后越不好，这是因为第一个书写时还记得教师讲解的要领，且离例字最近，方便比较，而越往后越忽略了要领和比较。因此，书写汉字学习阶段，教师要

提醒学生每写一个字就和例字对比一下，找差距，争取下一个字写得更好，"一看二写三对照，一个要比一个好"。在随堂的书写练习中，教师要注意当场点评，可以将一名学生的作业进行展示，教师引导学生对照标准进行评价，评定星级。然后，教师再让学生同桌互评或自评。在评价之后，还可让学生再写一个，改正问题，一次比一次写得好。

【案例 5-2】

一年级上册《大小多少》（第一课时）教学设计

一、教材分析

《大小多少》是一年级上册第五单元（识字单元）的第二课。内容以儿歌形式呈现，通过不同事物的比较，感受"大小"或"多少"。儿歌由四节组成，每小节第一行从"大小"或"多少"的角度进行简单比较，第二行则通过具体事物感受"大小"或"多少"。儿歌节奏感强，读起来朗朗上口。配合儿歌，四幅对比图形象地呈现了事物间"大小""多少"的关系，提示学生不同大小、不同数量的事物要用恰当的量词来表述。

二、教学目标

1. 借助归类识记、图文对照等多种方法，认识"多、少"等12个生字，认识"反犬旁"和"鸟字边"2个偏旁，会写"小、少"2个生字。

2. 能正确流利地诵读儿歌，了解"大小""多少"的对比关系，背诵课文1~2节。

3. 初步了解"只""群"等量词的正确使用。

三、教学准备

教学课件。

四、教学过程

（一）情境导入，激发兴趣

1. 小朋友们，这节课我们要去一个农家小院，轻轻推开门，你看到了什

么？听到了什么呀？（出示课文插图，播放动物音效）

是呀，小院里面真热闹，有动物，有水果，他们正要进行一场比赛呢！比什么呢？

2. 揭题，齐读：大小多少。

①读准音。强调"少"是翘舌音，请多名学生读。

②指出这里藏着两对反义词：大对小，多对少。

（二）通读课文，整体感知

1. 谁和谁在比大小，谁和谁在比多少呢？打开课本，自由读一读，注意借助拼音读准生字，读通课文。

2. 检查反馈，请四名学生轮读儿歌，随机正音，正面点评鼓励。

3. 初识"比赛选手"。

有哪些事物在比赛？我们把它们的名字从儿歌里圈出来。

交流学习成果。（出示：黄牛、猫、鸭子、鸟、苹果、枣、杏子、桃）

指名读词语，随机强调"苹"和"杏"是后鼻音。

给词语来分分类？

小结：左边参加比赛的是动物；右边参加比赛的是水果。这节课我们先来看看动物们的比赛。

（三）认读动物名称，学习生字

1. 让我们再把参加比赛的小动物名字叫一叫。

学习"黄"。

这个"黄"字难读，字形也复杂，你是怎么记住它的？

鼓励学生通过同学的姓名和日常生活中的常用词认识"黄"。

积累词语：黄叶、黄土、黄色、金黄。

2. 学习"猫"和"鸭"。

（1）这两个生字，你有什么好办法记住？

学习新偏旁："反犬旁"和"鸟字边"。

（2）你还认识哪些"反犬旁"和"鸟字边"的字？（出示：猫、狗、狼、

鸡、鸭)

3.再把四种小动物的名字叫一叫。

(四)学习儿歌，感受对比

引导：比赛马上要开始了你们瞧，黄牛和猫来了。

1.学习第一节，感受"大"和"小"。

(1)指名读儿歌。

(2)同样是动物，为什么一个叫"一头"，一个叫"一只"呢?

积累词组：一头老虎、一头驴、一头猪、一只鸡、一只蚂蚁、一只鸭子

(3)师生合作读、男女生合作读。

2.学习第二节，感受"多"和"少"。

(1)齐读，说说你又知道了什么。

(2)随机学习生字"边"，口头组词。

(3)引导：很多动物聚在一起，数量很多，我们就可以说是"群"。好多鸭子，我们就叫它们一群鸭子。

积累词组：一群鸟、一群牛……

(4)同桌对读。

3.师生合作读儿歌第一、二节，配上动作表演读。

(五)游戏巩固生字

"捡树叶"。(检查认读生字并口头组词)

(六)观察比较，指导写字

1.出示"小""少"，观察比较相同点和不同点。

2.教师范写"小"，学生书空，强调竖钩写在竖中线，两点要呼应。学生练写"小"。

教师范写"少"，学生书空，强调中间这笔是竖不是竖钩，写在竖中线的上半段，右边的点要写得平一点，撇要写得舒展。

3.学生练写，教师巡视提醒书写姿势。

4.展示反馈。

附板书：

一年级上册《大小多少》（第二课时）教学设计

一、教学目标

1. 认识"苹""果""杏""桃"四个生字，会写"牛""果""鸟"3个字。

2. 正确有节奏地朗读课文，能背诵儿歌。

3. 学习并积累带量词的短语，尝试创编儿歌。

二、教学准备

教学课件、生字词语卡片。

三、教学过程

（一）朗读儿歌，复习生字

1. 拍手背儿歌第一、二小节。

2. 过渡语：上节课，动物们来到了我们的课堂上，这节课，水果宝宝们也要登场了。

（二）细读儿歌，学习字词

1. 请学生读儿歌第三、四小节。

2. 再读"苹果"和"杏子"，强调"苹""杏"是后鼻音。

3. 出示苹果和枣子实物，引导：枣子比杏子小，所以用上了"颗"。"颗"一般用于比较小的物体。你还能说"一颗"什么呢？

预设：一颗扣子、一颗种子、一颗糖……

学习量词"堆"。

同样是说多，为什么鸭子是"一群"，而杏子是"一堆"呢？

还可以说：一群（　　　）、一堆（　　　）……

"一群"一般说的是人或动物，"一堆"一般是说可以堆积的东西。

4.识记生字。

（1）出示生字"杏""桃"，引导学生观察，发现：两个字都带有"木"因为桃子、杏子这些水果都长在树上。

（2）出示生字"果"，引导思考：为什么"果"字中间也有"木"呢?（出示"果"的金文字体，很多果子长在树上）

（3）提问：苹果也长在树上，为什么"苹"字上半部分是草字头呢?

教师点拨："苹"的本义是浮萍，是一种植物。

（4）小结：汉字多有意思呀!古人就是根据想表达的意思来造字的，所以光看字形，也可以猜字义呢!

（三）小组合作，背诵儿歌

仿照课文，创编儿歌

1.来参加比大小多少的可不只是小院里的动物和水果呢!还有谁来比呢?

出示句式：一个大，一个小，

_____。

一边多，一边少，

_____。

学生仿说，随机评价。

小结：不管是比大小，还是比多少，在比的都必须是同一类事物。

字词复现，书写练习

2.出示词语卡片"多少""一头黄""一只猫""一边""一群鸭子""一个苹果""一堆杏子"，学生开火车认读。

同桌互相认读，全部读对，则称赞对方;读错了，则帮助对方纠正。

指导书写"鸟"。

认识新笔画——竖折折勾，边说名称边书空。

书空"鸟"的笔顺。

教师在田字格范写，尤其注意摆正竖折折钩的位置。

学生书写。

3.指导书写"牛""果"。

出示生字"牛、果",请学生先看田字格上方的生字笔顺,自己书空,再集体书空。

教师范写"牛、果"。一边写"果"字,一边提示学生:中间的竖特别长,要穿插到上面的"日"中间。

学生练习书写。

书写评价,再次练写。

附板书:

大小多少

大	小	多	少
一个苹果	一颗枣	一堆杏子	一个桃

鸟	牛	果

（舟山市定海区舟嵊小学夏晓芸）

【评析】

本课教学中,教师创设了去农家小院观看比赛的情境,引出课题"大小多少",用图片、音效等手段吸引学生注意力,更能调动学生学习的积极性,真正地融入课堂中。

本课的生字较多,教师把12个生字的学习分流在两个课时中。第一课时学习8个,也是分时段呈现,降低了记忆的难度。有些生字比较简单,在课上只需唤起学生记忆,没有作过多讲解。而另几个生字的教学渗透字理,用字义联系字形,初步感受形声字形旁表义的功能。

第一学段的写字教学要注重习惯的培养,要学习基本笔画的书写,掌握汉字的笔顺规则。本课中,教师让学生先观察田字格中的范字,找到主笔,然后教师示范学生书空,再练习,最后还有点评。这样的写字指导落地有声,教学评一体,长期坚持,可以给学生的书写打下坚实的基础。

（沈阳市浑南区第二小学董琴）

二、第二学段识字与写字教学设计要点

（一）引导自主识字，先学后教

第二学段语文教学的重心已由识字向阅读和写作转变，但识字的任务仍占有相当比重，教师仍不可忽视。基于学生已掌握一定的识字方法，第二学段的识字教学更要强调学生自主识字，根据学情确定教学内容。

1. 培养预习生字词的习惯

课前预习是学生学习的重要习惯。第二学段起，教师尤其要重视学生预习习惯的培养，对预习的要求进行细化。其中，生字词的学习是预习的重要内容。要求学生在课文中圈出要求识记的生字，并借助拼音读准音；在文中画出课后词语表中的词语，并联系上下文想一想意思；在预习单上写一写容易读错的生字和难理解的词语，要求会写的生字试着写一遍。

2. 课堂教学突出重点和难点

第二学段的识字教学不再面面俱到，而要突破重点和难点。一方面教师可从学生的预习单了解学情，了解学生的疑点、易错点，在课堂上重点教学。另一方面，教师还要根据文本的内容，结合自己的教学经验，来确定识字的重点，如对理解句子和课文起关键作用的字词、多音字的教学等。"语文园地"的"字词加油站"安排集中识字，有的是形声字比较识字，有的是某一类词语的归类学习，让识字教学更高效。

（二）加强识字与阅读的相互融合与促进

随文识字是第二学段识字教学的主要形式。识字与阅读结合，做到字的音、形、义、用紧密结合，建立字与词、词与句、句与段的联系，为培养学生读写能力打下坚实的基础。

1. 以词串文，助力运用

字词是构成文章的最基本单位，字词作为点可以连成一条线，即文章的主要内容。在检查预习的环节，根据导语随机出示要重点学习的词语，点拨音形义的难点，然后由学生用这些关键词语说一说文章的主要内容。这样的设计在初读环节就解决了字词障碍，又结合语境来学习，使学生在尝试讲述文章主要内容的过程中初步学会词语的运用。

2. 品词析句，加深感悟

有些字词对更好地理解文章的内涵起到极其重要的作用，教师要抓住这些关键词语引领学生品读辨析，加深对关键词句及文章主题的理解。如四年级下册《猫》的教学中可以抓住生字"蹭"，体会猫的可爱以及作者爱猫的情感。

3. 积累词语，丰富语言

课文中的有些句子常常通过相关词语来表达某种意思。如果这个句子对于表现人物特点或课文主题起着关键的作用，教师在引领学生将这个句子着重读一读，想一想这里可以用什么词语表示，并让学生将这类词语写在句子旁边。用这样的方式积累词语，既能促进学生对这个词语的理解和运用，也能对阅读理解课文起到推波助澜的作用。

（三）练习用钢笔，提高硬笔书写能力

三年级开始，学生尝试使用钢笔，教师要逐步训练学生用硬笔书写汉字的能力，把字写规范、写整洁。

1. 指导书写难写字，做到正确美观

第二学段随文识字要求会认的减少，要求会写的增多，多数课文要写的生字达 14 个，且字形相对复杂。通过第一学段的练习，学生已掌握基本笔画及部分汉字的书写，因此，第二学段的课后生字的书写指导要抓难点和易错点。如三年级上册《花的学校》的课后生字共 14 个，可以重点指导"舞""臂""荒"。这三个字都是上下结构，提醒学生注意上面部分要写得紧凑些，给下面部分留足空间。"舞"还要注意并排的四个竖画间隔要差不多，即布白均匀。

2. 由词及段，规范方格与横线格书写

三年级"书写提示"提出"横竖有序、疏密得当"等基本书写要求，教

师应以此为准则，指导学生写好词语。书写练习本也由原来的田字格过渡到方格。教师要提醒学生"心中有点线"，把字写在格子中间。四年级开始练习横线格书写，要注意把字写在两条线之间，两边留白，字距要比行距小。

3. 培养专注度，提高书写速度

随着年级的升高，学生的书写量逐渐增大，因此，要有意识地训练学生提高书写速度。要提醒学生书写时注意力集中，先看再写，抄写词语要看一个词语写一个词语，抄写句子时尽量做到看一分句写一分句，逐步提高书写速度。书写时，不能放松对书写质量的要求，保持正确运笔，保持连贯性，字形大小统一匀称。

4. 重视评价，培养提笔即练字的习惯

练字关键在运用。学生书写更多体现在各类作业中。作文评价包括作文质量和书写质量，练习作业不光评是否正确，也要评书写质量，期末考试也对书写设定一定的分值，让学生逐渐养成提笔即练字的习惯。平时可用书写质量积分制作为期末评选"书写小明星"的依据。同时，在班级的展示平台展出学生的优秀书法作品和优秀作业照片，以此激励学生保持浓厚的书写兴趣和认真的书写态度。

（四）软笔书法启蒙，感受汉字形体美

现行语文课程标准还提出了第二学段"能用毛笔书写楷书，在书写中体会汉字的优美"[1]的要求。因此，第二学段要开始软笔的启蒙教学，感受汉字的形体美。

1. 示范引领，学习基本运笔方法

通过欣赏书法作品进入软笔书法的教学，认识文房四宝，了解书法艺术是我国特有的文化瑰宝，激发学生的民族自豪感和学习软笔字的兴趣。从软笔书写工具和材料的准备到规范的软笔执笔姿势，教师都要一一讲解，步步落实。

---

[1] 中华人民共和国教育部.义务教育语文课程标准（2022年版）[M].北京：北京师范大学出版社，2022：9.

开始练习写字时，先进行临摹，使学生逐步掌握入笔、运笔、收笔的技巧。教师要认真观察、及时纠正，让好的习惯和科学的技巧伴随学生书法学习和训练的整个过程。

2.引导读字帖，临摹书写，感受汉字形体美

选择一本适合学生临摹的软笔楷书字帖，从最简单的笔画、汉字开始临摹。教师要引导学生读字帖，就是在临摹之前把字帖上每个字的点画、构造、笔意、神采及相互间的关系，进行一番细心的观看和分析。通过读帖，对帖上的字的整体做到心中有数、笔下有法。在读帖的过程中，运用手指或笔进行"空临"，以加深印象，帮忙记忆。在临摹前，也可以进行描红练习，描红要做到用墨匀称，笔画完整，并要留意一笔写成，不行重笔。开始临写，宜慢不宜快，写完一个，停下来，比一比，哪里像，哪里不像，争取下一个写得更好。

【案例 5-3】

四年级上册"语文园地八"（第一课时）教学设计

一、教材分析

第八单元语文园地共编排了五个板块的内容，分别为"交流平台""识字加油站""词句段运用""书写提示""日积月累"。本课时主要完成"识字加油站""书写提示"及"词句段运用"易错字抄写的教学。

"识字加油站"是对借助熟字加偏旁的形声字识字法的再巩固。教学中应鼓励学生积极运用这种方法，提高自主识字的能力。"词句段运用"中的词语抄写，旨在引导学生关注易错字的典型错误点，提高书写正确率；运用同音字据义组词的方法，避免混淆，提高在实际运用中的正确率。"书写提示"安排了在横格里抄写文段的练习，重在训练学生正确的运笔技巧以及抄写的专注度和速度。这三块内容贯穿在一节课中，有助于夯实学生识字和抄写这两大基本功。

二、教学目标

1.通过互助式交流，巩固形声字识字法，认识"纲""授"等 12 个生字。

2. 辨析易错易混淆字，能正确抄写易写错词语。

3. 能在横线格公整地抄写文段，提高书写的速度。

三、教学准备

教学课件。

四、教学过程

（一）"识字加油站"学生字，固方法

1. 引入：同学们，这学期我们一共要认识250个生字。这节课，我们将再次来到"识字加油站"，与最后的12个生字交朋友。

2. 自主学习，交流识字方法。

自己读一读，认一认。想想这些生字有什么特点？可以用怎样的方法来记住它们？

3. 交流，小结方法。

方法一：熟字加偏旁，新字跟着读。

引导发现：这些生字都是形声字，左边的熟字在新字中代表读音，加的偏旁代表意思。但是，有些读音会发生变化，圈一圈，哪些字读音发生了变化？（氧、矿）

方法二：若要理解新字意，联系生活来组词。

引导发现：生字所组的词语都是生活中我们非常熟悉的，联系生活组词有助于记住这些生字。

4. 开展小组比赛，拓展类似的字。（给每个组分发10张条状空白卡片，出示任务）

想一想，写一写：还有哪些字也可以用这样的方法来认识？

拓展补充，出示：

冈——岗（站岗）建——健（健康）秀——绣（绣花）

　　　钢（钢铁）　　　毽（毽子）　　　诱（引诱）

末——茉（茉莉）宗——棕（棕色）具——惧（惧怕）

　　　抹（涂抹）　　　粽（粽子）　　　飓（飓风）

受——绶（绶带）奏——凑（凑近）专——转（转动）

广——犷（粗犷）羊——痒（痛痒）

5. 小结。

每个字都是有生命的，一个字能唤醒另一个字，一个字能创造很多词语，希望大家能主动地积累更多的生字新词。

（二）聚焦"词句段运用"，练写"笔画易错字"

1. 过渡。新年快到了，"词句段宝库"里来了一群客人，他们生活在小朋友的抄写本里很痛苦，经常被教师打上红叉叉，你们能不能提醒这些爱写错别字的小朋友，哪个字容易写错？该注意什么？（出示词语）

2. 指名说注意点。

3. 想想办法，怎样让这些字的书写不出错？

如联系字义："日"落西山，"暮"色降临。

"塞"外尘"土"飞扬。

"衣"服"裤"子不分家。

麻"雀"虽"小"，五脏俱全。

…………

4. 其他学生在词语旁练写。

5. 辨析"偏旁混淆字"。

读一读词语，将正确的填写在括号里。

既 即（　）然　立（　）　暮 墓（　）色　（　）地

拔 拨（　）高　（　）打　赛 塞（　）外　（　）场

饶 绕 富（　）　（　）圈　历 厉 日（　）　严（　）

6. 交流反馈，整体回读12个词语。

（三）学习"书写提示"，抄写语段

1. 出示学生平时的书写，提醒：在横格中抄写一段话，字要写在横格中间，不要挨着上下两条线；每一行字的大小、高矮一致；字与字的距离要一致。

2. 引导学生观察"书写提示"中的书写范例，结合右边的提示，谈谈提高书写速度的方法。

预设：

（1）集中注意力。

（2）掌握正确的运笔方法。

（3）一句话要连贯地写出来。

（4）速度要均匀。

3. 学生抄写本次练习的文段，计时 5 分钟。教师提示学生注意坐姿和握笔姿势。

4. 展示书写作品，根据书写提示集体点评。

附板书设计：

语文园地

形声字：熟字加偏旁联系生活组词

易错字：联系字义记字形

书写提示：集中注意力连贯写句子用力要均匀

（舟山市定海区舟嵊小学夏晓芸）

【评析】

本教学设计从学生特点出发，注重落实识字写字教学的学段目标。

基于四年级的学生已熟练掌握多种识字方法，本节课，教师放手让学生自主识字，并根据教材栏目设计，由学生总结识字方法。这样的学习方式既是对过去识字方法的巩固和运用，又让学生在交流汇报的过程中有了及时总结归纳学习方法的意识，推进了第二学段学生自主学习能力的培养。

在"识字加油站"的学习中，教师引导学生通过组词、猜读等方式识记了这些生字，同时引导学生用这样数字加偏旁的方法认识别的生字。这样字串识字的方法更能让学生感受汉字的奇妙及学习汉字的乐趣。

扎实进行"书写提示"的教学。教师明确提出书写要求，规范横线格的书写，又提出了提高书写速度的方法。同时，教师注重发挥评价的诊断、反馈、激励功能，让学生的写字能力得到可持续发展。

（浙江海洋大学张庆祝）

三、第三学段识字与写字教学设计要点

本学段的学生有了一定的独立识字能力，重在识字、写字能力在各领域语文实践活动中的运用。识字教学设计延续第二学段特点，学生的能力发展是在梳理与探究领域的活动中体现的。故这一部分将着重阐述本学段写字教学设计要点。

（一）学习书写章法，注意行款整齐

章法是指安排布置整幅作品中，字与字、行与行之间呼应、照顾等关系的方法。小学生主要学习的是楷书章法。第三学段学生主要学习在横线格或竖线格上书写硬笔书法作品。不管是硬笔还是软笔，都要教给学生以下基本的书写章法：

先要观察书写的格式，有无格子，是横式还是竖式，第一个字的起笔决定了这个字的位置，每一行的第一个字的位置又决定了整行字的位置，因此，第一个字下笔之前，要仔细观察起笔位置，做到起笔定位准确。横式或竖式书写时，字的间距要适当，且字间距尽量差不多。横式或竖式，每一行上下左右都要对整齐。

尽量不写错别字。如果出现书写错误，不要涂黑或乱画，可在错字上画圈，在一旁改正，以保持卷面整洁。

方格中，一般标点符号占一格。横线格中，标点符号占半个字的位置即可。不同标点符号书写位置是不同的：大多数标点符号都是在前一字的右下角，而引号是在上半部分，问号、叹号、书名号是写在正中间，省略号和破折号也写在正中间，占两格。

（二）限时书写篇章，做到正确规范

能正确工整地书写汉字，并有一定的速度，是小学阶段写字教学的总目标。第三学段教材的"书写提示"栏目从笔顺、结构、书写美观、书法欣赏、书写习惯五方面指导学生写字。其中对于五年级提出的书写习惯的要求是注意笔画、结构方面的细节；对六年级提出的书写习惯要求是书写要正确，不出现错别字和不规范的字。

因此，平时的写字教学中，要求学生注意一定的速度，做到正确规范。指导学生养成自我检视的习惯，不断提高书写水平。

（三）关注书写评价，提高作业质量

提高写字质量，需要充分发挥评价的诊断、反馈、激励功能，维持与强化学生的练字兴趣，促进学生写字能力的可持续发展。

1.评价标准细化，做到教学评一致

教学时，根据书写要点，细化评价标准，将评价贯穿于整个写字过程，做到写前目标引领，写时目标监控，写后目标评价。如五年级下册的"竖写抄写"教学中，设计三个评价标准：布局合理，上下留白，诗句居中；字体大小匀称，字距均匀，上下、左右对齐；落款内容正确，书写美观。学生在书写时有准则，在评价时明要点，写字质量才会提高。

2.评价主体多元化，进行持续评价

除教师的评价外，还应开展学生的自我评价、生生互评。课中，写字前要求检查自己的坐姿和握笔姿势是否正确。书写时是否一直保持，书写完成后，要求对照例字，圈画满意的书写，并标注"★"。学生在自我评价和同伴互评中反思、检视，使书写质量有二次提高。

教师评价作业时，可从作业质量和书写质量两个角度评价，更要关注学生的书写态度。平时可以采用定期书写小竞赛、优秀书写作品展示、评比书写小明星等活动，来持续激励学生，使其保持浓厚的书写兴趣，养成"提笔即是练字时"的好习惯。

（四）毛笔书写楷书，感受汉字之美

本学段在毛笔字书写方面对布局、结构、方法上都提出了更高的要求。并要注意让学生养成较好的写字习惯，培养鉴赏审美能力。教师可利用教材中"书写提示"有关楷书四大家欧阳询、颜真卿、柳公权和赵孟頫书法作品组织学生欣赏，让学生初步了解这四位楷书大家，以及他们楷书作品特点，感受书法艺术的美。

【案例 5-4】

六年级上册"语文园地二"（第二课时）教学设计

一、教学内容

语文六年级上册第二单元"语文园地""书写提示"。

二、教学目标

欣赏作品，学生能做到规范书写，养成自我检视的习惯。

激发学生书写兴趣，不断提升书写水平。

三、教学准备

教学课件、书写纸。

四、教学过程

（一）导入

同学们，让我们一起走进书法天地，看看园地二的"书写提示"，给我们提出了哪些要求？

引导学生交流发现书写的注意点，PPT 展示：

1. 注意行款整齐、布局合理。

2. 书写要正确，不出现错别字和不规范的字。

3. 养成自我检视的习惯，不断提高书写水平。

（二）欣赏作品

欣赏书本中的两幅作品，竖式的《游子吟》和横式的《赵一曼写给儿子的

信》（图 5-1）交流，书写的时候要注意什么？（注意书写章法：起笔位置、间距、标点、落款等）

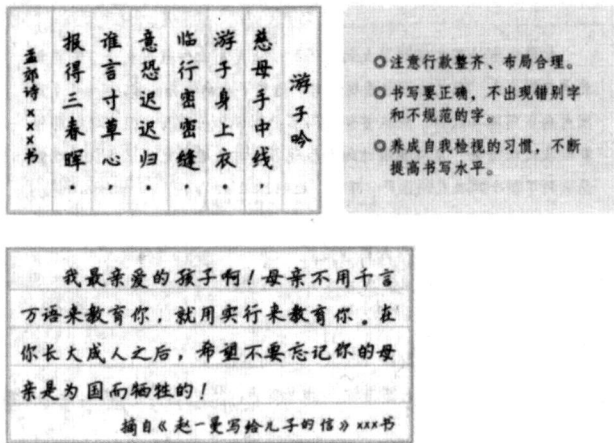

图 5-1　六年级上册第 34 页"书写提示"内容

（三）学生仿写

1. 选择一首古诗竖写，或者选一段话横着写，老师巡视个别指导。

2. 学生根据书写要点进行自我检视。

（四）评价展示

1. 小组内展评：互相学习并提出建议，根据建议进行修改。

评价标准：★书写正确；★行款整齐；★布局合理。

2. 教师巡视，再集中指导。

（1）通过对比作品，发现做到大小匀称、留白合理、书写整洁等才会布局合理、整体美观。

（2）再根据评价标准进行学生优秀作品展示，强化布局合理、整体美观。

3. 小组推荐优秀作品参加班级展示。

（1）小组推荐优秀作品。

（2）优秀作品上墙展示。

（3）为优秀作品点赞：贴点赞贴纸。

（4）获点赞贴纸多的被评为"我是书写小达人"，并颁发奖状。

（五）总结

附板书：

	◇行款整齐布局合理
书写提示	◇正确规范整洁美观
	◇自我检视不断提升

（舟山市定海区舟嵊小学贺英）

【评析】

这位教师教学目标非常明确，非常注重"书写提示"中提出的三个要求，这是此次书写练习的目标。在评价时，也是紧紧围绕这三个目标展开评价。

教师能充分发挥学生的自主学习能力，作为六年级学生，已经有了一定的书写能力。因此，教师先让学生通过欣赏作品，感受作品的特点，明确要求，并能自己观察总结出如何写好竖式或横式的作品。再让学生自己仿写练习，并让学生自己检视、修正，培养学生独立自主的书法欣赏和检视能力。

教学过程中不仅保证一定的时间给孩子自己练习、检视、修正，还进行集体指导，在关键点给予学生帮助。

小组合作方式的采用也促进了学生书写的评价，学生互相学习，互相帮助，更能促进每个学生书写水平的提升。"我是书写小达人"的评比活动，激发了学生练习书法的兴趣。

（舟山市教育学院钟玲玲）

四、汉语拼音教学设计要点

如何把握一年级学生年龄和认知特点，将枯燥的教学内容通过适当的教学方法和教学手段使之变得生动有趣，从而最大限度地激发学习兴趣呢？不妨从目标和内容的设计上下功夫。

（一）明确教学目标，合理安排教学内容

要让学生在短短的一个多月时间学好汉语拼音，教师应该遵循汉语拼音教材的安排，在进行教学设计时，把重点落实在读准字母的音和认清字母的形，教给正确的拼读方法上，而非教材中的生字和儿歌，避免因本末倒置的教学而降低拼音教学效率。

教师要科学、合理地分散各部分内容的教学难点来开展教学。在拼音教学中，单韵母教学应侧重书写指导和语感培养；声母教学应注意音近、形近字母的区别和比较；复韵母和鼻韵母的教学则要注重体会口形的变化。

由于一年级学生课堂专注时间短，学生接受能力也有很大差异，一节课的教学内容不能安排过多过满，每一课的拼音教学可以根据学生实际情况，合理安排两到三课时进行。比如一年级上册"i u ü"一课，可以分 2 课时教学，制定目标如下：

第一课时教学目标：

1. 复习巩固单韵母 a o e 和四声练习。

2. 学习单韵母 i u ü，读准字母的音，记住字母的形。

3. 能读准 i u ü 的四声。

4. 能正确书写 i u ü。

教学重点：注意 u 和 ü 的写法，两边直，底下弯，开口不大不小，两点莫太开。

第二课时的教学目标：

1. 复习巩固 i、u、ü 和四声练习。

2. 教学声母 y、w，读准音，记住形，并能正确书写。

3. 学习整体认读音节 yi、wu、yu，能读准四声。

教学重点：了解声母的发音区别于单韵母。

教学难点：认识整体认读音节，知道 yu 的两点省略规则。

这样把内容较多的一课拼音合理地划分为2课时，由易到难，先学单韵母，在读音和字形上作好铺垫，再学声母和整体认读音节，学生就轻松多了。

（二）注重教学过程的有序性和实效性

现代教学方法和手段越来越多样化，很多课堂教学过程亦是千变万化，那么汉语拼音教学作为比较独特的综合性较强的课堂，怎样教学才能真正有效呢？

1. 拼音教学的有序性

拼音教学应遵循一年级学生的认知和心理特点，循序渐进。一般可以分为以下几个步骤：

第一步，复习导入。

拼音课的导入环节一般要先复习检查前一节课所学的主要内容以及与本课内容有关的知识，再引出新课的教学。如教"zh ch sh r"，要先复习一下"z c s"；教复韵母前，要先复习一下单韵母；教后鼻韵母前，要先复习一下前鼻韵母。学生通过复习检查，可以温故而知新，为新课学习奠定良好基础。

第二步，教学新音。

（1）创设情境，引出新音。利用课本上的情境图或其他直观教具，进行简短对话，引出新的拼音。要注意三点：第一，谈话目的要明确，这是为了让学生把枯燥的拼音字母和具体有趣的形象联系起来，激发兴趣，帮助记忆。第二，谈话内容要简短，不能占用很多的教学时间。第三，引导学生用规范、标准的普通话说词语或短句，培养良好的说话习惯。

【案例 5-5】

一年级上册汉语拼音《ai ei ui》教学片段

创设情境：我们跟着小兔子去森林里游玩吧。路上，你看到了什么？（出示课本情境图）

生1：我看到了六个小朋友围成一圈，听老奶奶讲故事。

生2：老奶奶满头白发，围着红围巾，认真地给小朋友讲故事。

生3：小朋友坐在石凳上，中间的石桌上放着一杯水。

老奶奶的"奶"，白头发的"白"，是我们要认识的第一个复韵母朋友——ai，（出示卡片）你看，是哪两个单韵母宝宝紧紧挨在一起？

跟教师说儿歌：a在前，i在后，挨在一起aiaiai。

（ei、ui教学方法相似，略）

（舟山市定海区舟嵊小学贺英）

【评析】

教师利用课本情境图，指导学生观察，看图说话，联系学生的生活经验，由他们熟悉的"奶奶""白发""围巾""杯子"等音节词带出字母的读音，非常自然，为接下来的教读新音奠定了良好的基础。

（沈阳市浑南区第二小学董琴）

（2）认读新音。教师示范发音，学生仿读、跟读、练读。学生认真观察教师的口形变化，教师要讲正确的发音方法。学生练读新音，教师要仔细听辨，学生发音有错误时，教师要及时纠正。可以开火车个别读、领读、小组读、男女生比赛读等，尽量使全班学生都有练习发音的机会。

（3）教学拼音。教拼读音节，应根据音节的不同，采用两拼法或三拼法。两拼法的要领是"前音轻短后音重，两音相连猛一碰"，三拼法的要领是"声轻介快韵母响，三音连读很顺当"。

（4）教写字母。书写字母可以分三步进行：首先看范字，教师示范书写，让学生知道字母的书写笔顺和笔画。其次，学生在书本上先描红再仿写一个，然后投影出示学生书写，师生评析。最后修正，再写一个。课后可以在四线本上练写。

指导字母书写的环节可以灵活安排，可以放在拼读音节之前，也可以放在拼读音节之后，具体要根据学生的实际情况和教学内容而定。

第三步，复习巩固。

这是拼音教学的重要环节，教师要紧扣教学重难点，设计多种训练形式复习检查。如认读拼音卡片、拼读新字母构成的音节、看教师口形说字母等，也可以安排游戏活动加以巩固，做到当堂认识、当堂巩固。

第四步，总结，布置作业。

总结本节课的学习内容，对学生的学习情况进行反馈评价；围绕当堂新授的内容进行布置练习作业。

2. 拼音教学的实效性

在教学实践中，有些教师往往会忽略教学目标，一味追求新奇有趣，课堂上看似热热闹闹，实则并没有实实在在地解决拼音教学的重难点。例如，创设课本中的情境，进行看图说话，是很好的训练说话的时机，但作为拼音教学课，目的是激发兴趣，联系生活实际引出拼音的学习，不可以无节制地上成看图说话课。还有，教材中把拼音的学习与识字、学词、读儿歌等结合起来，有利于学生语文素养的整体提高，但要明确认识到，这些内容都是拼音的学习内容，也都是为学习拼音服务的。

因此，教师在进行教学设计时，要准确解读教材，把重点放在认写拼音字母、掌握拼读方法上，切记所有教学手段都是为教学目标服务的，不仅要考虑到方法的趣味性，更要注意实效性。避免使用那些好看好玩好听但游离于教学目标之外的手段；避免长时间地运用同一种手段；避免过多地运用电教媒体手段，导致视觉疲劳，又影响本学段学生的视力。

3. 教学评价和反馈要有指导性和激励性

教师必须对传统的教学评价方式进行改进和创新，促进学生有效学习。首先，明确教学评价的内容，拼音是汉字学习的扶手，不应强制学生必须听写、默写，不应进行大量的抄默练习，重点在于指导学生正确拼读和书写。其次，应该改变传统的考试为主的评价方式，可以采用生动活泼的多样化的科学评价方式，如拼音闯关、儿歌朗读、拼读小竞赛等，激发学生拼音学习兴趣。最后，应该"软化"评价的结果，以等级评价为主，激励性评语为辅，通过语言上的鼓励、物质上的激励等，使每个学生的拼音水平在赏识中快乐提升。

【案例 5-6】

一年级上册汉语拼音 d t n l（第一课时）教学设计 ❶

一、教材分析

d t n l 一课共有 5 部分内容。

第一部分是 4 个声母，配有艺术节的情境图。第二部分是声母 d、t、n、l 和带调单韵母 ɑ、e、i、u、ü 组成的音节。第三部分是"马路、泥土"两个词语，配有插图，其中"马、土"是本课要认的生字。第四部分是儿歌《轻轻跳》，巩固所学的声母，其中 tù、nǐ 是本课新学的音节。

二、教学目标

1. 观察情景图，体会 d、t、n、l 的字形特点，认清形。用形象可感的动作，在体验活动中找准发音部位，掌握发音方法，正确认读声母 d、t、n、l。

2. 正确拼读 d、t、n、l 与单韵母 ɑ、e、i、u、ü 组成的音节复习，巩固两拼法。

3. 学会在四线格中正确书写 d、t、n、l。

三、教学准备

（一）教具准备：教学课件和实物——鼓、鼓槌、雨伞。

（二）学具准备：声母 d、t、n、l 与单韵母相拼的音节卡片（每个学习小组一套）。

四、教学过程

（一）谈话导入，复习已经学过的声母和带调韵母

1. 复习带调单韵母、声母。

（1）课件出示小火车，车厢上出现带调单韵母，引导学生认读，随机指导

---

❶ 余琴 . 浙江小学语文最新课例精选（一年级上册）[M]. 上海：文汇出版社，2017：12-15.

单韵母读法，口形不变，读得响而长。

（2）课件出示六个声母，引导学生认读，随机指导声母读法，读得轻而短。

（3）尝试把六个学过的声母（b、p、m、f、y、w）按声母表顺序排队再读一读。

2.引入新课学习。

这节课，我们一起再认识四个声母家族的朋友。他们就藏在教师出示的图画中，我们一起用火眼金睛来找一找吧！

（二）创设情境，学习"d、t、n、l"的形状、发音

1.观察情景图，练习说话。

（1）哥哥姐姐在学校搞活动，你能看图猜一猜他们在搞什么活动吗？你是怎么猜出来的？

（2）用句式来说一说：谁在干什么？能加上表情和动作就更棒了。

（3）有没有特别能干的小朋友？按照从近到远的顺序把图画内容连起来说一说。

2.借助图画提示，识记声母字形。

（1）用上火眼金睛，我们来找一找声母家族的新朋友藏在哪里。

引导学生用"就像……"的句式，说一说本课声母字形的特点（哥哥打的鼓就像d，鼓槌就像l，拱门就像n，姐姐我的雨伞柄就像t）。

（2）课件展示声母与提示画面重叠的效果，引导学生边看记声母。

教师随机实物展示鼓、鼓槌、雨伞，加深学生记忆。

（3）教师表扬激励：小朋友们的眼睛都很亮，为小朋友们点赞。

3.辨析、巩固新学四个声母的发音。

（1）跟教师读。（教师示范时放慢发音的速度，学生读边体会声母发音要领）

d、t：手掌放在嘴前，感受气流弱和强，发d时手掌感觉不到气流冲出，发t时有较强的气流冲出。

n：捏鼻子再放开，感受彼此的用力，体会气流从鼻腔出来的感觉。

l：感受发音时气流从舌头两边出来的感觉。

（2）引导学生编顺口溜，用自己的方法记住声母。（小马小马dd跑，小鼓鼓槌ddd，一个拱门nnn，一根鼓槌lll……）

（3）与前课学习的声母区别，字形再次比较认读。

b——p　　f——t　　m——n

（4）加上新学的生声母，给声母排排队，连起来读声母。

b、p、m、f、d、t、n、l、y、w

（三）学习d、t、n、l与单韵母的拼读。

1.n、l与单韵母相拼。

（1）我们再让n和l来跟单韵母交朋友吧！

请小朋友们自己尝试着读一读。（出示音节，附提示图）

（2）小组长拿出字母卡片，一张一张出示，请组内小朋友读。读完后、小组长请读得最好的小朋友给其他小朋友检读。

（3）小组汇报读、要求读准音节并组词。（ná拿起、né哪吒、ní你们、nù发怒、nǔ男女、lā拉车、lè可乐、lì栗子、lù马路、lú毛驴）

2.摘果子游戏，巩固两拼音节认读。

（1）课件出示摘果子游戏。

教师示范怎样摘果子：读准音、点击课件中苹果上的音节，苹果落入篮子中。

（2）在音乐声中，学生依次上台摘果子。

（四）学习d、t、n、l的书写

1.观察并归纳写法。

（1）教师引导。

d、t、n、l跟我们玩了那么久了，现在他们要休息了，你能帮忙找到他们吗？大家看书上的四线格，自己研究这四个声母宝宝住在几层楼，各有几笔？

（2）学生回答并归纳。

除了n住在二层楼（中格），其余字母宝宝都要住两个楼层（中格和上格）。

除了 l，都是两笔写成。

t 有新笔画：竖右弯。

2. 教师范写，学生书写。

（1）教师写一个，同学描一个。

书写前提醒坐姿与写字姿势：头摆正，背挺直，脚踩实，一拳一尺一寸记心间。教师范写时，边写边提出书写要求：

大半圆饱满　　竖直　　竖右弯方向正确

（2）学生每个字母书写 3 个，教师巡回指导，巡回过程中，注意个别提醒学生书写的姿势和执笔的方法。

（3）学生书写情况展示并进行评价。

按照教师范写时的 3 个要求，对学生的书写进行评价，并相应打上 1~3 星。同桌互相评价、订正。

（五）总结并布置课后作业

今天这节课，小朋友们学习了声母 d、t、n、l，拼读了它们和单韵母组成的音节，还学会了写这些字母，真了不起！课后，我们和自己喜欢的学习伙伴，用音节卡片读一遍音节，比比谁读得最棒！

（杭州市胜利实验小学李一村）

【案例 5-7】

一年级上册汉语拼音 d t n l（第二课时）教学设计[1]

一、教学目标

1. 通过"图音结合""快乐闯关"的形式，复习声母 d、t、n、l 的音形，能正确熟练掌握与单韵母四声的拼读，能正确拼读 mǎ lù、ní tǔ 两个音。

2. 根据象形字的特点，通过"猜一猜""比一比"等方法，认识"马、

---

[1] 余琴. 浙江小学语文最新课例精选（一年级上册）[M]. 上海：文汇出版社，2017：15-18.

土"2个生字；练习正确朗读儿歌《轻轻跳》，结合儿歌认识"不"字。

3. 在儿歌朗读中培养爱护花草树木的美好情感。

二、教学准备

教学课件、生字卡片和贴好课题的字母卡片。

三、教学过程

（一）闯关游戏有奖励

1. 声母又见面。

引导语：小朋友们，上节课我们认识了4位声母朋友，你还记得他们的名字吗？谁能配上儿歌带大家读一读？

艺术节，活动多，

敲起鼓棒d、d、d，

撑起小伞t、t、t，

穿过小门n、n、n，

看见小棒l、l、l，

真快乐呀真快乐！

你能直接叫出他们的名字吗？（开火车认读4个声母）

2. 闯关练拼读。

过渡语：小朋友们都认识他们，d、t、n、l太高兴了，想邀请我们到拼音王国玩，想去吗？拼音宝宝说要闯过关才能去，有信心吗？

第一关：课件出示：d、t、n、l。（指名拼读，其他同学跟读）

第二关：课件出示：dǎ、tí、ná、lā、dú。（指名拼读，当小教师领读，加上动作读一读）

第三关：课件出示：水 dī、nǚ 人、毛 lǘ、地 tú。（指名拼读，当小教师领读）

（二）路上风景有乐趣

1. 猜一猜，识记"马"。

过渡语：恭喜大家过关了，准备启程！快看，一路上风景多美！呀，汽车

开到哪里了?(课件出示课文插图)

(1)指名拼读,当小教师带读,齐拼读。

(2)说一说:你见过的马路是什么样的?(说话练习)

(3)认识马的演变。

①小朋友真善于观察,教师送你们一个字。(课件出示马的甲骨文,猜一猜)

②继续出示"马"字的隶书,说一说为什么猜是"马"字。

是呀,古人是根据事物的样子来造字的,随着汉字的发展,后来"马"字慢慢就演变成了现在这个"马"字。(课件出示马的整个演变过程)

(4)出示生字:马。马字有很多好朋友呢!你能给马找朋友吗?

(5)"马"的朋友还有呢!(课件分类出示词语及图片,学生认读)

骑马　　马车　　木马　　河马　　斑马　　海马

2.比一比,认读"土"。

引导语:小朋友们,现在生活条件好,到处都是水泥马路、柏油马路,以前的马路是这样的。(课件出示:ní tǔ 及图片)

(1)指名拼读。(小教师带领拼读,男女生拼读)

(2)你在哪些地方见过泥土?(指名说一说)

(3)比较"土"字的演变。

泥土是万物生长的地方,在古代人们就把它当作宝物。看看古人怎么写这个土字的。比一比,现在的"土"和古代的"土"有哪些地方很像?(课件出示"土"字的演变)

(4)给"土"字找朋友。(图配词)

土地土堆推土机土豆黏土

(5)课件出示图片,学生认读。

教师小结:小朋友们一路认识了马路和泥土,收获不小。

(三)拼音王国有诗意

1.引导语:祝贺你们,拼音王国到了!里边的景色可美了,瞧,谁来了?(课件出示图片,贴示词语"小兔、小狗",板画青草)他们在什么地方干什么呢?(在草地上跑跳)小青草儿多漂亮呀,你想对他们说什么?(引导贴示:轻轻跳、慢慢跑,指导读好这两个词)咱们用一首儿歌提醒他们吧!(课件出示儿歌)

2. 学生自由读,借助拼音读准字音,遇到不认识的音节请教教师或同桌。

3. 指名拼读红色的音节。小教师带领拼读,齐读。

4. 指定二到三名学生齐读儿歌,教师指导朗读。(轻轻跳、慢慢跑)

5. 指导分组读儿歌,男女生对读儿歌。

6. 认识生字"不",教师出示字卡,指名读,问:你能给他找朋友吗?

7. 加动作齐读儿歌。

8. 小结:小兔、小狗说谢谢大家,大家让他们明白了爱护花草讲文明的道理,希望我们见到身边有破坏树木的现象也能劝一劝,让我们一起做文明的小学生。

(四)卡通名字藏秘密

1. 看卡通,喊名字。

拼音王国不仅景色美,而且有很多卡通人物哦,请看,他们的名字中也藏着我们刚学过的音节,找一找,喊一喊他的名字。(课件出示:图配汉字和拼音)

小熊维尼　　大力水手　　奥特曼　　哪吒

2. 说一说,做一做。

完成"语文课堂作业本"第2、3题。

附板书:

d t n l

要是踩疼了小青草

小兔……小狗

我就不跟你们好

轻轻跳　　(青草图)　　慢慢跑

(衢州市柯城区新世纪学校朱红叶敏娟)

【评析】

这两篇教学设计目标明确，各环节安排由易到难，循序渐进，遵循了拼音教学的有序性。他们都努力创设有趣的情境，教学形式多样，与学生生活相融合，采用各种游戏活动，把单调的拼音字母与学生实际生活中感兴趣的事物结合在一起，有效降低了学习难度，学生愉快地拼读音节，符合本学段孩子的认知和心理特点，有效地落实了课时目标。第一课时的教学重点突出，扎扎实实，尤其是在指导拼读和书写时，非常注重方法的指导。第二课时的教学生动活泼，整节课设计了一个去拼音王国游玩的情境，一路玩，一路学，拼音的使用无处不在，既巩固了拼音，又激发了学生的学习兴趣。儿歌教学重在正确朗读，渗透爱护花草树木的教育，没有生硬说教，学生自主发现并提醒小兔、小狗要爱护花草树木，并联系自己的行为，自然有效。最后的拓展练习更是让学生感受到拼音的用处真大！

（舟山市定海区舟嵊小学贺英）

【实践与探究】

1. 梳理拼音、识字、写字教学的基本流程。

2. 搜集一节近期的识字教学录像课，从核心素养角度进行反思评价。

3. 选择一篇一年级的拼音课文，根据教材分析，完成 2 课时教学设计，反思教学过程中游戏环节的价值和意义。

第六章　阅读与鉴赏教学设计

【学习目标】

1. 从不同理论视角审视阅读与鉴赏教学设计，把握本领域教学设计特点。

2. 通过案例研究，认识阅读与鉴赏教学设计的策略、内容和方法。

3. 根据学段特点，设计符合学段目标要求的教学方案，尝试进行阅读与鉴赏教学实践，形成教学能力。

第一节 阅读与鉴赏教学设计的心理学视角

一、认知发展理论与阅读预期

阅读是学习和促进个人发展的重要途径，是现代社会必备的能力之一。阅读是将书面材料提供的信息与读者头脑中已有的知识相整合，从而建构出意义的过程。在这个过程中，读者把自己的文化背景、知识和所读文章的符号直接联系起来构成最佳组合，从而重新表达以文字编码的信息。增强读者原有的知识与阅读文本之间的有效联系，对于提高阅读理解能力至关重要。而阅读预期则起着有效联系的桥梁作用。

阅读预期是读者利用掌握的知识和手段，预先推知和判断未知或尚未阅读的内容。这是一种推理性的认知能力。文本向读者呈现的信息，提示了读者预期的方向和线索，提供了激活某种图式、形成有效预期的可能。在这种有效的阅读预期活动中，读者和文本进行着双向交互作用，其中包含着新旧经验的冲突、转变和重组。这正反映了认识是一个反复性前进和螺旋式上升的过程。

让·皮亚杰（Jean Piaget）的认知发展理论体系中的一个核心概念是图式。图式是指个体对世界的知觉、理解和思考方式。我们可以把图式看成是心理活动的框架或组织结构。

阅读预期的根基就在于读者在阅读之前就已存在一种独特的、先在的认知图式。预期可以激活和调动已有图式，使新信息更易于理解吸收。皮亚杰认为，图式正是通过同化、顺化和平衡而逐步构成更高一级的形式，推动认知活动的发展。这对阅读预期训练中通过影响学生的认知图式教会学生掌握有效的预期方法、提高预期能力具有重要的指导意义。

阅读预期就是一个同化和顺化交互作用的动态过程。阅读预期训练就是教师引导和帮助学生把新知识纳入或同化到原有的认知结构中，或达到对外界客体新知识的顺化，重建新的认知结构，从而更快更好地达到新的认识上的平衡。

二、对话理论与阅读教学

随着课程改革的深入，对话理论在与语文阅读教学之间的关系越来越紧密。

（一）语文阅读教学的对话特质

语文阅读教学从本质上来讲是"师生共同与选入教材的文本之间所进行的一种带有文学解释性质的对话"。[1] 文学解释的要义就在于对文本意义以及价值的发现和实践。而文本意义与价值的产生又源于各主体间以文本为媒介进行的对话。在语文阅读教学中"主体间的精神对话"指的是文本作者与师生之间的对话交流。教材中文本的意义与价值就在师生与文本作者之间的对话中被发掘。教师备课时的"教材分析"与学生课前或课中首次阅读文本就是在进行原始文本预释的对话活动。正式教学过程中师生、生生的语言交流就是在进行文本再释的对话活动。语文阅读教学本身就是一种对话活动。因此，对语文阅读教学对话特质的溯源理解，能够使对话理论应用于语文阅读教学的研究有重要的依据可循。

（二）对话理论对语文阅读教学的影响

对话理论对阅读教学产生的影响体现在以下三个方面。

---

[1] 王尚文.语文教学对话论［M］.杭州：浙江教育出版社，2004：164.

首先，突破了语文教师独白教学的窠臼。对话理论赋予语文阅读教学以关系式思维，消解了唯一主体的权威，将阅读教学置于多主体平等对话的关系之中。

其次，由对话性的阅读课堂话语环境所形塑的异质化学习共同体，潜在地培养了学生的批判性思维。面对认知结构、认知背景与认知方式等不同的他者，学生在与他者的对话中批判地接受他者对文本不同的理解，继而建构了更加多元化的文本自我理解。同时由这种异质化学习共同体形成的阅读社群化课堂也促进了学生合作意识的养成。学生能够不排除异端，接受与他者的对话合作，共同实现着文本意义与价值的当下生成。

最后，对话改善了单一的阅读教学方法。对话理论所强调的自主、平等、合作提醒着教师不要只采取以教师为中心的讲授法，或是只重形式的问答法和讨论法，而强调的"建构"特质则提醒着语文教师应多采用符合学生生活逻辑的情景教学法。

在培养学生语文学科核心素养这一语文教育新要求下，对话理论作为一种本身就契合语文学科核心素养内在精神的理论，能够更好地服务于语文阅读教学的发展，最终落实学生语文学科核心素养的养成。在教学实践中应强调各主体间的对话关系，在发展中增加了对话的主体，使对话理论在阅读教学中的运用更加全面、科学化。

三、建构主义学习理论与阅读教学

建构主义不仅包含了皮亚杰跟维果茨基（Lev Vygotsky）的建构主义思想，而且在吸收行为主义精华的同时兼有人本主义的以学生为中心思想，它以显著的优势顺应了时代，在世界范围内影响力不断增强。而在我国教学理论实践中，尤其在语文阅读教育中，教师通过运用建构主义理论逐渐改变传统的"填鸭式"教学，使我们认识到实践中的主动、民主、合作、启发式教学的重要性。

对于阅读教学来说，阅读的最终目的其实就是实现意义的建构。意义建构在阅读教学中的体现大体包括以下几点：第一，情感和思想的建构。阅读教学要先把握阅读材料的基本思想和情感，通过对文章的阅读和讲解，学生建构起自身的人生感悟和情感道德观，这对学生精神世界的发展和促进是非常重要的。第二，知识体系的建构。阅读材料的内容一定包括语文学习常用的一些基础知识，对这些知识体系的建构有助于提升学生的学习能力和学习效果。第三，精神、性格和人格的建构。对阅读材料的仔细分析和解读，能够使学生不仅掌握语文知识，更重要的是体会文章中所要表现的精神层次，提升学生的人格修养，对学生今后整体人格的形成和素质的提高起到了潜移默化的作用。

在建构主义指导下的阅读教学对学生和教师都提出了相应的要求。一方面要求学生转变学习观念，积极主动发现新知识，另一方面强调教师要发挥好引导者的角色作用，巧妙设置问题情境，为学生营造"自主、合作、探究"的学习环境。

第二节　阅读与鉴赏教学设计的美学视角

课堂教学作品的创作始于教学设计，它是教师创造性思维参与的过程，也是集中体现教学的科学性与艺术性的过程。以朱光潜先生的美学思想为主要解释与思考工具，可以对教学设计的美学品格进行澄清，对阅读与鉴赏教学设计的美学意蕴构建的一般规律进行初步探寻，对阅读与鉴赏教学设计美学追寻的意义做出思考。

一、发现语文阅读教学设计"孤立绝缘"的美学品格

朱光潜先生在《谈美》之《我们对于一棵古松的三种态度》中将人们对待

事物的态度分为三种：实用的、科学的、美感的。他比较了三种态度的特征，并强调：在实用的和科学的世界中，事物都借着和其他事物发生关系而得到意义，到了孤立绝缘时就都没有意义；但是在美感世界中它却能孤立绝缘，却能在本身现出价值❶。可以说，美是事物的最有价值的一面，美感的经验是人生中最有价值的一面。

以往对语文阅读教学设计的研究主要是从实用与科学的角度进行的，致力于"向善"与"求真"，一些研究者也提出"尚美"的研究视角，致力于开启教学设计在实用与科学之外所存在的可以"孤立绝缘"的美。在观摩优秀的语文课堂教学时，我们常常会惊叹于执教者高超的教学设计，这种设计往往超越了基本的内容合宜、教法得当等科学与实用的目标而呈现出鲜明的艺术气质，比如现实与想象相对比造成的虚实结合，无声思考、默默读写与热烈讨论相对比形成的动静相生，重点段落或语句的反复敲打与其他部分一带而过相对比形成的张弛有度，等等。我们也能感觉到有的教学设计很平缓，设计的问题坡度不大，由浅入深，其形成的课境节奏舒缓、温润平和；而有的教学设计却呈奇崛之势，可以通过关键问题设计引起课境的"突转"，呈现峭拔之美。无疑，与所有的设计活动一样，语文教学设计具备一定的审美品格。

语文教学设计的美学品格，不同于语文教育与美育这一话题，也区别于课堂教学风格的研究，它先从语文教学的文本内容抽身而出，研究的是"怎么教"的问题；另外，它从课堂教学风格的综合性特质中剥离出来，不停留在执教者在课堂教学现场所表现出来的综合性的个性气质，而是由此还原，追溯这个现场背后的设计的力量。事实上，教学设计之美一定是语文教育之美不可或缺的一部分，也是课堂教学风格形成的重要组成。

西方的美学研究与理性研究相对，强调事物带给人们的直观感受与感觉。中国传统的美学研究则属于生命超越的美学，突出作品与创作者、欣赏者生命体验的互通与确证。研究教学设计的美学品格，就是从直观的感觉与感受出

---

❶ 朱光潜.谈美[M].北京：中华书局，2016：10-15.

发，走入作品所传递出来的执教者的生命体验。这种"心物交互""往复回流"的审美态度，同样承自朱先生的美学观：美不是孤立物的静止面的一种属性，而是人在生产实践过程中既改变世界又改变自己的一种结果。

二、构建语文阅读与鉴赏教学设计的审美意蕴

对阅读与鉴赏教学设计美学构建的思考，可以尝试以朱先生的美学思想为参照，将课堂教学作为一个具有艺术特质的作品，寻求这一作品设计时的基本美学规律。

（一）恰当之美

"创造是表现情趣于意象，是情趣的意象化；欣赏是因意象而见情趣，是意象的情趣化。"❶美就是情趣意象化或意象情趣化时心中所觉到的"恰好"的快感。

阅读与鉴赏教学设计的"美"大致是这样产生的：教师根据自己对课文的理解、对学生认知心理与学习任务的把握设计教学，这一设计中不仅暗含着教师的教育教学理念，还暗含着教师的审美旨趣，即教师的"情趣"。如王崧舟教师在《枫桥夜泊》❷一课的朗读指导中设计了这样的片段：

师：（配乐）月亮西沉，乌啼声声，霜气布满天地之间；江枫瑟瑟，渔火点点，寒山寺的夜半钟声悠悠传来。睡不着啊睡不着，无限愁绪涌上心头。《枫桥夜泊》就这样从张继的口中轻轻地流出。月落乌啼——

生：霜满天。

师：江枫渔火——

❶　朱光潜.文艺心理学［M］.上海：华东师范大学出版社，2015：210-213.

❷　王崧舟，林志芳.诗意语文课谱——王崧舟十年经典课堂实录与品悟［M］.上海：华东师范大学出版社，2011：174-196.

生：对愁眠。

师：姑苏城外——

生：寒山寺。

师：夜半钟声——

生：到客船。

师：（随着音乐，大声朗诵）姑苏城外寒山寺——

生：（随着音乐，大声齐读）夜半钟声到客船。

师：（随着音乐，小声朗诵）姑苏城外寒山寺——

生：（随着音乐，小声齐读）夜半钟声到客船。

师：（音乐消失，更小声朗诵）姑苏城外寒山寺——

生：（更小声齐读）夜半钟声到客船。

教师的"情趣"投射到设计中，形成审美的"意象"，学生（或观课者）在教学设计实施时，感受甚至参与创作形成这种"意象"，如果它与学生（或观课者）本身的"情趣"恰好相合，就形成了教学设计的审美体验。

（二）完整之美

朱光潜先生在《谈美书简》书中认为"艺术的特征就是完整"。在他看来，创作者须在整体构思的情况下，才能整体全面把握对象的特征，而每一个部分的特性，取决于它与整体结构的关系是否协调，并构成不可分割的有机整体。这一整体构思的原则很容易理解。汪曾祺在《自报家门》中论语言之美时也曾说过，语言的美不在一个一个句子，而在句与句之间的关系。

转换到教学设计的话语中，执教者在设计一堂课时也要整体构思，考虑详略处理、节奏建构、比例协调等。仍以王崧舟教师的《枫桥夜泊》一课为例，王教师在导课时抓住"钟声"这一意象，带学生们沿时间之河回溯，依次朗读当代的陈小奇、清代的王士禛、明代的高启、宋代的陆游的诗句，引出张继与《枫桥夜泊》，在结课时又从《枫桥夜泊》出发，顺着时间之流，复现宋代的陆游、明代的高启、清代的王士禛、当代的陈小奇的诗句。整个课堂的设计首尾呼应，形成一个圆形结构，表现出执教者整体构思的设计追求。

（三）格律之美

艺术须寓整齐于变化。一味齐整，如钟摆摇动声，固然单调；一味变化，如市场嘈杂声，也还是单调。由整齐到变化易，由变化到整齐难。古今大艺术家大半后来都能从束缚中挣扎得自由，从整齐中酝酿出变化。这里的"格律"主要指的是诗歌创作的规律，但由诗歌创作延伸出去，可以作为一般艺术创作的原则。

教学设计的"格律"可以理解为教学设计的一般程式，如"导入新课—整体感知—细节品读—拓展训练—布置作业"等；也可理解为教学设计的某些约定俗成的规则，如导课环节不宜超过3分钟等。这些程式与规则，使得语文教学设计呈现出一定的"齐整"之态，在实施固定教学模式的课堂实践中这种格律式的齐整就表现得更加突出。

当然，教学设计需要一定的"格律"，对"格律"的遵守内含了对教育规律、学习规律的尊重，新手教师的教学设计最好从"入格"开始，掌握教学设计的常规而不至于造成明显的疏漏。而成熟的执教者又要勇于"破格"，根据文本、教师、学生的实际进行创新与变化。所谓"工在格律而妙则在神髓风骨"。

（四）游戏之美

朱先生在《谈美》之《大人者不失其赤子之心》中论述了艺术与游戏的关系。他指出，艺术的雏形就是游戏，艺术伏根于游戏。儿童在游戏时的创意性活动，正是这个观点的体现：儿童的想象力还没有被经验和理智束缚，只要受到有一点来自现实事物触动，他们就立刻生出想法，造出一个离奇而富有新意的世界，从这个意义上说儿童就是艺术家。

教学设计中的"游戏"之美，可以表征为"游戏沉浸式"的教学设计，无论是字谜、比赛、探索等游戏的方式都可以是语文教师教学设计选用的有效的认知工具之一。维果茨基认为，在游戏中，儿童的心理功能超越了他们在日常活动所反映出来的平均能力，游戏为儿童的学习提供了一个经验情景，通过它，儿童来探索社会和文化的法则。

教学设计中深层的"游戏"之美，则是执教者的一种"游戏精神"，是一种勇于创造、富于想象并在这创造与想象中获得"游戏"乐趣的精神。众多优秀的语文教师在教学设计中便常常制造"好玩的事儿"，通过新奇的创意，与学生一起感受语文学习的乐趣。

如于永正教师在执教《草》❶一课时的教学片段：

师：小朋友，放学回家谁愿意背给妈妈听？（学生纷纷举手，于教师请一名小朋友到讲台前）现在，我当你妈妈，你背给我听听好吗？想想，到了家里该怎么说。

生：妈妈，我今天学了一首古诗，背给你听听好吗？

师：好！（生背）

师：我女儿真厉害，教师刚教完就会背了。（众笑）

师：谁愿意回家背给哥哥听？（指一名学生到前边来）现在我当你哥哥，你该怎么说？

生：哥哥，今天我学了一首古诗，我背给你听听好吗？

师：哪一首？

生：《草》。

师：噢。这首诗我也学过，它是唐朝大诗人李白写的。

生：哥哥，你记错了，是白居易写的！

师：反正都有个"白"字！（众笑）我先背给你听听：离离原上草，一岁——

生：一岁一枯荣！

❶ 魏本亚，刘文琪，刘春，等．于永正经典课例评析低中年级阅读教学卷［M］．北京：语文出版社，2016：11-13.

师：野火烧不尽，春……春……哎，最后一句是什么来着？

生：春风吹又生！

师：还是弟弟的记性好！（众笑）

师：谁愿意背给奶奶听？（指一名学生到前边来）现在，我当你奶奶。奶奶没有文化，耳朵有点聋，请你注意。

生：奶奶，我背首古诗给你听听好吗？

师：好！背什么古诗？什么时候学的？

生：背《草》，今天上午刚学的。

师：那么多的花不写，干吗写草啊？

生：嗯，因为……因为草很顽强，野火把它的叶子烧光了，可第二年又长出了新芽。

师：噢，我明白了。背吧！

师："离离原上草"是什么意思？我怎么听不懂？

生：这句诗是说，草原上的草长得很茂盛。

师：还有什么"一岁一窟窿"？（众笑）

生：不是"一岁一窟窿"，是"一岁一枯荣"。枯，就是干枯；荣，就是茂盛。春天和夏天，草长得很茂盛；到了冬天，就干枯了。

师：好诗！奶奶像你这么大的时候，哪有钱上学啊！好，今天的课就上到这，小朋友，放学回家后请把《草》这首古诗背给家里的人听。

于教师巧妙利用角色扮演的方式，师生合作模拟了与妈妈、哥哥、奶奶的对话，将口语交际、诗意理解、古诗背诵等融为一体。

三、阅读与鉴赏教学设计美学追寻的意义

发现教学设计之美、构建教学设计之美，其意义在于实现教学设计的最优化。它意在以一种"无所为而为"的审美精神与"有所为而为"的教育实践共同达到教学的目标。尽管我们将教学设计的美学品格进行了"孤立绝缘"的审

视，使之与"实用""科学"的价值追寻相区别，但我们必须清楚地知道，事物的审美属性绝非独立存在，教学设计的审美追求绝非要离开教学设计之用孤芳自赏，对它的研究一定以实现教学效果的最优化为目标，以促进学生言语生命的和谐发展为目的。

阅读与鉴赏教学设计审美意蕴的开掘是语文教师从业状态审美化的重要途径与不二法门。正是借由课堂教学设计的审美构建，教师体验创造带来的愉悦与美好，抵御教育生活中琐屑的事务带来的疲惫与困顿，释解工作的焦虑，实现"诗意的栖居"。以审美之心审视教学设计，就是以审美之心营造语文教育的生命意蕴，它要通达的是师生"艺术化"的人生状态。

第三节　阅读与鉴赏教学设计的策略

在整个义务教育阶段，阅读是学生学习所有课程的关键技能，阅读教学的重要任务就是让学生学会阅读、学会表达，培养学生感受、理解、欣赏和评价的能力。设计有效的阅读教学活动应关注这样几个方面：

一、文本解读，从多元"对话"开始

《义务教育语文课程标准（2022 年版）》中指出："阅读是学生的个性化行为，要珍视学生独特的感受、体验和理解。"尊重个性、多元化已经成为教育工作者指导工作的基本理念，多元解读更能体现阅读教学最真切、最本质的一面。引领学生进行有效的多元解读，进行学生、教师、教科书编者、文本之间的对话，是阅读教学设计的基础工程。

（一）以普通读者的身份阅读文本

阅读教学要使学生有感悟，有体验，教师自己必须先对文本进行充分的感悟和体验。教师要善于调动自己对生活的积累和感受，披文入情，让文本感动自己，读出自己的理解和感受。只有这样，到了需要和学生交流阅读感受时，教师才能思绪飞扬，"情动而辞发"，更好地引领师生对话。

（二）以教师的身份聆听编者和学生的声音

教科书是课程内容的载体，是教师教语文和学生学语文的凭借。教师应与教科书编写者对话，了解编者意图，教是教课程的语文，而不是教师的语文。把握好文本与单元组之间，单元组与整册教材之间相互联系是解读文本的基础。

（三）以学生的视角解读文本

教师解读文本要有对象意识，要从学生的视角看文本，这就要求教师不能仅站在自身"教"的角度去解读文本，还需站在学生"学"的角度去解读文本。从学生视角出发去解读文本，既要了解学生已有的基础，还需要怀着一颗天真烂漫的童心走进文本，找准学生在阅读文本时的兴奋点、疑难点，从儿童的视野出发对课堂进行预设，在脑海中模拟课堂情景。

二、探究活动，从尊重个性阅读开始

新课程理念要求教师能够在阅读教学中珍视学生独特的感受、体验和理解，在实践中积极倡导个性化阅读，树立个性探究的阅读观。

（一）预留充足时间，促进学生自读自悟

语篇本身就有启智育人的作用，因此，教师在课堂上要给学生留足读的时

间。将初读整体感知和精读重点感悟相结合，采用指名读、自由读、齐读、师生对读、教师范读、小组读等多形式朗读，让学生从读通读顺走向对朗读内容赋予个性理解的有感情朗读……课堂上以读代讲、一读再读，避免了教师对文本进行过多烦琐零碎的分析，让学生在读中悟情、在读中明理，促进学生个性化阅读思维的发展。

同时，教师要组织学生积极开展探究式合作学习。在学生充分的自主学习后，引导其有方向地深入思考：或文本内容的框架式梳理，或重点词句的个性化批注，或读思中的疑难困惑所在，或思维发散想象之处……给予学生充足的合作学习时间，引导学生通过比较、猜想、归纳、联想等方法开展合作探究，利于学生交流碰撞，发展思维能力。如，四年级下册《芦花鞋》是一篇略读课文，本课文是对前两篇课文的阅读方法的一种迁移运用，教学重难点是用列小标题的方式把握课文的主要内容。因此，基于单元"学习把握长文章的主要内容"的语文要素，教师让学生在充分的读思探究中理解感悟，在一节课的阅读中，教师安排了"三读三思一交流"（表6-1）活动。

表6-1　课堂观察记录

三读	三思	时间	一交流	时间
自由读	读准读通，感知文本特点	5分钟	小组合作交流汇报	8分钟
默读	列小标题	4分钟		
默读	批注印象深刻之处	4分钟		

课堂上，教师改变了传统的教学方式，把大量的时间和空间还给学生，不去占有那片原本属于学生的阅读土壤。通过"三读三思一交流"，引导学生从整体初读，到聚焦目标两度默读，再进行小组合作交流成果展示，自主读、思、合作探究的时间达到了21分钟。学生默默地阅读，静静地思索，进行充足的阅读探究，不仅加深了对文本内容的理解与感悟，也促进学生思维能力的发展。这样的"沉浸式"学习模式让每个学生都参与其中，更为学生的个性化感悟拓展了空间。

（二）联系生活创设情境，增强学生阅读体验

语文来源于生活，应用于生活。联系生活实际，能够让学生把读到的故事同自己的知识、生活经验等联系起来，把抽象的语言文字变成头脑中生动可感的画面，利于学生更好地理解所读的内容，更直观真实地感悟文本中的情感，帮助学生形成个性化、多元化的阅读感悟。基于学生生活创设的情境，为文本内容和学生的语用兴趣搭建了桥梁，利于拓展学生的语文思维。

三、习得方法，从拓展阅读开始

阅读教学中，教师不仅要教授学生基本的语文知识，还要积极帮助学生积累语言、培养语感、发展思维，不断引导学生掌握并运用最基本的阅读方法进行拓展阅读、广泛阅读。教师要从教材出发，纵横拓展，依托阅读学习任务群的构建，不断寻找课堂教学与课外阅读的结合点。

（一）举一反三，同类主题系列读

著名教育家叶圣陶先生曾经说过："语文教材无非是个例子，凭这个例子要使学生能够举一反三。"这就要求教师要把相关的读书方法与课堂阅读有机地结合起来，向学生传授相关的阅读方法，这既强化了学生基本阅读法的训练，又利于学生阅读素养的持续发展。

四年级下册第四单元教材围绕"动物"这一专题，选取了不同作家、不同风格的四种动物，这样的整体安排，让孩子们走进动物世界，了解动物的特点，感受动物的可爱、可敬。展开这一单元教学时，先要对单元教学展开整体解读和设计，在单元学习中，学生结合文本内容可以学到多种阅读和写作的方法。比如作家运用拟人、反语等修辞手法来表达自己对动物的喜欢，运用比较阅读的方法来感受动物们的不同特点。学完单元课文，为了夯实阅读方法、拓宽阅读视野，教师可以安排一个拓展性阅读学习任务群：引导学生运用以上多

种阅读方法，链接一组同主题拓展性文章进行补充阅读。在学生自读的基础上，填写"阅读记录单"（表6-2）。

表6-2 阅读记录单

篇目	初印象	相关句段摘抄	我来赏析	我最喜欢
《小麻雀》				
《鸬鹚》				我最喜欢的是（　　），因为（　　）
《天鹅》				

其中，"初印象"指向于整体感知，"相关句段摘抄"和"我来赏析"着重于精彩部分的聚焦，在赏析中，感受作家的情感表达和写作方法的精妙。"我最喜欢"一栏很开放，可以让学生写写自己对某种动物的喜欢，也可以写写对某一篇文章或对某一种描写方法的欣赏。这样以点带面，同主题组文的拓展，不仅加大了学生的阅读量，更重要的是为学生在阅读中进行比较、归纳、赏析提供了阅读实践的平台，让学生的阅读训练有了深度和广度。

（二）能力纵深，单篇带动整本读

整本书阅读作为学习任务群之一被单列在课程内容之中，可见其重要地位。它不仅可以有效培养学生的阅读兴趣，还能帮助学生丰富知识、积累语言、开阔视野，提升自主阅读能力。在教材中，推荐整本书阅读有三种途径：一是"快乐读书吧"，二是课后资料的书籍链接，三是课文相关的阅读推荐。

在阅读教学设计中，教师尤其要关注依托课文的整本书推荐，做到适时推荐，恰到好处。四年级下册《芦花鞋》一课选自曹文轩的《青铜葵花》，课文的学习就是一个很好的导读课例，在学生对课文节选故事的回味中，及时引导学生去阅读整本书——在其他章节的阅读中还能看到一个怎么样的青铜，他和葵花之间又有哪些故事。根据学生阅读能力和具体学情提供阅读单（图6-1），引导学生有目标地进行阅读赏析，能够让整本书的阅读水到渠成。

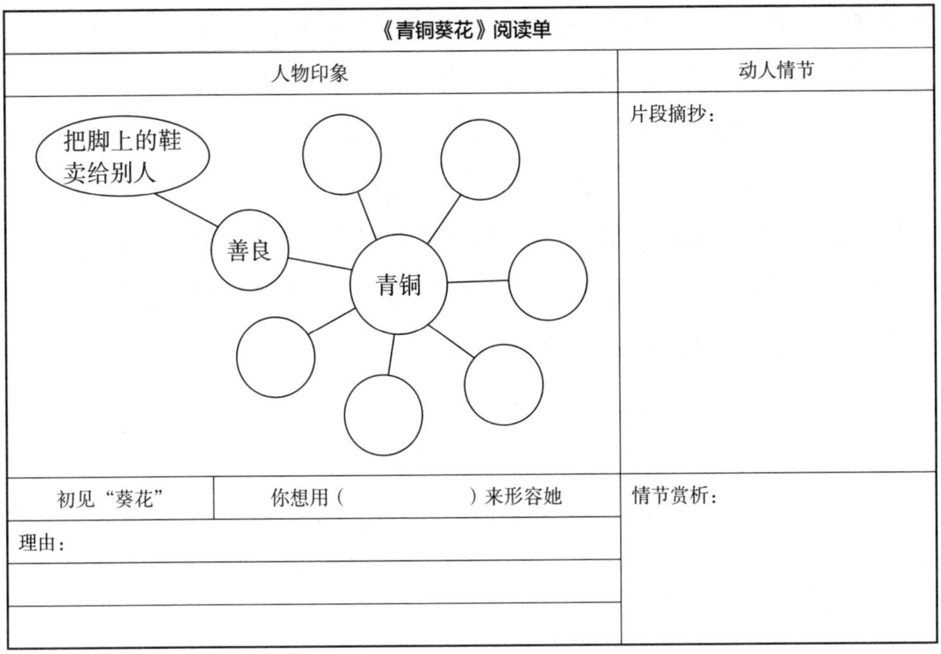

图 6-1 《青铜葵花》阅读单

四、基于学习任务群的阅读教学设计建议

现行语文课程标准提出了"建构语文学习任务群"的理念。其中,阅读活动与第二层"实用性阅读与交流""文学阅读与创意表达""思辨性阅读与表达"三个发展型学习任务群紧密相关。

阅读活动注重系统化、整体性和可持续性,解读教材语篇时要注意将内容与日常生活、语文实践活动融合在一起,构建起语文要素与学生生活实际之间的联系,设计学习任务群的主题。如,五年级上册第一单元设计的学习任务群属于"文学阅读与创意表达"发展型学习任务群,围绕"一花一鸟总关情"的人文主题编排了《白鹭》《落花生》《桂花雨》《珍珠鸟》四篇课文。本单元的语文要素是:初步了解课文借助具体事物抒发感情的方法;写一种事物,表达自己的感情。由此可见,本单元的学习重点是"借物抒情"。在教学过程中,要引导学生沉浸文字，读懂作者，读懂文章借物抒情的表达方法。所以尝试"用一种事物，表达自己的感情"，成为本单元"以读促写，学以致用"的合理而自然的目标选择。由此，本单元的情境任务可设计为"办童年博物馆，展心爱之物"。在"博物馆"中展示每个人的心爱之物，每个班作为一个子馆，将学生的文与物配套展览，场馆进行个性化布置，整个年级可互相参观。

本单元的主题任务共安排了十一课时，分解为三个子任务来落实。其中第二个子任务占七课时，足以说明阅读在学习任务群开展中的举足轻重的分量。

子任务一：精心挑选心爱之物（1课时）

任务说明：发布单元情境任务"办童年博物馆，展心爱之物"。讨论情境式主任务达成标准。课下精心挑选物品，运用表格或思维导图，梳理心爱之物的名字、特点、来历、故事等，为博物馆展览时的介绍做准备，布置单元主题墙。

子任务二：探寻借物抒情的表达秘密（7课时）

任务说明：品读《白鹭》《落花生》《桂花雨》《珍珠鸟》四篇课文，学习作者借助具体事物抒发感情的方法。为讲述自己心爱之物的故事选择写法，进行构思。

子任务三：童年博物馆开馆展览（3课时）

任务说明：从自己心爱之物的样子、来历、故事等角度，写出自己的真情实感。布置童年博物馆，为自己的作品制标签，写"解说词"。组织参观和解说，根据评价量表评选"最佳解说员"。

单元主任务的确定有赖于学习情境的创设，由此也会带来一系列迁移。如学生从兴趣出发，完成"发展性学习任务群"的拓展阅读。这种以阅读为载体，与实践相结合的学习方式，从课堂延伸到课后，让学生能够在现实的生活情境中，运用思维处理问题，使学生学习获得的知识、方法得到迁移，完成思维的多元发展。

第四节　小学语文阅读教学设计的内容与方法

一、第一学段阅读教学设计要点

第一学段的阅读教学强调学生阅读兴趣、朗读能力、复述能力三方面的培养。其设计要点将从以下三方面进行论述。

（一）选择适切形式，激发阅读兴趣

小学第一学段语文阅读教学的一个关键问题是学生阅读兴趣的培养。要让学生喜欢阅读、主动阅读，在选择阅读材料时，要多选择契合儿童年龄与心理特点的读物，如浅近的童话、寓言、儿童诗、古诗等。引导学生关注好文字材料时，也不要忘记插图、课后习题、补白信息、拓展材料等，让学生在大量的课内阅读中去感知、领悟、联想和体验，激发学生主动阅读的兴趣。学生的阅读能力想要得到有效提高，必须通过大量的阅读实践。以课堂教学带动课外阅读，做到课内外阅读有机结合，拓宽学生的阅读视野，延伸学生的阅读空间。在阅读教学中开展丰富多彩的阅读活动可有效激发学生的阅读兴趣。抓住低年级学生喜欢展示自我的特点，当学生学习了一篇课文、知道了一个故事、阅读了一本书后，教师可适时创造学生展示自我的机会，举办故事会、读书推荐会、阅读交流会，开展成语闯关赛、童话故事赛等，让学生在一系列的活动中享受成功的喜悦和阅读的快乐。

（二）把握朗读要素，培养朗读能力

朗读是小学语文阅读教学中最重要、最基本的训练。本学段语文阅读教学的重点之一就是培养学生的朗读能力，这对于提升学生语文学习能力与语文素养有着不可或缺的作用。

教师在教学前要做好一点——备读。要精准定位朗读要求，让朗读训练有

的放矢。正确流利地朗读课文是本学段语文学习的重要任务，在读准字音的基础上，教材围绕这一目标，根据不同年级特点设计了螺旋式的朗读目标，各册各有侧重，具体见表6-3。

表6-3 统编版教材朗读学习要求梳理

册次	课文	朗读要求
一年级上册	《秋天》《小蜗牛》	朗读课文，读准字音
	《雨点儿》	分角色朗读，读好长句子的停顿
一年级下册	《我多想去看看》	读好句子的语气
	《小公鸡和小鸭子》《要下雨了》《动物王国开大会》《棉花姑娘》	读好对话，分角色朗读
	《端午粽》《彩虹》	读好长句子
二年级上册	《小蝌蚪找妈妈》《坐井观天》《寒号鸟》	读好对话，分角色朗读
	《雾在哪里》	读好句子的语气
二年级下册	《开满鲜花的小路》《沙滩上的童话》《画杨桃》《小马过河》	分角色朗读，读好对话的语气
	《一匹出色的马》	试着有感情地朗读
	《大象的耳朵》《祖先的摇篮》	读好问句

读好不同语气的句子、读好对话、分角色朗读的教学从一年级下册开始一直贯穿二年级。读好不同语气的句子为读好对话奠基，而读好对话又为分角色朗读铺垫。了解了教材对朗读学习的有序安排，教师在教学时就可以按年级、课型循序渐进，落实每一个朗读训练点，精准教学，有效培养学生朗读能力。

（三）借助有效支架，培养复述能力

复述的要求虽然在本学段没有以语文要素的形式提出，但是从课后习题的梳理（表6-4）中我们不难发现，在本学段多种复述策略已经多次出现，并且彼此交融叠加。

表6-4　统编版小学语文教材复述学习要求梳理

册次	课文	课后习题	复述要求
一年级下册	《小猴子下山》	结合插图，说说小猴子看到了什么、做了什么，最后为什么只好空着手回家	借助插图复述课文或相关段落
二年级上册	《小蝌蚪找妈妈》	小蝌蚪是怎样长成青蛙的？按顺序把下面的图片连起来，再讲一讲小蝌蚪找妈妈的故事	
二年级下册	《邓小平爷爷植树》	默读第三自然段。借助插图，说说邓爷爷植树的情景	
	《千人糕》	借助插图，说说米糕是经过哪些劳动才做成的	
一年级下册	《小壁虎借尾巴》	朗读课文。说说小壁虎都找谁借过尾巴，结果怎么样	按顺序说话
二年级下册	《雷雨》	朗读课文。说说雷雨前、雷雨中、雷雨后景色的变化	
二年级上册	《曹冲称象》	读第四自然段，给下面的内容排序，再说说曹冲称象的过程	借助提示讲故事
	《玲玲的画》	朗读课文，试着用上"得意""伤心""满意"这3个词语，讲这个故事	
	《风娃娃》	根据下面的提示讲讲这个故事	
二年级下册	《小马过河》	试着用上下面的词语，讲讲这个故事	
	《大象的耳朵》	画出课文中大象的话，说说大象的想法是怎么改变的	
	《蜘蛛开店》	根据示意图讲讲这个故事	
	《青蛙卖泥塘》	说一说青蛙为卖泥塘做了哪些事，最后为什么又不卖泥塘了	
	《小毛虫》	小毛虫经历了哪些变化？画出相关语句，借助提示讲讲这个故事	

　　复述这一语文要素在本学段各册教材的各个单元中既独立又彼此关联。本学段各册教材多次出现借助插图复述课文，从多幅图片到单幅图片；借助提示讲故事，既有借助关键词句也有借助思维导图。这样的编排就需要教师在前后关照的基础上精准把握不同册次、不同单元对复述能力习得的要求，适时搭建有效支架，科学提升学生复述能力。

　　从本学段教材的编排特点来看，本学段的复述教学非常重要，作为学生阅读的起步阶段，借助故事类的文章开展复述教学，为第二、三学段的创造性复述起到良好的奠基作用。

【案例6-1】

二年级下册《彩色的梦》教学设计

一、教材分析

《彩色的梦》是二年级下册第四单元的第一篇课文。这是一首儿童诗，整首诗充满童真、稚趣，描写了小朋友用彩色铅笔在白纸上画画时的丰富想象，表达了儿童对大自然的赞美和向往。

本文语言优美，句式简单，灵活多变，又富有韵律。教学中要重点引导学生在朗读中识字、写字，既要引导学生关注文本的语言美和丰富的想象，也要在反复品读中感受童年生活的快乐，激发学生读儿童诗的兴趣。

二、教学目标

1. 认识"盒、聊"等9个生字，会写"彩、梦"等9个字。

2. 朗读课文，边读边想象，感受梦境中美好的事物，能用自己的话说出彩色铅笔画出的梦。

3. 能根据情境展开想象，试着仿照第2小节或第3小节，把自己想画的内容写下来，在表达中感受童年的快乐。

三、教学准备

多媒体课件、磁性黑板贴。

四、教学过程

第一课时

（一）揭示课题，书写"彩"字

1. 聊天式揭题。孩子们，你们做过梦吗？大自然中的一切事物都会做梦，小草的梦是绿绿的，花儿的梦是红红的，大海的梦是蓝蓝的，小朋友的梦是彩色的。这节课，我们一起来学习一首和梦有关的儿童诗——《彩色的梦》，一起读读课题。

2. 指导书写生字。

（1）观察"彩"字，说清书写要点。

（2）送进田字格，师范写，生书空。

（3）打开《课堂作业本》书写。

3. 齐读课题。

（二）初读课文，随文识字

1. 自由朗读，出示要求。

"彩色的梦"是什么样的呢？

（1）读准字音，读通句子，难读的地方多读几遍。

（2）这首诗一共有几小节，请标上小节号。

2. 反馈：这首小诗一共有几小节（四小节）。出示对照。

（三）朗读课文，想象梦境

1. 学习第一小节。

（1）"彩色的梦"是什么呢？谁来读读第一小节？

（2）这彩色的梦可真有意思啊，你读到哪里觉得最有意思？

①"一大把"：如果你也有一大把彩色的梦，你的心情怎样？带着这样的心情读读看。（指名读，齐读）

②"有的长，有的圆，有的硬"：发现这些铅笔形状不同，软硬不同。

③"他们躺在铅笔盒里聊天"。学习"盒"字与"聊"字，他们躺在铅笔盒里聊天，会聊些什么呢？

④"在白纸上跳蹦"。用小手指尖当一回笔尖，把课桌当成白纸，感受一下铅笔"蹦跳"的感觉。男女生分别朗读。

（3）齐读第一小节。

2. 学习第二小节

（1）自由朗读第二小节，思考：梦中有哪些景物？有哪些色彩？圈画出来。

（2）反馈：你见到了哪些景物？（根据反馈相机板书）

引导发现颜色变化以及变化快的特点，关注"大块的""大朵的""大片的""滑"等关键词。齐读。

（3）引导把破折号读慢。拓展仿说。

出示果园、海边等图片，学着第二小节的样子仿说。

脚尖滑过的地方，

   的   ，   ；

   的   ，   ；

   的   ，   ，

   得   ！

（4）想象仿写。

①彩色铅笔滑呀滑，它滑过了春天的公园，滑过了夏天的池塘；滑过了秋天的田野……你觉得彩色铅笔会滑过哪些地方？这些地方又会发生什么变化呢？仿照第二小节来写一写吧。

②学生仿写，指名在全班朗读自己的写话，其他学生认真听并点评。

（四）观察发现，指导书写

1. 出示"森""梦"。仔细观察，说清发现。

2. 教师示范，学生临写。

3. 展示评议，跟进练写。

附板书：

8 彩色的梦

大块	草坪	绿	
大朵	野花	红	美
大片	天空	蓝	

第二课时

（一）复习回顾，导入新课

1. 谈话回顾，板书课题，齐读。

2. 出示"课堂作业本"第二题，自由读，开火车读。

3. 朗读回顾第一、二小节。

（二）深入课文，走进梦境

1. 学习第三小节。

（1）自由读第三小节，找一找哪些地方写得很有趣，画一画，圈一圈。

（2）小组交流有趣在哪里。

（3）反馈。

预设一：在葱郁的森林里，雪松们拉着手，请小鸟留下歌声。

①指名说说有趣的地方，读出"趣味"。

②雪松们怎么会拉着手？相机理解"葱郁"。

③创设情境：现在，我们就来当当雪松，一起站起来手拉着手，来邀请小鸟唱歌吧。齐读、男女生合作读。

预设二：小屋的烟囱上，结一个苹果般的太阳，又大——又红！

①识记"囱"字。看图片认读"烟囱"，出示"囱"的甲骨文识记。

②正音"结"（长出），聚焦"苹果般的太阳"，说说它的意思。

拓展：玉盘般的月亮、大海般的天空、彩虹般的大桥、辫子般的柳条。

借助图片练说：（　　　　）般的（　　　　）。

③齐读，仿说。

（　　　　　　），

（　　　　　　　　），

又（　　　）——又（　　　）！

2. 学习第四小节。

（1）联系阅读的书籍、观看的电视电影，你脑海里的精灵是什么样的呢？（会魔法、神奇的）

（2）作为大森林的精灵，神奇的彩色铅笔又会给我们带来什么呢？读第四小节，圈一圈。

（3）读了这一小节，你眼前仿佛浮现了一幅怎样的画面呢？

①想象"水果香"：闻一闻，你闻到了什么水果的香味？陶醉地来读一读。

②想象"季节风"：不同季节的风带给你的感受有什么不同呢？带着不同的感受读。

③想象"紫葡萄的叮咛"：相机理解"叮咛"，生活中谁会叮咛谁？紫葡萄会和谁叮咛呢？它在叮咛什么？

（4）理解省略号。

我的彩色梦境里还会有什么呢？

刚才同学们说了那么多，其实都藏在了诗中的一个标点符号里——省略号，就像小溪里的水源源不断地流淌着，一起读。

3.回顾全文，男女生轮读。

（三）观察发现，指导书写

1.出示"拉""结""精""般"。仔细观察，说清书写要点。

2.教师示范，学生临写。

3.展示评议，跟进练写。

附板书：

8 彩色的梦

（　　　　　）般的（　　　　　）有趣

（舟山绿城育华学校倪静静）

【评析】

本课是一首儿童诗，朗读是诗歌教学的首选。在教学中，教师注重以读促悟，引导学生在朗读中感受诗歌的语言美、节律美。如教学第二节时，抓住关键词引导学生想象画面，体验诗所描绘的意境，学生通过想象，有了情感的体验，这样的读才是有滋有味的读，学生的学习也是真实的学习。

儿童诗语言简单精粹，更适合让学生尝试创作。教师在设计时重点指导仿写第二小节，这一小节语言优美，句式简单，结构相同，教师没有框定学生思维，以果园、海洋两幅图为支架，降低仿写难度，引导学生想象更多地点，帮助学生打开思路，提升思维的广度与深度。

像这样关注文本体裁，以读促悟、读写结合的课堂教学，不但锻炼了学生的思维能力、想象能力，而且培养了学生的语言能力。

（沈阳市浑南区第二小学王田）

二、第二学段阅读教学设计要点

第二学段阅读教学开始关注学生阅读思维能力的培养。引导学生启动阅读思维、提升学生的阅读素养是本学段阅读教学的重要方向。

（一）"读""思"结合，推动质感阅读

强化文本整体感知、培养学生赏析理解能力是第二学段阅读教学的重要目标，这也是其他阅读能力形成的基础。可以通过抓关键语句、紧扣疑难问题、研读细节批注等途径，引导学生阅读实践，促进学生质感阅读。

1. 抓住关键词句，走进文本深悟

刘勰说过："夫缀文者情动而词发，观文者披文以入情。"而"披文入情"的切入点就是文本中的一些关键词句，关键词句往往是作者用意所在，字字珠玑，句句传情。抓住这样的词句进行教学，才能走进文本深处，走进作者内心，感受到语言的魅力。

2. 解锁提问策略，引导深度探究

有效提问是第二学段的重要阅读策略。从三年级上册到四年级下册共安排了3个提问策略单元，其中四年级上册第二单元要求"阅读时从不同角度去思考，提出自己的问题"。教师可以借助文本已有支架、联系课后相关问题、总结提炼拓展等多维引导，唤醒学生阅读时的问题意识，进而拓宽提问的思路，思考问题的价值，从而引导学生将不自觉、无意识的阅读转化为自觉、有意识的阅读探究。同时，要利用整本书阅读等手段来迁移运用阅读提问策略。

3. 养成批注习惯，促进有效阅读

批注阅读对培养学生阅读兴趣、养成良好的阅读习惯、提高阅读和写作能力有着重要的意义。统编小学语文教材从三年级起，便分散呈现批注要求。每册均编排一到两篇习作例文，围绕习作训练点，以质疑式旁批、感悟式旁批、总结式旁批等形式，展示训练要点，解释说明重难点，帮助学生从不知如何下笔，到知道写什么、怎么写。四年级上册第六单元集中学习批注方法，教材在编排上就注意到了不同的角度、多样的方式，在一单元中集中呈现、集中训练。学生的批注阅读从感性逐渐走向理性，阅读经验也从学习模仿转向了自我实践。

（二）巧用方法，把握文章主要内容

把握文章主要内容是本学段阅读教学的难点，把握文章主要内容主要有五种方法：一是从课题扩充入手，有的课文题目高度概括了文章内容，对它稍加扩展充实便能得到文章的主要内容。二是从记叙要素入手，这一方法主要应用于记叙文中，找出时间、地点、人物、事件等要素，合理组织便是主要内容了。三是从关键词句入手，文本的总起、过渡、重点词句往往概括了全文或部分内容的大意。四是从主要问题入手，先抓住作者在文章中叙述的几个主要问题，再以简洁的语言逐一作出回答，最后把答案概括连续起来，就是文章的主要内容。五是从段意标题入手，段意是每段的主要内容，将一个一个段落的内容概括成小标题，综合串联起来就是文章的主要内容。

学生达到简洁概括主要内容的水平是需要过程的。利用图、表可以帮助学生将主要内容可视化，搭好支架，培养学生提取信息和提炼概括的能力。如三年级下册《纸的发明》，这篇课文结构鲜明，按照时间顺序清晰地记叙了纸发明过程中经历的各个阶段。结合课后题第一题"默读课文，想想每个自然段的意思，再照样子填写下面的图表"，学生就能依据所填图表很顺利地提炼出自然段段意，进而串联段意概括课文主要内容。

（三）梯式训练，指导有效朗读

"正确、流利、有感情"是第二学段的朗读要求，课堂中，三者的达成需要一个梯式训练、逐步提升的过程。

第一层次：读得正确。读得正确是朗读的基本要求，第二学段的课文篇幅越来越长，这个要求的落实一般会安排在预习中。因此，在课堂上检查预习尤为重要，可以让学生读读段落或难读的长句，根据学生的朗读情况来获取学情，解决字词难点，读得正确。

第二层次：读得流利。要读得流利，就要在正确朗读基础上做到停顿合理，不读破句。这就要求学生对课文的意思有所理解，能思考如何连读断句。遇到难读易错的词句，教师可以示范朗读，重视反复练习，直到读通顺了为止。

第三层次：读得有感情。学生的生活经历不同，对课文的欣赏程度也不同，所以有感情地朗读是有差异的。教师要关注学生对文本情感的把握，尝试从声调、音量、速度等方面进行指点。鼓励学生用自己喜欢的方式个性化朗读，给学生充分展示的平台。在有感情地朗读的训练中，让学生更深入地领悟文章的思想感情。

（四）充分默读，训练落到实处

默读是独立阅读的主要方式，独立阅读能力直接影响着语文素养的发展。基于此，第二学段要求"初步学会默读，做到不出声、不指读"。这就需要教师能关注学生正确的默读方法，引导学生默读时让眼睛和书页保持距离，保证有开阔的视野，学习扫读文字，并能逐渐加快速度。

教师在阅读教学设计中，要重视默读的运用。课文内容整体感知之时，有疑惑困顿之时，或是有着重赏析之处，都要引导学生带着学习任务启动思维进行默读。默读要安排足够的时间，让学生边读边想，把注意力都放在内容的分析理解上，从关键信息的寻找中去练习默读的专注力。

【案例6-2】

四年级上册《母鸡》（第二课时）教学设计

一、教材分析

《母鸡》是老舍先生一篇脍炙人口的佳作。作者描写了对母鸡的看法的变化，前半部分写了母鸡的无病呻吟，欺软怕硬和拼命炫耀，展现了一只浅薄、媚俗的母鸡形象；后半部分则描写了母鸡的负责，慈爱、勇敢和辛苦，塑造了一位伟大的鸡母亲的形象，表达了对母爱的赞颂之情。

二、学情分析

《母鸡》是篇略读课文，内容浅显，此阶段的学生已经有较强的阅读理解能力，也有了整体感知、批注阅读的能力，教学设计中可以尝试放手，让学生在反复阅读中疏通文字、理解内容，体会感情。

三、教学目标

1. 通过具体的语句的赏析，感受作者对母鸡由厌恶到喜爱的情感变化。并用批注的方法体会母爱伟大，用词的严谨。

2. 比较本文与《猫》在表达上的异同。进一步体会作者不同的表达感情的方法。

四、教学重点

感受作者对母鸡由厌恶到喜爱、尊敬的情感经历，感受母鸡伟大的母爱。

五、教学难点

体会课文表达上的一些特点。学习作者抒发情感的方法。

六、教学过程

第一板块：复习回顾，引出下文

同学们，这节课我们继续学习课文《母鸡》。

上节课，我们已经了解了老舍是一位语言大师，知道他对母鸡的态度从一向讨厌到后来不敢再讨厌，还从第9自然段明白了态度变化的原因，一起读一读。

出示内容：

它负责、慈爱、勇敢、辛苦，因为它有了一群鸡雏。它伟大，因为它是母亲。一个母亲必定就是一位英雄。

第二板块：抓关键词句体会我不敢讨厌母鸡的原因

（一）示范学习第5自然段

母鸡负责、慈爱、勇敢、辛苦，这就是老舍先生态度变化的原因。平时这四个词语一般都用来写人。现在老舍先生把它们用在母鸡身上，合适吗？我们一起来探究。

1. 出示要求：

默读第5自然段，想想这段话写了母鸡在干什么？从它的行为中，你看出什么特点，然后就把这个特点批注在旁边。

2. 学生交流。

投影出示学生交流的书页，锁定第5自然段，学生根据所画句子交流批注。

重点句1：不论是在院里，还是在院外，它总是挺着脖儿，表示出世界上并没有可怕的东西。

（1）预设学生批注关键信息：母鸡非常勇敢。

（2）教师提升式指导：句子中有一组关联词，不知大家关注了没有？（"不论""还是""总是"标红）这三个词连用，你感受到了什么？带有强调的意味。母鸡可以为了自己的孩子，任何地方、任何时候、都不怕任何危险。

（3）指导朗读：读到这几个词语的时候，眼前母鸡的形象是不是一下子高大起来了呢？你可以像老师一样重读这几个词，读出这份感受。

重点句2：一只鸟儿飞过，或是什么东西响了一声，它立刻警戒起来：歪着头听，挺着身儿预备作战；看看前，看看后，咕咕地警告鸡雏要马上集合到它身边来。

（1）预设学生批注关键信息：母鸡特别负责。

（2）教师提升式指导：一只鸟儿飞过，或是什么东西响了一声，他立刻警戒起来，读到警戒，你会想到生活中的哪些人呢？母鸡简直就像生活中荷枪实

弹的警察、哨兵一样,它会怎么警戒呢?(学生发言)

(3)指导朗读:学着母鸡的姿态,抬起头,挺起胸,打起精神好的,而是在仔细观察和细心感受后,才准确地写出了母鸡勇敢负责的表现。同时,我们刚刚用了什么样的批注方法让大家体会到母鸡的这些感人的举动的?(学生梳理)

(二)迁移学习6~8自然段

1.让我们来回顾刚刚是怎么学习第5自然段的?

学生发言,梳理板书:读懂大意,圈画关键词并批注感受,有感情地朗读。

板书设计:

16 母鸡

讨厌——喜欢——敬佩

无病呻吟　　　　　　　负责

欺软怕硬　　伟大的母爱　慈爱

发狂炫耀　　　　　　　勇敢

　　　　　　　　　　　辛苦

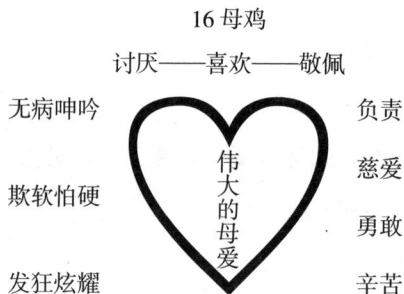

2.现在请你运用这个方法,从6到8自然段中任选一段独立学习,然后完成

3.四人小组自由交流。布置交流任务:交流时仔细听,组内谁的批注最让人感受深刻,值得分享给大家?说说理由。

4.学生互荐:批注交流＋好评理由。

5.写法迁移写话:自己边看视频边想:这是一只怎样的母鸡呢?尝试用一段话,具体写出视频中母鸡的特点,努力做到用词准确。

(三)学习9~10段,总结全文升华情感

1.课后思考:"我不敢再讨厌母鸡了",此刻的你是否已经理解了老舍先生为什么这么说了?

2.比较:这一处的这个"不敢"和课文起始时候的"不敢"一样吗?

交流：作者想通过这两个字告诉我们，他从母亲身上看到了伟大的母爱，他不仅喜欢母亲，更由衷地敬佩它。

3.有感情地朗读：让我们再一次放声朗读第9段，读出喜欢和敬佩。

板块小结：同学们，我们通过前后对比、联系生活、看图想象、换词比较等方法深入理解了关键词句，知道老舍先生为什么喜欢母鸡？是怎样把母鸡的四个特点写具体的？今后写文章时，我们也要向老舍先生学习，用严谨的语言，准确地表达事物的特点以及内心的情感。

第三板块：阅读比较，体会方法

1.阅读比较：作业本第五题，我们先回顾这两篇课文，想一想可以从哪些方面进行比较异同点，然后至少各写两处。

2.学生交流。

板块小结：两篇文章都用了总分结构，还写了具体事例。但是作者对猫的情感一直很喜欢，采用明贬实褒的写法。对母鸡的情感是有变化的，运用前后对比的写法。这样的阅读方法你学会了吗？

第四板块：读写结合，运用实践

完成作业单。

（舟山市南海实验学校长崎小学校区陈玲艳）

【评析】

教师力争创设丰富的教学环境，突出学生的主体地位，大胆让学生自主阅读课文、自主批注、自由交流、体会文本，获得阅读感受。以四人小组组织学生对批注个性化、互评式交流，可以让学生在自主开放的氛围中体会文本内涵，学习有效批注，知识感知和能力训练得到了统一。

在教学中，教师先抓住重点句理解作者对母鸡的感情，再放手让学生用抓关键词句做批注的方法理解作者为什么不再讨厌母鸡，让学生经历了一个自主思考、自主批注、自主交流、自主评价的过程，让学习的方式实现了教学评一体化，让学生真正成为了学习的主人。学生也在感悟中真正体会到了作者对母鸡的感情，是由讨厌到不再讨厌，再上升到尊敬、崇拜的过程。

（舟山市南海实验学校长峙小学校区徐飞）

三、第三学段阅读教学设计要点

第三学段的阅读教学核心体现在对阅读速度的要求、对阅读方法的选择、对表达顺序的了解、对表达方法的领悟以及对不同文体阅读要点的把握上。这些要求的提出为本学段的阅读教学指明了方向。

（一）阅读有一定速度，提升阅读能力

1. 提高阅读速度

五年级上册"阅读要有一定的速度"这一策略单元在每篇课文的导学建议中都有"记下所用的时间"的建议。时间是检验速度的第一个指标，故教师要有时间要求。可以在阅读时记录下时间，也可在规定时间内完成相关的阅读任务，还可以将阅读速度相近的学生组成小组开展速读竞赛。

教师进行阅读能力培养时，要兼顾学生的阅读速度与阅读质量，鼓励学生积极运用已学阅读策略，如不回读、不停顿、连词成句、带着问题读、预测读、抓关键词句读等。只有将已有的阅读策略不断激活，多多运用，慢慢熟练，才能真正提高阅读速度。

2. 学习浏览方法

学生习得浏览的方法应从找关键句开始，借助不同体裁的文本训练学生浏览的能力，提高阅读质量。在名著的教学中，还可以把课文和原著进行对比阅读，利用浏览的方法快速发现异同，深化对文本的理解。

3. 学会"有目的地阅读"

在语文要素中，"有目的地阅读"作为一个单独的策略单元出现在六年级。教师发挥示范引领作用，指导学生经历"明确阅读目的""快速默读全文，找到相关内容""仔细阅读，获得所需信息"的全过程，帮助学生积累直接经验，

反思生成"有目的地阅读"的策略。再利用略读课文鼓励学生尝试运用阅读策略小组合作完成阅读任务。课外阅读活动中，运用"有目的地阅读"指导学生如何选择一本好书阅读，实现从课内到课外的方法迁移运用，让学生真正习得策略、提升能力。

（二）把握文体特点，掌握不同文本阅读方法

1.阅读简单说明性文章，了解基本说明方法

阅读说明文，应引导学生提取说明的要点，通过设立问题，引导学生有目的地阅读文本，读懂文本内容，读懂科学知识。说明文通常是用说明方法来阐释事物特点的，学生需要自主阅读、反复品读，经历语言实践的过程，在比较感悟中读出说明方法，感悟说明文的理趣与情趣。

引导学生习得说明方法时，教师需要注意搭建支架，设置情境，可以鼓励学生灵活运用一些基本的说明方法介绍自己感兴趣的事物。

2.阅读小说，关注情节、环境，感受人物形象

从四年级开始，教材就设置了独立的小说单元，但第一次明确提出选文体裁——小说，是在六年级上册第四单元。结合小说的体裁特点可将"梳理情节—感受形象—读懂环境"作为小说学习的一般步骤。

感受人物形象是小说教学的核心环节，小说都是通过人物来展开情节、反映主题的。准确把握小说的人物形象应以细节描写为切入点展开教学，在感受人物形象外，更应引导学生留意人物的语言、动作、神态、心理等描写，细读文本，关注课文是如何来表现人物形象的。

小说的引人入胜往往源于其丰富的情节，教学中要引导学生抓住情节的基本要素——开端、发展、高潮、结局，适当借助小标题、示意图整体把握情节内容。小说中经常会有铺垫、转折、悬念等安排与构思，引导学生对这些地方进行赏读与分析，能更好地品味小说情节的构思巧妙。

环境描写是小说的另一要素，在理解品析环境描写在小说的情节和主题表达上的作用时，要结合人物形象和情节的构思来品鉴。

3.阅读优秀诗歌，品味内容与情感

在诗歌教学中教师如果仅仅按照"读通诗文、疏通诗意、熟读成诵、完成作业"这四个步骤来教学是很难发展学生语文素养的。本学段的学生已经具备较好的理解和思考能力，教学中要巧妙借助学生的已有经验，将旧知与新知相联系，举一反三，从而引导学生更好地体味作品内容和情感，如引导学生在读中想象、在读中理解、在读中感悟，借助想象去体味作品的内容和情感。

【案例 6-3 】

六年级下册《文言文二则》之《学奕》（第一课时）教学设计

一、教材分析

《学奕》是六年级下册第五单元《文言文二则》中的第一则文言文。全文共5句话70个字，却把两个人学奕的过程和结果写得清清楚楚，从而说明只有专心致志才能有所成就的观点。作为文言文，教学中要引导学生阅读注释，联系上下文读懂读通内容。接下来在本课教学中要抓住单元语文要素"体会用具体事例说明观点的方法"，引导学生梳理两位学习者不同的学习表现，了解作者通过对比呈现不同学习过程、论证观点的方法。

二、教学目标

1.有感情地朗读文，做到正确、节奏停顿得当、抑扬顿挫，从反复诵读中初步感受文言文的语言特点。

2.初步了解文言文学习的方法——阅读注释，联系上下文读通读懂，结合译文解释重点词语。

3.明白作者的具体观点：做任何事必须专心致志，不可三心二意。

三、教学准备

多媒体课件、磁性黑板贴、词卡。

四、教学过程

（一）单元导读，引入新课

1.谈话引出单元导语。

今天，教师想送给大家一句话（出示单元导语）：科学发现的机遇，总是等着好奇而又爱思考的人。

你们肯定也是爱思考的孩子，今天就让我们先走进《文言文二则》中第一则文言文的学习，一起读课题。（出示课题，齐读）

2.释题，理解"弈"。

（二）多种形式，朗读课文

1.初读，读通课文。

（1）自读正音。

自由朗读课文，读准字音，注意参考注释，有困难的地方可标记。

（2）反馈。指名读。

"一人虽听之……思援弓缴而射之"。（标红：鸿鹄、援弓缴）

预设："一人虽听之……思援弓缴而射之"指定几个学生朗读。结合注释理解"为"，引出所有"为"字读音，释义。

2.再读，读懂内容。

（1）联结旧知，回顾方法。

读懂内容，你有什么好方法？（插图、注释、联系旧知、联系上下文猜一猜）

（2）自由朗读，理解内容。

用上这些好方法再去读一读课文。借助注释、插图，自己想想每句话的意思，有疑惑的可以问问同桌。

（3）反馈交流，分享成果。

①题目是"学弈"，谁教谁学弈呢？你是从哪句话中知道的？

预设：二人学，弈秋教。（出示：使弈秋诲二人弈）你能用自己的话来说说这句话的意思？诲的意思是教导。（板书：一个人另一个人）

②追问：弈秋是谁？用文中的话说一说（出示：弈秋，通国之善弈者也。）

点拨：什么意思呢？弈秋是全国围棋下得最好的人。

所以善弈者就是下棋下得最好的人。我们班跳舞跳得最好的是……，那么我们夸夸她。

预设：××，通班之善舞者也……

小结：可见"善……者"，就是指"善于做某事的人"。

③那这两人是怎么学习的呢？

根据课文内容，比较两人学弈的经过和结果有什么不同，在文中圈画关键词句，并能结合图 6-2（出示课堂作业本题目）说说这个故事的主要内容。

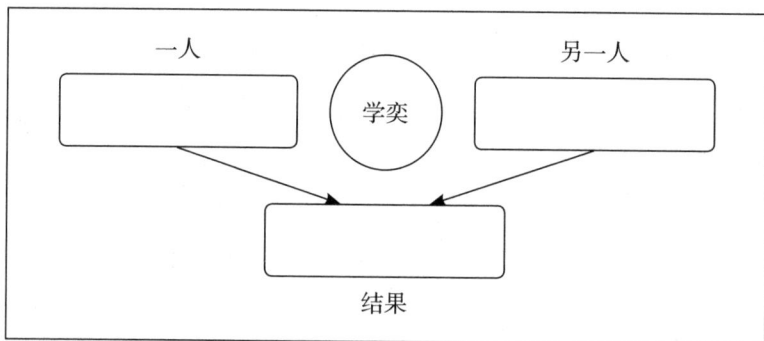

图 6-2　两人学弈的经过和结果

一人用横线画，另一人用波浪线画，并将结果圈起来。

小组反馈：确定答案后贴答案。

3. 三读，读出韵味。

诵读文言文，不仅要读准字音，读懂内容，还要读出韵味。两个人在学艺过程中表现不同结果也不同，你想怎么来读呢？

指生读。放慢速度齐读。配乐读。

（三）明确观点，拓展提升

1. 二人师出同门，结局完全不同，原因是什么？（板书：一人——专心致志另一人——三心二意）

2. 作者是怎么说的呢?

出示: 为是其智弗若与? 曰: 非然也。

你能用自己的话说说这句话的意思吗? 不是因为"其智弗若与",那是因为什么呢?

3. 作者通过这个事例,想说明的观点是什么? ——做任何事,都要专心致志,不能三心二意。作者使用什么方法告诉我们这个道理——通过对比事例说明观点。

4. 齐读,尝试背诵。

(1) 课程最后,让我们来挑战一下,去掉标点你还会读吗?

(2) 不小心泼到了墨汁,这样还能读对吗?

5. 小结。

学习的好坏,不是全在智力高低,就算有好的教师教,也未必就能学好,关键是看自己是否认真向教师学习。做任何事,都要专心致志,不能三心二意。希望同学们在今后的学习道路上,专心致志,学有所得、学有所成!

附板书:

<pre>
        一人   另一人
                    学奕
  其一人专心致志,   一人虽听之,一心以为有
  惟弈秋之惟听   鸿鹄将至,思援弓缴而射之
                 虽与之俱学,弗若之矣
                    对比
</pre>

(舟山绿城育华学校倪静静)

【评析】

以读代讲,从读通课文、读懂内容到读出韵味,读得有层次,读得有技巧,读得有效果。在文言文的学习中,朗读和理解文意是非常重要的两方面,本课教学,教师注重两者的相互结合,相互辅助,真正让朗读成为理解的基

础，让文意的深入理解激发情感的朗读。

整堂课结合文言文的理解，牢牢把握文言文阅读要点，在学习的过程中渗透并总结学习文言文的方法，反复在引导、评价中让学生关注注释、抓住关键词句、联系生活实际及插图等来学好文言文。

学生思维能力在合作、提问、讨论中得到发展。教师利用图示，一题多用，让学生自主合作、深度探究，发展学生的思维。借题读懂课文，借题学会写法，从而有效地让学生在理解内容的基础上也关注到文本的表达方式。

（舟山市教育学院钟玲玲）

【实践与探究】

1. 如何进行文本解读？文本解读的着眼点在哪里？

2. 阅读教学设计如何凸显课堂高雅之美？

3. 选取教材中某一单元内容，根据现行语文课程标准中对"学习任务群"的教学建议，与小组成员合作完成该单元教学设计。

4. 对之前的单元教学设计内容进行反思：如何在进行阅读与鉴赏教学的过程中兼顾与其他领域教学的协调？

第七章　写话与习作教学设计

【学习目标】

1. 从感性和理性两个方面解读写话和习作活动过程，重新认识写话和习作教学设计的意义。

2. 理解并掌握写话和习作教学设计的策略、内容、方法。

3. 根据学段特点，设计符合学段目标要求的教学方案，尝试写话和习作教学实践，提高教学能力。

第一节　小学语文写作教学设计的感性与理性

一、对写作教学的感性理解

（一）兴趣是书面表达的开始

与口头语言比起来，书面语言要严格得多。书面语言要通过语言文字、通过符号来表述。因此所写的每一个句子的意思就必须表达清楚，要通顺，要完整，要连贯。对低年级学生来说，写话是一项具有一定难度的作业。因为难，学生对写话易产生畏难情绪，而这种负面的情绪会影响表达水平。

儿童只有喜欢写，才能写得好；只有乐于表达，才能表达好。所以，写话的兴趣尤为重要。儿童想写什么就写什么，想象到什么就写什么，没有限制和束缚。只有自由地表达，才能快乐地表达。这就要求教师在选取题材时要充分考虑到儿童的经验、儿童的主观需求，指导学生把写话与所留心的周围事物联系起来，从中挑选出自己感兴趣的、想写的、想象到的事物来写。只有写他们想写的，才能逐渐培养起其对写话的兴趣。即便到了中高年级，学生是否"乐于书面表达"依然备受重视。让学生乐于表达，要求是比较高的，但却是十分重要的。习作教学关键是要让学生有表达的欲望，做到有话要写、有话会写、有话能写好。

（二）写作源自对生活的观察和有感而发

儿童之所以有话可说、有事可写，实现"我笔写我心"的真实表达，都来自其对生活的留心观察。

教师引导儿童看一看、听一听、说一说，再写一写，这是训练写话的极好形式，也是发展观察力、培养留心周围事物的兴趣、发展思维与语言的重要手段。因为要进行观察写话，儿童就得经常留心周围世界，关注世界的变化。学校里热闹的生活场景、大自然呈现的美感，都会唤起儿童的注意："今天的阳光特别明媚，上学路上的同学们脚步匆匆""花园里树影婆娑，小桥流水莺歌燕舞""中午几名热心的同学一起帮教师整理书架"……这些自己所做的、所经历的、所思考的，都是儿童感受和体验到的；那些美的场景、有趣的事物，都会引起儿童的仔细观察。儿童大脑里会不断地贮存事物的表象，这是他们思维与想象的基础，更是他们写话、作文的丰富题材。

作家写作的源泉是生活，小学生写话的源泉也不例外。应该说，从小培养学生的观察力和观察习惯会使他们终身受益。许多事实表明，在一篇又一篇短小的观察写话训练中，儿童运用字词句的能力得到了很好的锻炼。在儿童口头语言向书面语言过渡的重要时期，经常观察，写话、写日记，这不仅是儿童力所能及的，而且是卓有成效的。

（三）想象力是写作的重要能力

与成人相比，"想象"是学龄初期儿童乐于甚至是擅长进行的智力活动。儿童的想象力往往高于成人。我们常常会听到一、二年级儿童在不经意间流露出来的"我真想有翅膀""我真想当超人"之意，他们对周围事物的称呼常有"太阳公公""月亮阿姨"等。这些随意间发出的愿望和带有对喜欢的动植物拟人的称呼正是想象力的显现。想象在早期开发儿童潜能、发展儿童创造性上有着深刻意义。

鼓励儿童写"想象中的事物"，也并非离开儿童的生活与经验，而是要从儿童的生活出发，贴近他们的生活，从他们亲身经历的、从周围事物中获得表象，在热烈的情绪以及他人的启发下促其组合成新的形象。儿童的想象活动是教师无法替代的，但又少不了教师的启发、引导，提供创造想象的契机。所以，教师在提示写话内容或者讨论题目时应注意把握，从而有效激发儿童的想象。为此，建议写话的内容要富有美感、富有儿童情趣，最好带有童话的色彩。这种"美感""童趣"和"童话色彩"是很容易激发儿童想象的。

二、小学语文写作教学设计的理性探讨

（一）关于习作教学要求

1.把握基本理念，坚持以学生发展为本

写作是运用语言文字进行表达和交流的重要方式，是认识世界、认识自我、创造性表述的过程。人总是有表达和交流自己对世界的各种各样的理解与看法的需求。在写作的过程中，人们还会不断深化对世界的认识、对自我的认识，因此，写作的过程又是认识世界、认识自我的过程，是自我发展的过程。写作是复杂的精神生产，写作的过程就是创造的过程。不仅是诗歌、小说等文学作品的写作是创造，即使是写一篇应用文、写一张便条也是一种创造。把自己想要表达的意思，清楚明白、文从字顺地表达出来，这本身就是充满创造的、复杂的精神劳动。

写作指导应贴近学生实际，从学生的需求出发，从学生的生活出发，遵循学生的身心发展规律和语言发展规律。引导学生关注现实，逐渐融入社会，成为社会的一员，培养他们热爱生活、积极向上的情感，这是"真情实感"的源头活水。同时，这样的写作能力提高的过程，也是人社会化的过程，是人的精神世界丰富与提升的过程。

2.准确地把握"写作"的目标

写作教学指导，应围绕不同学段的教学目标进行。2011版课程标准将第一学段定位于"写话"，第二学段开始"习作"，就是为了降低学生写作起始阶段的难度，培养学生的写作兴趣和自信心。这是课程标准的重要改革，降低写作的门槛，让学生"易于动笔，乐于表达"，逐步打好写作的基础，不要操之过

急，坏了孩子们一辈子的写作兴趣，削弱了他们对母语的感情。要遵循儿童语言发展的规律，循序渐进。

3. 注重学生的自主写作与自由表达

写作是创造性的活动，教师要为学生的自主写作与自由表达创设有利条件和广阔空间，减少对学生写作的束缚，解放学生的心灵，让他们放开手脚，表达真情实感。鼓励自由表达和有创意的表达，鼓励写想象中的事物。教师要爱护童心、童趣、童真，要提倡平时多练笔、有感而发、有感即发。要改进命题作文方式。命题作文要贴合实际，让学生有话可说，通过命题引导学生写作，多让学生自主拟题、自主选题，是更好的做法。

4. 重视学生写作过程的指导与写作实践

写作教学要重视对学生写作过程的指导，重视指导学生在写作实践中学会写作。让学生通过写作实践，学会取材、立意、构思、起草、加工、修改，这是任何文体的写作都必须经历的几个环节。指导任何文体的写作，都应重视这些环节。在观察思考的基础上，应有一个取材、立意、构思的过程。学习列出提纲，或画出思维导图，这样一个提炼思想、谋篇布局的过程，是利于写作的。初稿完成后，还应该加工润色、反复修改。重视这些写作环节，是重视写作基本规律的体现。把握住这些环节，有利于写作能力的提高。

5. 注意写作与其他领域学习的联系

读是写的输入，写是读的输出。写作与其他领域的语文活动之间的联系密不可分。大量的实践证明，加强听说读写之间的沟通不但有利于听说读写能力的提高，也有利于听说读写能力协调发展，有利于语文素养的整体提高。

6. 注意积极合理利用信息技术与网络

写作指导还应积极合理地利用信息技术与网络的优势。运用信息技术和网络，能够丰富表达的形式，为学生拓宽表达、交流的平台，激发学生写作兴趣，增加学生创造性表达、展示交流与相互评改的机会。很多学校让学生建立自己的网页，建立自己的博客，运用网络查找资料，在网络上相互评改作文等，都取得了很好的效果。

（二）关于写作文体

课程标准中只有从第二学段才有关于写作文体的要求，纪实作文、想象作文和应用文是小学阶段进行习作训练的主要文体。不同的文体有不同的表达要求，这也是教师在习作教学中不可忽视的方面。

1. 纪实作文

纪实作文要求学生写真实的生活，写自己亲眼看到的、亲耳听到的、亲身经历的，写出真实的场景和自己的真情实感。纪实作文关键是"真实"，不是幻想，更不可随意编造。这就需要学生平时注意多观察、多体验，关心周围世界中的人物、事物、景物，丰富自己的见闻，做到在观察中积累习作素材，在观察中思考。纪实作文不仅讲究真实，而且珍视个人的独特感受。这也意味着学生要充分表达自己的真情实感。

2. 想象作文

想象作文是写学生想象的情景、想象的事物，是通过想象展开而成文。写作想象作文实质上是将积累的表象加以创造的过程。进行想象作文：一是结合儿童已有的生活体验，选取美好的事物作为想象的客体，儿童怀着饱满的情绪展开想象的翅膀；二是创设童话，充满幻想的情境，运用夸张、拟人的手法激起学生想象；三是选取适当的阅读教材改写、续写，如改变人称、改变处所、改变结构、改变体裁、补充情节等创造性复述活动，进行多种题材想象作文。

想象作文必须在丰富生动、宽松的情境中伴随热烈的情绪进行。此外，想象作文虽不是以写实为主，但所想象的事物又往往以生活的真实为基础。儿童的知识面不够宽，教师在指导想象作文时，适当介绍材料，作好内容上的铺垫是十分必要的，尤其是有关想象事物知识方面的内容讲解不可或缺。

3. 应用文

课程标准在第二学段要求"能用简短的书信、便条进行交流"，第三学段则提出"学写读书笔记，学写常见应用文"。

应用文一方面由于它的应用性强，在交往中显得很重要。另一方面，由于应用文不可能用过多的笔墨来描摹对象、抒发情感，因而相对来讲，比较抽象、概括，有一定难度。小学生对应用性文体的习作一般也缺乏兴趣。这就需要在强调其应用价值的同时，通过创设生活的情境，引导儿童理解应用文体的对象、性质、作用，培养学生学写应用文的积极性。在阅读教学中辅以应用性语言训练，可促进儿童的思维活动更加明确、清晰。

（三）关于习作评价

写作能力是人的语文素养的重要组成部分，同时，又是语文素养的综合体现。正所谓文如其人，写作总是反映着一个人的人品、学养和听说读写的能力。通过一个人的文章，我们也往往能看出这个人阅读的量、阅读的面、阅读的品位，看出他的立场、观点和思考问题的方法。

写作能力是语文素养的综合体现，但并不意味着语文教学应以写作为中心，也不意味着阅读为了写作。

写作评价，不是简单的对遣词造句、谋篇布局的技术性评价，而是促进学生写作能力的提高、促进学生全面协调发展的评价。因此，应该重视写作兴趣、真情实感、文风，写作过程以及写作过程中反映出来的写作态度等方面的评价，还要选择恰当的评价方式，激励学生发展。教师在进行习作评价的过程中应结合不同学段目标，把握重点综合评价；应关注过程性评价和对学生的兴趣和习惯、情感和态度的评价。

第二节　小学语文写作教学设计的序列性

写作教学序列的不同安排，体现了不同的写作教学思想。《义务教育语文课程标准（2022年版）》从第一学段写话，到第二、第三学段习作，到第四学段写作的序列安排，不只是从作文到写话、习作、写作名称的改变，而且是一个新的发展路径的设计，具有丰富的内涵，具有重要的意义和价值。

一、门槛降低，关注兴趣

对写作的兴趣，是学习写作的动力。写话，即把能说的话、想说的话，尝试写下来，有利于激发学生的兴趣。用文字把说的话写下来，是儿童很愿意做、很有兴趣做的事情。先说后写，以说引写，把口头语在很有兴趣的过程中转换成书面语，在学习写作的起步阶段，是非常好的选择。即使具有了一定的写作基础，先说后写，以说引写，也是写作练习的很好的办法。而且，对于培养良好的语感大有好处。字还没认识几个，会认会写的字与能说的话还差得很多，就要求学生去写作文；话还没有说清楚，还不能说完整，就要求学生去写作文都是勉为其难：操之过急，只能损伤学生的写作兴趣。

第二学段的习作，目标定位于"能不拘形式地写下自己的见闻、感受和想象"，内容和形式的要求都很宽泛和开放。有什么写什么，什么都可以写；怎样写都可以，能怎样写、想怎样写就怎样写。可以成文，也可以不成文；可以写成片段，或者并不连贯的几个片段，甚至还可以插入几幅图画之类。这样，学生会很有兴趣，才能乐于书面表达，增加写作的自信心。

对写作有兴趣了，有信心了，他们也就乐于书面表达与交流，学习写作就有了持续性的动力。

二、坡度放缓，夯实基础

写作是一种表现和创造的能力，在语文的听说读写诸多能力中属于比较高级的能力，需要以其他能力为基础。同时，写作还与学生心理发展机制有关，还应具有一定的生活经验。学生写作能力的发展，特别是小学阶段的写作能力的培养，应遵循儿童身心发展的规律放低门槛、放缓坡度、循序渐进。夯实基础，才能有利于今后的发展。

比如，课程目标第一、二学段几乎没有文体要求，但是，如果对写作有兴趣了，也能写一些片段，把话说清楚了，到第三学段写简单的纪实作文和想象作文，学写读书笔记，学写常见应用文，也就难度不大。有了小学阶段的听说读写的基础，到第四学段再提出较高的写作要求，也就顺理成章。

还有，四个学段对写作基本能力的要求逐步提高，发展台阶平缓。比如，"写自己想说的话""能不拘形式地写下自己的见闻、感受和想象""能根据内容表达的需求，分段表述"等，这些目标的设计，都值得深入领会，并在教学中认真落实，特别注意不要提高阶段目标，增加学生的难度和负担。

三、解放心灵，激发创造

在降低门槛、放缓坡度的同时，为了降低写作起始阶段学习的难度，课程标准在设计写作教学序列时，还尽量减少对学生的束缚。要给学生的自由发展留出空间，让学生敢讲真话、实话，不讲大话、套话。解放学生的心灵，有利于提高学生的写作兴趣和写作能力，激发学生的创造力。

第三节　小学语文写话与习作教学设计的策略

根据现行课程标准对写话与习作教学的目标要求，结合写作学习规律及学生年龄特点，小学写话与习作教学设计应关注以下几个方面。

一、立足学情，兴趣为先

首先，要有读者意识，让写作成为自身进行交际的需要。比如，学校组织了一期少年军校的活动，离家数日的学生，在艰苦训练的同时，也是非常想念家里的亲人的，此时安排一节写家书的习作课，从心理上看，将写作转变为了学生自身的需求。其次，要有主体意识，即"我手写我心"。让习作成为学生审视自己内心的一种需要，成为学生进行自我进行对话的一种工具。最后，引发自觉表达的意识。当学生真正意识到自己的习作是有价值的时候，表达的欲望才会更强烈，教师就要为习作教学创设实践的舞台，只有当学生内心想写、习作成为一种内需的时候，习作才能成为一种自然发生的、理所当然的事。

教师要善于创设真实情境：一是可以将生活情境纳入习作教学，将生活代入课堂，将学生的学习与生活连接起来，这样真实且有用的生活情境能调动学生的学习情绪，满足学生不同的动机和需要。二是创设想象情境，比如教学习作《我和＿＿＿＿＿＿＿过一天》时，让学生自由选择人物，来个"人物对对碰"，不同场景、不同时空"群英荟萃"，教师不过多地干涉，学生也就自然愿意把故事写出来了。

二、关注过程，提升能力

习作教学过程的实质，是教师指导下的学生个体认识过程和发展过程，教师教的过程就是学生学的过程。它是一个有体验、感悟、思考、积累、分享、修改等活动参与的反复的动态过程。教师教的过程要和学生学的过程同步展开、同步发展，从而获得一个良好的学习结果，提升学生的习作能力。

（一）习作教学的一般流程

1. 第一课时教学流程

小学语文习作教学中，一篇习作通常都要分成两个课时教学。在第一课时的教学中教师要落实训练点，抓住习作的重点，突破习作的难点，一般可根据以下教学流程进行教学设计：

导入揭题—明确内容—指导习作—修改习作—总结延伸

这五个教学环节，也隐含了学生完成习作的一般流程：审题、构思、起草、评改，其中"明确内容"这一环节，就是解决"写什么"的过程，指导学生明确习作内容，打开习作思路，五个环节中"指导习作"是重点部分，是解决"怎样写"的过程，教师要根据具体的教学任务，采用不同的教学方法指导学生完成习作，教师可以设计交际语境，也可设计各种写作支架等来完成这一部分的教学，以达到本次习作的教学目标。

2. 第二课时教学流程

第二课时是着重解决"写得怎么样"的过程，在习作第二课时的教学中，教师引导学生对习作进行评析修改，一般可采用以下教学流程：

回顾习作要求—典型习作评改—优秀习作赏析—再度修改习作—总结誊写习作

第二课时的教学中"典型习作评改"是本课时的重点，根据习作要求完成的是重点片段的修改，而在"再度修改习作"环节中，完成的将是对整篇习作的修改，教学环节设计中的这两度修改，是有所不同的。

（二）习作单元的整体教学

从三年级开始，教材就有了一个特殊的单元——习作单元，习作单元各个板块的内容源于语文要素且紧密联系在一起，形成了一个整体，习作单元的教学也要有整体教学的意识。

1. 目标一致，落实整体教学

每一册的每个习作单元都有一个明确的习作核心能力为训练目标，教师就要围绕着培养习作核心能力来进行教学设计。以习作单元中的精读课文、习作例文教学为例，它不同于以往的单元课文中的阅读教学，本单元中的课文、习作例文主要是用于学习文章的表达方法、进行习作能力的培养的。比如在教学五年级上册习作单元课文《太阳》时，运用的"读写结合"方法，对"怎么写"的分析和写法的模仿性练习，是学生对习得的表达方式的一次消化和运用，也就是说所有的教学措施都是指向"作者是怎样把太阳介绍清楚的"这个目标的达成的。

2. 灵活组合，落实整体教学

习作单元由单元导语页、两篇精读课文、交流平台、初试身手、两篇习作例文、习作构成。围绕着这些内容，教师要用好、用足教材。根据习作教学的需要，教师可以对各板块内容重新进行组合设计。比如两篇精读课文和初试身手进行组合，在两篇精读课文中学表达，并学懂习作方法，通过交流平台的总结提升后，在初试身手中结合写法进行段落写作。然后再学习两篇习作例文，交流单元学习收获，这里可根据学情分两种情况来处理：如果学生写法掌握得比较好，就直接当范文用与后面的习作结合起来教学；如果学生写法掌握得不好，再用一个课时来教学这两篇习作例文。

接着，进行习作例文的学习，可以用一课时的时间，让学生进行自学，与前面两课进行比较，借助批注和课后题，进一步了解将事物介绍清楚的说明方法和说明思路。此板块可独立进行，也可与后面的习作板块合并为一个大的板块，完成从段到篇的所习得的写作方法的综合运用。

灵活运用各板块的内容进行设计，通过各个板块的优化组合，使得各个板块发挥最大功能，通过夯实各部分的教学目标，最终实现单元整体目标的实现，串珠成线，提升学生习作素养。

三、多元评价，切实有效

习作评价是习作教学环节中的重要一环，它对提高作文质量有着重要的作用，这也就决定了其在习作教学中的重要地位，教师在教学中要运用多元评价的方式，以评促讲，以评促写，以改促文，树立全程评价的意识，做到切实有效地提高学生的语文综合素养。

（一）评价内容

1. 抒真情之于用修辞

作文讲究的是从"真实"起步，文章的灵魂在于真情，写作的要义在于书写真情。评价学生的习作，与堆砌华丽辞藻和修辞手法相比，"我手写我心"显得更为重要，如果没有思想，作文也就没有了生命。所以，习作要从让孩子表达自己的经验世界、情感世界和想象世界的需求来着手，习作评价也应该引导学生抒写真情、回归本真。

2. 有意义之于显童真

小学生写作显童真应大于有意义，一篇有意义的、有思想深度的文章的确值得称道，可是小学生对这个世界的认识不深，生活阅历不丰富，在他们身上更多展现的是天真烂漫的一面，童真是孩子固有的天性。那么就不应该束缚学生的思想和语言，教师在对学生的习作进行评价时，更要表现出对童趣作文的欣赏。有一位教师，在评改学生习作时就这样写道："这种小大人的口气说的话真的是你想告诉教师的吗？小孩对冰墩墩的喜欢是正常的呀！你平时不是说，要用最最喜欢的乐高玩具换它吗？把你的愿望表达出来就行了呀！"因此教师评价学生的习作内容，更应看重学生作文中所表现出来的包含在童趣中的声趣、乐趣、情趣和理趣。

（二）评价时机

1. 作中评价

作中评价就是教师在课堂上根据习作课的教学目标，对学生的习作进行有针对性的即时评价的一种方式。它是在课堂上实时生成的，也是对学生在习作过程中的亮点与失误做出的一种启发性教学。

教师在课堂上针对学生习作进行随时的点拨引导，其目的就在于强化正确的、修正错误的。教师重点要评价的是本课要求学生掌握的习作要素。学生写作过程中的评价为具体的习作方法指明方向，同时也可作为课堂连接语，起到连接前后的作用。

2. 作后评价

作后评价是指学生在完成写作之后，对习作进行欣赏、对习作作者进行分析的一种评价方式。对习作进行欣赏评价，教师要引导学生根据本次写作训练的要求制定好评价标准。一个好的评价标准，就是学习支架，作前学生以此立意构思内容，作中学生可以得到方法指引，作后可依照自评并修改。

最后评价需要做到及时反馈，以免失去时效性，最好能够当天写当天评，最晚要做到当天写隔天评。而评价的方法多种多样，可以是优秀作品直接展示，可以发公众号，可以是班级微信圈点评。

（三）评价形式

1. 个体性评价

个体性评价，评价者即为个体，采用"一对一"或者"一对多"的评价形式。评价的主体可以是教师，也可以是学生。评价的对象是习作主体和习作作品。如果采用"一对多"的方式，作为评价者的学生一人就能看到多人的习作，有新鲜感，也便于发现长处、学习长处。一位教师采用了这样的方式：习作后，收齐一个小组的习作，然后让每个组员轮流进行评价。过程中，通过比较，学生对于习作要素的理解就会越来越深入。长此以往，学生的习作水平会随着评价能力的提高而逐步提高，评价的目的也就达到了。

2. 合作性评价

合作性评价是指教师、学生或校外其他人员对习作主体和习作作品的评价。可以是"多对多"，也可以是"多对一"。比如，小组评，同桌评，微信公众号的分享、点赞、留言、转发……教师在教学中时常采用的交际情境下的互评也是一种合作性评价，这样的互评因为交际目的的存在更能促进学生反思，通过反思性知识的建构与发展，实现自我调整，进而修改好自己的习作。比如六年级上册单元习作"笔尖流出的故事"，习作要求里有一条——完成习作后开一个故事会，并评出自己最喜欢的故事，那么学生势必会为了自己的习作成为别人眼中最喜欢的故事而努力。

习作评价的终极目标就是助力于学生语言表达能力的发展，每一种评价各有利弊，教师在运用时还需具体情况具体运用。

第四节　写话与习作教学设计的内容与方法

一、第一学段写话教学设计要点

（一）先说后写，乐于写

本学段教学内容为"写话"，教师进行写话教学时，需要降低难度，趣字当先。

降低难度是指在学习的过程中要让学生觉得写话不难。儿童学习语言，往往是先学习口头语言，后学习书面语言。教学中可以先让学生想好，想好后指导学生说好，再把说过的话写下来，这样学生就不会觉得写话那么难了，以后才会有信心写好话。做到读写结合，以读促想，以想促写，先说后写。

趣字当先，教师就要凭借和构建真实的认知空间，让学生情境中展开写话活动，让学生觉得写话是一件有趣的事。本学段的学生以直观思维为主，设置具体可感的情境，让学生玩玩画画说一说、剪剪贴贴说一说、跳跳演演说一说、看看编编说一说，激发认知兴趣，提高写作热情。同样是一个问题情境的设置，合适的情境设置就能激发学生想说、想写的欲望。比如学完古诗之后，可以让学生根据古诗画一幅画，用自己的话向小伙伴介绍一下这幅画，评选小小解说家。班级每隔一段时间，开个小小展览会，展示一下"画配话"的作业，让小作者介绍介绍自己的作品，这为小读者和小作者创设了一个交流的契机，当小作者得到了来自小读者的正面评价时，写话的热情被极大地鼓舞，学生就不会觉得写话是一件枯燥的事，也就乐意去写好它了。

（二）连句成段，有序写

本学段学生写话遵循从词到句，再由句到段的过程，那么教师的教学也将从练说词语、写词语，到练说短语、写短语，再到练说句子、写一句话或是几句话，最后练说句子，连成一段通顺、意思连贯的话。这样由说到写，由易到难，符合学生的语文学习规律，也符合学生的认知发展规律。

训练学生把词语说长。一年级要展开"读一读，记一记""读一读，照样子说一说""读一读，用加点的词语说句子"等练习，进行"照样子说词语"练习，教师要训练学生把词语说长，先照样子说词语，再从词语说到短语，最后还要在短语前面加上修饰性词语，构成一个更长的短语。一年级还要重视落实"写一句完整通顺的句子"，教师有意识地积累运用"的"字短语、动宾短语这些重点类型的短语，并引导学生把学过的词语或短语用到句子中，通过扩写句子，感受把句子写具体的过程。侧重储备和运用词语和句式。

训练学生把句子说具体。二年级开始，着重训练学生"照样子说句子"，在经历一年级会说会写二素句、三素句、四素句，会说会写陈述句、疑问句、感叹句、祈使句等一些基本类型的句式的基础上，拓展"写一句完整通顺的句子"的写话练习，要让学生能更多地去关注句子与句子之间有内在的联系，继而把几句话连接起来成为清楚又通顺的一段话。二年级开始就要把培养学生遣词造句的能力当成写话教学的重点来落实。

学生表达要做到有序，就需要练习"按事情发展顺序写几句话""按时间顺序写几句话""从物品或动植物的几个方面写几句话""围绕一个意思从几个方面写几句话"等。

二年级下册"语文园地四"的看图写话由文字部分和图画部分组成，文字部分如下：

看图，想一想：小虫子、蚂蚁和蝴蝶用鸡蛋壳做了哪些事情？它们有什么有趣的经历？把它们这一天的经历写下来吧！

写的时候，可以用上下面的词语。

早上过了一会儿到了下午天黑了

教师在表达训练设计时，就要鼓励学生写话的时候，用上这样一些表示时间的词语，还可以通过没有加上表现时间的词与加上表现时间的词的前后对比，让学生体会加上表现时间的词之后，表达更有条理了。

（三）仿写练习，规范写

教师在本学段的教学中要让学生形成规范表达的意识，形成规范表达习惯，从而使学生有规范表达的能力。

首先，重视教材中每一篇课文的朗读，内化表达。对于尚处在语言发展关键期的第一学段的学生来说，每一篇课文就是规范表达的范本，从课文中积累词语，积累句子，丰富语言经验，是教师教学每篇课文最基本也是最重要的教学内容。学生一方面需要在读的过程中，体悟到规范表达的要求。另一方面还需要进行适当的抄写句子练习，通过抄写加深对句子结构的直观感受。

其次，教师还须利用好课文中的句型以及课后题中"读一读，照样子说一说""读句子，想画面，再根据课文内容，用自己的话说一说"等内容，通过仿照说话的形式提升表达能力。在仿写句子的教学过程中，教学的重点不在于让学生讲清楚语言规则，而在于让学生能在用自己的语言表达时做到正确规范地运用，这才是最重要的。

最后，要求书写正确、标点符号运用正确。这就是要求学生把字写正确，不写错别字，能正确运用逗号、句号、问号和感叹号。学生规范的表达习惯的养成，需要教师扎实地上好每一堂课，认真批改每一次写话练习，及时纠错非常重要。

【案例 7-1】

二年级下册写话《心中的"问号"》教学设计

一、教材分析

《心中的"问号"》是二年级下册第六单元的写话内容，教材要求写下心中藏着的对大自然的许多"？"，写完后还可以做成卡片，问问小伙伴知不知道答案。这一单元的课文都是与大自然有关的，园地安排《心中的"问号"》这样的一次写话内容，在写话练习之前，通过本单元一组课文的学习已经激活了学生写话的内容，让学生有话可写。

另外，写话中又安排了一篇例文，为学生的写话练习，提供具体可用的范例，学生可以用例文进行仿写。分析例文，可以发现从提问的角度来看，它的内容涉及天空、植物、动物、地质等几个方面，提倡多角度提问，从不同的角度提问也是为第七单元写话《养小动物》，归类从不同的方面写理由进行了一次预热。从提问的方式来看，一方面，它选用了不同的疑问词"为什么""哪儿""谁""怎么"来进行提问；另一方面，提问时，疑问词"为什么"放在了不同的位置上，避免了提问的单一。

教材最后的"大自然真是奇妙啊！你的心中是不是也藏着很多'问号'？把它写下来吧！""写完后可以做成卡片，问问小伙伴知不知道答案"是对本次写话提出的具体要求。

二、教学目标

1. 在朗读中，感受可以从不同的角度进行提问。

2. 借助例文，仿照写下自己对大自然的疑问。

3. 在"情境创设"中，尝试使用"为什么""哪儿""谁""怎么"等不同的疑问词进行提问。

4. 在"交流互动""欣赏评价"中，产生写话的兴趣与自信。

三、教学准备

条状写话小卡片、写小诗小卡片、教学 PPT。

四、教学过程

（一）课前谈话，激趣引入

1. 出示标点符号谜语：小不点，大脑袋，常出难题让你答。（谜底：问号）

2. 揭示课题：图画中的这个小男孩，他很爱思考，很爱提问，大家叫他"问问"，他学习了本单元关于自然界的内容之后，产生了许多小问号，我们今天也要像"问问"一样来说说、写写心中的小问号。（出示课题"心中的'问号'"）

（二）学习范文，明晰要点

1. 出示范文，"问问"小朋友提了哪些问题呢？

为什么星星会眨眼睛？

为什么雨后天上挂着彩虹？

树叶的形状为什么是各种各样的？

花为什么是五颜六色的？

下雨前蜘蛛逃到哪儿去了？

是谁告诉蝉要下雨了？

石头上怎么会有贝壳呢？

…………

2. 自由练读，想一想："问问"小朋友的提问有什么特点？

（1）对大自然中的事物进行了提问。

预设：

①圈一圈，对大自然中的哪些事物进行提问？

（星星、彩虹、树叶的形状、花、蜘蛛、蝉、石头、贝壳，他们都是大自然中的事物）

②相机归纳板书：天空、植物、动物、地质……

（2）提问时，可以用上不同的疑问词。

预设：

①小朋友用" "画出例文中的疑问词。

（为什么、哪儿、谁、怎么）

②学生反馈时，教师提示："为什么"是提问原因的，"哪儿"是提问地点的，"谁"是提问人物的，"怎么"也是提问原因的。

③你还知道哪些疑问词呢？等会儿提问的时候也能用上去。

（多少、怎么样、什么、如何……）

（3）提问时，疑问词可以放在不同的位置上。

预设：出示带有"为什么"的四句问句。

为什么星星会眨眼睛？

为什么雨后天上挂着彩虹？

树叶的形状为什么是各种各样的？

花为什么是五颜六色的？

①读一读，画一画，你有什么发现？

②"为什么"放在不同的位置，意思有没有改变？

（意思没有改变，但读起来的感觉不一样，句子不会显得那么单调）

③把"为什么"放在末尾也可以，不信，你可以读读看。

④指名学生练说：星星会眨眼睛，这是为什么呢？

（4）用上自己学过的词语。

（各种各样、五颜六色）

（5）教师小结。

（三）畅说疑问，尝试写话

谈话过渡：春夏秋冬、风霜雷电、山川河流、花鸟虫鱼……大自然五彩斑斓、丰富多彩，你能不能也像课文中的"问问"一样来提问呢？

（1）说一说。

①播放奇妙的大自然的视频：这么美妙的大自然，你心中又有哪些小问号呢？

②同桌互相说一说心中的"问号"，全班进行交流。

教师根据学生的交流，教师着重从以下几方面进行评价：

对不同事物提问——植物的、动物的、自然现象的、其他的……

疑问词的不同位置——你把疑问词放中间了，你把疑问词放前面了……

不同疑问词的运用——你提问了数量（多少），你提问了原因（为什么），你提问了地点（哪里）……

（2）写一写。

①出示要求。

写话要求：

一个问题一个问题地写，一个问题占一行。

试着用上不同的疑问词，疑问词放不同位置上，写1~2个问句。

写话助手提醒一下你：每个问句前面空两格，句末要用上问号哟！

②学生根据写话要求把问句写在条形写话小卡片上。

③分享交流，把学生的写话小卡片都贴在黑板上。

④教师小结。

（四）再次写话，挑战自我

（1）播放"问问"小朋友录音：我给我的这些问句写个题目，加个结尾，就变成了一首小诗了，小朋友，你们想做小诗人吗？来试试看吧！

（2）出示小诗（齐读诗歌）。

心中的"问号"

为什么星星会眨眼睛？

为什么雨后天上挂着彩虹？

树叶的形状为什么是各种各样的？

花为什么是五颜六色的？

下雨前蜘蛛逃到哪儿去了？

是谁告诉蝉要下雨了？

石头上怎么会有贝壳呢？

…………

哦，奇妙的大自然，

你究竟藏了多少问号呢？

（3）学生说一说《心中的"问号"》小诗的写作密码。

（4）再次写话：不会写的小朋友也可以借用黑板上大家提出的问句，也可以自己写，加上题目和结尾，连成一首小诗。

（5）分享、评议、修改。

①出示"问问"小朋友送来的评价小助手（表7-1）。

表 7-1　评价小助手

评价项目	我的☆
会正确使用问号，书写正确	☆
会把疑问词放在不同的位置	☆ ☆
会使用不同的疑问词	☆ ☆ ☆

②投影展示小诗评议及修改。

（五）课后作业，拓展延伸

1. 选择问题小卡片上自己感兴趣的问题，问问小伙伴，也可以把答案写在卡片上。

2. 问句连成的小诗，你可以选择读给家人听，你也可以投稿到班级信箱，你还可以在微信圈发布……

附板书：

心中的"问号"

大自然：天空、植物、动物、地质……

疑问词换位置

疑问词变一变

阅读和生活中学到的词语

附作业：

学生完成小诗。

（舟山市定海小学刘芳燕）

【评析】

本案例紧扣本学段的写话教学设计要点，首先，二年级的写话还是重在激发学生的表达兴趣。猜谜、争做小诗人、分享写话的快乐……这些都是为了让学生没有负担地学，有兴趣地学，逐步建立习作的自信心，乐于写。

其次，本学段的学生，他们的表达尚显稚嫩，做不到完全自主提问，所以案例中的教师给了学生学会说问句的支架，给予具象化的表达指导。一是通过课文的范例作用，认识并了解问句的形式变化，通过多种形式的读让学生感受语言变化之美；二是通过大自然风光的视频材料，唤起他们的认知记忆。

最后，写话中的重头戏"写"，教师设计了两次写话的环节：第一次让学生在看完大自然的美景之后，用上疑问词说一说，写一两个问句；第二次结合学生们的提问，灵活运用各种问句，或是自己写，连成一首小诗。案例体现从说到写的过程，从说问句，到写问句，从写一两个问句到写小诗，同时结合"每个问句前面空两格"的提示，也让学生初步形成"段"的概念。

（舟山市定海小学徐萍）

二、第二学段习作教学设计要点

本学段习作教学要放低门槛，重点注意培养学生习作的兴趣和自信心，要鼓励学生大胆表达。

（一）学习观察，有话写

观察，是有目的、有计划的知觉活动。观，指看、听等感知行为，察，指分析思考，即观察不只是视觉过程，是以视觉为主，融其他感觉为一体的综合感知，包含着积极的思维活动。观察，是学生习作的起步。本学段是学生观察能力发展的最佳时期，这主要表现为学生观察的目的性、持续性、细致性和概括性在这一学段都有较大的提高。但学生面对他们熟知的事物，却存在注意力不集中、随意性大、观察不细致的问题，以至于他们觉得没有内容可写。因此，在培养学生观察能力的时候，特别要注意方法的指导，循序渐进。

1. 唤醒感官

在写作前，学生真真切切地用他们的眼睛看、用耳朵听、用鼻子闻、用手摸索观察的事物，就有话可写。因此，要使学生学会观察，先要唤醒他们的感官，让他们带着新奇的小眼睛，敏锐的小耳朵去观察，去感受生活的奇妙。

比如，在学习《爬山虎的脚》之后，学生对平时常见的爬山虎产生了浓厚的兴趣，摸摸它的叶子，扒开叶丛，寻寻它的脚，看看它巴在墙上的小圆片，拉拉它的茎。他们也模仿着作者的观察方法，去发现生活中熟悉的事物中蕴藏的无穷奥秘。

2. 明确要求

小学生观察事物，往往只看到表面的特点，他们的观察容易流于形式、浮于表面。我们在教学中，特别要注意对学生观察方法的指导，提高观察的效果。在观察前，教师要让学生明确观察的目的，用词准确，使观察要求具体化。有了具体的观察要求，学生观察时就会从无意观察到有意观察，观察就更细致，发现更多不一样的地方，从无话可说，到有话可写。

3. 养成习惯

教师指导学生进行观察，并不是为了完成一篇观察日记或者是几篇观察作文，而是要引导学生观察并感受自己周围的美好生活。要引导学生观察身边的事物，既要让学生在多彩的生活中去观察、感受，积累写作的题材，也要将学生的视野发展到社会中，关注社会事件，学会去评判辨析，形成自己的观点，树立正确的人生观、价值观。比如，北京冬奥会成功举办，教师可以让学生了解运动员的成长过程，感受理想与坚持的力量，也可以让学生关注奥运会筹备工作背后无数志愿者的工作，感受他们的默默付出……这样的活动，既丰富了学生的知识，也丰富了学生的思想，也让学生的习作有更多的思考和活力。

教师要鼓励学生养成及时记录的习惯。可以用表格、图文、小日记等形式记录下观察中的所见所闻，所思所想，不但可以提高学生的观察效果，也达到了积累生活素材、锻炼写作能力的目的。

（二）不拘形式，敢于写

本学段的习作教学主张学生不拘形式地写，尽可能减少对他们写作的束缚和限制。激发学生的主体精神，增强习作的自信，激发学习写作的兴趣。

1. 先放后收，大胆表达

从"放胆文"起步，逐渐过渡到"小心文"的教学经验自古有之。北京师范大学刘锡庆教授认为："先放后收"要先鼓励学生大胆地写，"放"就是在写作中要放开心灵，放开手脚，放开笔墨，放胆为文。让学生感受到写作文不是一件难事，更不是件苦差事。教师要让他们在写作实践中逐渐产生这样一种感觉：我想写，我要写，我能写。在这种心理状态下写作文，能够释放学生的天性，写出真情实感来，能培养学生的写作兴趣，调动学生写作的积极性。

写"随笔"就是一种很好的形式。所谓随笔，就是随手记录，形式不一，篇幅自由，有话则长，无话则短。教师以身作则带头写随笔，通过留心观察班级、学校中的人和事，以最真挚的语言来描述校园生活，抒发情感，然后将随笔贴在班级开辟的"随笔墙"中，激发学生也想自己写随笔的冲动，鼓励学生将随笔在"随笔墙"中进行展示，并做好评价与鼓励。一个学期之后，要求学生把自己的随笔装订成册，这不仅积累了写作的素材，更让学生收获了一份童年珍贵记忆。随笔让学生自由选材，自由选择表达方式，表达自己的所见、所闻、所思、所感。当学生乐于表达之后，教师可在评价中引导他们在习作实践中有意识地提高自己的语言表达水平。

2. 根植学生生活，用童言写童心

陶行知说："我们必须变成小孩子，才配做小孩子的先生。"著名特级教师于永正在谈到备课时，谦虚地说："自己的课上得好，带的班优秀，不是个人的魅力，而是有一颗童心。"作为语文教师，在习作教学中，需要学会"心理换位"，在某种程度上让自己变成儿童，用儿童的视角去研读文本，组织教学，注重情境的创设，采用儿童化的语言，给学生宽松、愉悦的表达空间，尊重学生对生活的独特感受，让学生能够真正用童言表达童心。

3. 巧妙激励，敢于表达

教师的鼓励对激发学生的写作欲望是很重要的。每个人都有被理解、被赞赏的渴望。教师在批改、点评学生习作时，要尊重学生的个性化经历，鼓励他们有个性化的表达，尽量保留他们的语言，要善于发现并欣赏他们的闪光点，哪怕只有一个好句子也要及时提出来。可以将好的句子、片段、习作在班级中进行展示，让学生互相学习、互相模仿，可以评选班级"写作小明星"。这都

会增强学生习作的自信心。只有真诚的欣赏，学生的作文才会个性飞扬。

（三）写法迁移，学会写

阅读重在"吸收"，作文重在"倾吐"。教材以人文主题和语文要素双线组合强化了读写的关联性，以读学写，以写促读，为读写结合提供了丰富的学习资源。如，六年级上册第二单元是围绕"革命岁月"这个主题安排的。"了解文章是怎样点面结合写场面的"是本单元的语文要素。"尝试运用点面结合的写法记一次活动"是本单元的习作要求。从"单元入手，读中学写"就是建立"吸收"与"倾吐"之间的桥梁。

如，六年级上册《狼牙山五壮士》一课中，学生通过对群像描写和个体描摹的语句学习，习得个体人物和群像描写的方法。再趁热打铁，适时进行读写迁移，让学生运用点面结合的方法写写学校里举行过的活动，如拔河比赛中，可将运动员和在场教师的神态、动作、语言作为点来描写；将操场上紧张的氛围、震耳的加油声作为面的描写。学生学以致用，其描写是精彩的：

比赛进入到白热化阶段，双方队员都使出了浑身的力气，绳子中间的红绳在震天的加油声中徘徊犹疑。看，我们队最前面的同学，只见他憋足了劲，脸颊通红，眼睛瞪得如铜铃一般。一旁的教师挥舞着手臂，扯着嗓子，与一旁的啦啦队员们大喊着："加油，加油！"恨不得冲上去帮队员们一把。

掌握片段的写作技巧，是本学段写作教学特定阶段性任务。段，在结构上具有特殊性。段，上接词句，下接篇章，是句群的连缀，是篇章的组件。结构好的段，本身就是一个完整的篇章。

在读写结合的训练中，写作指导应该把步子迈得小一点，指导学生进行片段练习，更加灵活高效，直击重点。要善于利用教材中的样本，有意识地设计情境任务，进行段落仿写练习。

（四）积累语言，有新意

"读书破万卷，下笔如有神。"要想表达得准确、鲜明、生动，让别人正确地理解自己的思想，一个十分重要的前提就是自己必须有丰富的语言材料。

课堂教学应该成为积累语言的主渠道。在阅读教学中，教师应对课文中的一些精炼的词语，精彩的文段，优美的片断，名言警句、古诗、俗语、成语，引导学生反复朗读，体会文字的精妙，直至背诵。通过背诵，让学生积累大量的佳辞妙句、精美篇章，不断充实语言库存。指导学生课外阅读时，可鼓励学生摘录文中的精华，形成好词佳句本，定期评出"积累王"。让学生体验到成功的快乐，进一步激活了学生的阅读、积累语言的兴趣和动力。

积累语言材料是为了"用"。而积累语言，提高表达能力非一朝一夕之功，而需要依靠长期反复的训练，经过接触大量新鲜活泼的语言形象，才能逐渐形成。教师要鼓励学生在各种场合学语文，用语文的意识，提高语言运用能力：习作评价中，圈画出好词佳句；作文讲评时，对选材新颖、用词准确、词汇丰富的学生进行及时表扬。这样，不断调动学生积累、运用语言的积极性，激发学生积累语言的内动力。

【案例 7-2】

四年级上册习作《写观察日记》教学设计
第一课时

一、教材分析

"写观察日记"是四上第三单元的习作。对于写日记，学生并不陌生。早在三年级上册的习作"写日记"中就已经接触过。学生对于日记的习作格式是比较清楚的。两次习作都安排成写日记，但是能力要求上有所提升，体现了"多次巩固，螺旋上升"的设计意图。本单元语文要素为"体会文章准确生动地表达，感受作者连续细致的观察"与"进行连续观察，学写观察日记"。前者是阅读课文学习写作手法，后者是迁移运用到习作表达。

教材资料袋中提示了写观察日记的两种观察记录形式：图文结合，做表格；阅读链接中则选用了苏联比安基的《森林报》中关于燕子窝的两篇观察日记；

语文园地中的"交流平台"总结了本单元所学的几种观察方法，这些都为学生完成本单元习作搭建了支架。

单元习作在最后提出了本次习作的要求：主要是记录观察对象的变化，还可以写写观察的过程，观察者当时的想法和心情。这就很明确地提示了本次习作的内容，有助于学生准确表达。教材对学生提出了小组分享、互相点评的要求，体现了"好作文是改出来的"这一习作理念。在评一评、改一改的过程中，互相学习，取长补短，达到观察细致，记录准确的习作目标。

二、教学目标

1. 培养学生观察的兴趣，并乐于分享观察中的发现。

2. 初步运用观察的方法，能写观察片段。

3. 能根据要求自觉修改片段。

三、教学准备

1. 教师：确定观察对象，布置学生连续观察。（本单元初就进行布置）

学生：做好观察记录。

2. 教师制作课件。

四、教学过程

（一）揭示习作任务，开阔习作内容

1. 揭示课题：这一单元的学习，让我们感受到观察带来的新发现和新快乐。今天这节课，我们也要来写一写观察日记。（教师板书：写观察日记）

2. 开阔习作内容："处处留心皆学问"，前段时间，教师让同学们在家里观察某一种事物，并做好观察记录，你们都观察了什么呢？

预设1：我孵了绿豆芽，观察了绿豆发芽的过程。

预设2：我在花盆里种下几粒种子，观察了种子发芽的过程。

预设3：我观察了我家的小仓鼠，特别是它吃东西时样子很有趣。

3. 小结：同学们，有的同学观察了动物，有的同学观察了景物，有的同学观察了活动中事物的变化……生活丰富多彩，可以作为我们观察对象的事物很多很多。但教师发现大家在观察中的一个共同点：都对它们进行了长时间的观

察，都关注了它们的变化过程。（教师板书：长时间观察变化过程）

（二）交流观察所得，学习观察方法。

同学们，浏览自己的观察记录，哪一次的观察给你留下了深刻的印象呢？请在记录表内打上五角星。然后和同桌交流一下你印象深刻的原因。

1. 在大家长时间的观察过程中，都对观察发现进行了记录。

2. 请同学来说一说观察中你印象最深刻的一次发现。

预设 1：我发现第二天早上，我的绿豆胖了很多，而且长出了一点点的小芽。

教师及时追问：你的绿豆胖了很多，你想到了什么呢？小芽多小，长什么样呢？你看着有什么感受呢？

预设 2：我发现我的种子刚发芽的时候，一根茎上顶着两片小叶子，很可爱。

教师及时追问：茎上顶着的两片小叶子什么颜色？你摸过它们吗？当时你的心里想到了什么呢？

3. 小结：你瞧，刚才同学们的观察中，有多么新奇的发现啊！我们注意到，观察不单单需要眼睛去看，还可以用手摸，用鼻子闻、用心去感受，这样才有更多有趣的发现。（教师板书：多感官参与）

（三）写法迁移，学习表达

1. 课文中，法布尔将蟋蟀的筑巢过程写得这样的细致生动。比安基记下了燕子孵蛋的情形又是那么富有生趣。我们来看看，作者是用什么方法把他们观察所得写得那样的生动形象的呢？你发现这两位大作家在写法上有什么共同点和不同点吗？

对比阅读：

①蟋蟀盖房子大多是在十月，秋天初寒的时候。它用前足扒土，还用钳子似的大颚搬掉较大的土块。它用强有力的后足踏地。后腿上有两排锯，用它们将泥土推到后面，倾斜地铺开。

——法布尔《蟋蟀的住宅》

②第一批贺客——那一群燕子又飞来了。它们一只一只地打窝旁飞过去，向窝里张望着，在窝前扑棱着翅膀。这时女主人的小脸正探出门外，说不定它们在吻着这位幸福的女主人呢！客人们叽叽喳喳热闹了一阵子，就散了。

——比安基《森林报·夏》

预设：这两个小片段都运用了连续动作的描写，动词运用准确生动。

预设：比安基的《森林报》片段融入了作者的想象，使句子读起来充满了灵性。

2.这些发现对我们写观察日记有什么启发吗？

我们写的时候也可以运用连续的动作描写，融入自己的感受和想象，让观察日记更加生动形象。（教师板书：连续动作描写、感受和想象。）

3.写法迁移，小试牛刀：

我们观察时要多感官的参与，在描写中，我们要运用连续的动作描写，并加入自己的感受和想象，把印象最深刻的事物变化写下来。看看谁能将观察中印象最深刻的片段写得准确生动，充满灵性。

（四）片段赏析，借鉴模仿

1.学生写片段，教师巡视指导，发现优秀片段，为赏析做准备。

2.片段分享赏析：一学生朗读片段，其他同学根据评议标准进行点评。

赏析评议标准：是否多感官参与观察，动词运用是否丰富准确，观察过程中是否融入了自己的感受和想象。

3.学生根据分享的片段，对自己的片段进行修改。

附板书：

写观察日记
我的拿手好戏

长时间观察 ——— 多感官参与
——— 连续动作描写
变化过程 ——— 感受和想象

附作业：

学生修改自己的片段。

四年级上册习作《写观察日记》教学设计
（第二课时）

一、教学目标

1. 鼓励学生养成留心观察周围事物、乐于发掘新鲜事物的习惯。

2. 围绕主题，把观察中的新发现或观察过程中发生的事情写下来。

3. 培养学生自评自改、互评互改的鉴赏能力。

二、教学准备

教师准备课件。

三、教学过程

（一）回顾上节课的内容

上一节课，我们对观察过程中印象最深刻的事物变化，采用了连续动作的描写方法，并加入自己的感受和想法，把观察片段写得生动形象。这节课，我们就来写整篇观察日记。

（二）整理观察记录表

1. 本次习作中要求写"记录观察对象的变化"。让我们再来看我们的观察记录表，请大家圈画出你观察到的事物的变化，看看哪些变化比较明显，让人印象深刻；哪些变化不怎么明显；哪些变化，你的记录是重复的。

2. 学生圈画之后进行交流。

3. 确定详略：你觉得记录表中圈画出来的内容都要像我们第一课时练习的片段一样，都要进行详细的描写吗？

（三）佳作引航

1. 那每个阶段的观察怎样进行自然连接呢？略写怎样一笔带过的呢？我们来欣赏一篇观察日记，在这篇日记中你有什么启示。

水仙花

3 月 16 日　星期五　晴

半个月前，爸爸从花市买回一盆植物，说是水仙，挺漂亮的，我决心认真观察它。

我仔细观察，发现它与别的植物不同，不需要泥土，一盆清水加上一把雨花石就能养活它。水仙花的底部比我的拳头大一点，像一个大蒜头，一层褐色的外皮裹着它洁白的"肚子"。"蒜头"下面长着密密麻麻的白色根须，像老爷爷的白胡须。"蒜头"顶部分开五大个枝条，它们均匀地生长，枝条中间长出一枝筷子粗细的茎。

为了养好它，我去网上查找养水仙花的方法。天晴时，我把它端出去晒太阳，每隔两三天就给它换一盆清水。

今天下午，我惊喜地发现，水仙开花了。白色的花瓣围成小喇叭的形状，中间众星拱月般围着黄色的花蕊。我凑上前去闻一闻，哇，一股淡淡的清香飘来，让人舒服极了！

我看着眼前这水仙花，仿佛是从水中站立起来的仙女，冰清玉洁，一尘不染。怪不得水仙花有"凌波仙子"的美称呢！

2. 学生说说从范例中得到的启发。（教师板书：详略得当过渡自然）

（四）学生习作，教师巡视指导，适当点拨

（五）修改点评习作

1. 学生习作点评。教师出示评价标准，在实物投影中展示学生的作品进行朗读，然后要求学生根据评价标准进行点评，提出修改意见（表7-2）。

表 7-2　学生习作评价标准

评价标准	自评	互评
格式、书写	☆ ☆ ☆	☆ ☆ ☆
多感官参与观察	☆ ☆ ☆	☆ ☆ ☆
当时得到想法或心情	☆ ☆ ☆	☆ ☆ ☆
当时的想象或联想	☆ ☆ ☆	☆ ☆ ☆

2. 根据修改意见，教师和学生一起对该习作进行修改。

3. 在学习小组内互相交换日记，提出修改意见，教师参与其中，并加以指导。

4. 学生再读自己的作文，加以整理、修改，尽量做到观察细致入微。

5. 展示：谁写的日记观察得细致，内容记得准确、形象，小组推选同学上台展示作品。

（六）深化拓展

1. 大千世界，有趣而且神奇。它等待着我们去发现，去观察。同学们，你在课后还想观察哪些事物呢？

2. 心动不如行动，让我们用眼睛去发现，用双手去感知，用心灵去触摸，只要你对这一事物有一个长时间的观察，你一定会有更多你以前没有看到的、想到的奇妙发现。别忘了把你们的观察记录下来，整理成观察日记，张贴在班级的展示栏中，来评一评谁的观察最细致，感受最真切。

附板书：

写观察日记

详略得当　　过渡自然

附作业：

1. 誊写习作。

2. 在课后继续进行观察，养成写观察日记的习惯，并能够形成自己的观察日记集。

（舟山市定海区舟嵊小学陈珊静）

【评析】

本课注重观察方法的指导，让学生多感官参与观察，体会到观察的乐趣。教学中，当学生从视觉方面来描述观察所得的时候，教师提醒"你摸过它们吗"，一下子点醒了他们。教师的点拨打开了学生的话匣子，也让观察更加细致了。

教师反复让学生浏览自己的观察记录，从记录中感受观察事物的变化，确定自己印象最深刻的部分。交流时，教师通过"感受到了什么""想象到了什么"等问题，让学生用感受和联想为观察和表达注入生命，形成个体独特的感受和体验。

在教学设计中，教师让学生比较两个课文片段，习得写作的方法：运用连续的动作描写，融入感受和想象，能将细致观察展现得淋漓尽致，让观察日记变得生动有趣。片段的练习，不仅训练要点更加集中，而且也降低了整篇写作的难度。

根据习作"写观察日记"的要求，教师设计了本次习作评价量表，围绕评价标准，通过欣赏、评价的方式对习作进行评改，能快速准确地对习作做出判断，也能清晰地了解自己习作的长处和不足，让学生如何修改作文有章可循。

（浙江海洋大学朱映霓）

三、第三学段写作教学设计要点

本学段的写作教学是第二学段的延续。相对于第二学段的"放胆文"，本学段的作文教学要向"小心文"发展。"小心文"更需要教师"小心"教。

（一）综合运用，写具体

虽然如何把文章写具体在第二学段写作教学中进行了比较系统地培养，但本学段的学生在写作中"记流水账"现象依然比较常见，习作泛泛而叙、空洞笼统。分析其主要的原因在于学生不会对已学的方法进行综合运用。

1.重现真实体验，把细节写具体

任何习作都是具体语境中的语篇建构。所以创设与写作相关的情境，让儿童在情境的感染与浸润下主动地表达是常用的办法。如教师在教学动作细节描写中，创设了一个情境，让学生描述一个调皮的同学在教师课堂上偷玩竹节人。教师让学生进入情境，代入角色，还原故事情境。在这样的情境帮助下，学生才能写出这一情境下人物妙趣横生的"偷玩"动作，将这一细节写具体。

另外鼓励学生通过眼、耳、口、鼻、手、心的亲身体验，增加直接经验。体验内容可以作为写作参考，也可以把体验活动本身作为写作内容。学生只有亲身经历，才会有更真实、深刻的体会。通过"活动—观察—表达"，指导学生将细节描写具体。

2.注重引导，用好范例

好的范例能够在写作技法和写作内容上对学生起到良好的引导作用。习作的范例，可以选择名家名篇，提供优质的语言表达图式；可以选择同龄习作，鼓励模仿超越；可以直接用教师的下水文，其中涵盖需要的教学元素，适合分析指导。其中最适合的范文就是课文。如，在指导学生描写心理变化，可以将《穷人》一文中，安娜收养西蒙的两个孩子之后忐忑不安的心理描写作为范例，通过反复对比个人习作与名家作品中的异同点，找到差距，学得高招。范例的契合度越高，示范性就越强，学生的收获也就越大。这就要求教师在平时要广泛地阅读、积累和整理素材，为作文教学积累丰富的范例库。

教师的下水作文也是学生习作的好范例。学生对教师的下水作文，阅读兴趣更高。教师可以利用下水作文来带动学生，对学生的习作起到导航、解惑的作用。再则，教师对学生在习作中存在的问题比较清楚，下水文更能突出重点，对学生更有启发帮助。

（二）布局谋篇，会架构

布局谋篇，是指学生在动笔之前对文章进行全盘考虑，勾勒出整体轮廓，理顺各部分之间的关系。这也是本学段习作教学的难点。

教师除了借助课文，让学生在读中学写，还可以借助"思维导图"，教授学生谋篇布局的方法技巧。

思维导图的图示特点有利于学生把握作文的中心，放射性的立体结构能促进学生发散思维构思作文的内容层次，而不偏离中心。那怎样来编写思维导图呢？

一般来说，先要确定文章的中心；再从中心出发，选择材料，并分析材料与中心的关系，进行取舍。绘制思维导图的过程就是作文提纲梳理的过程，有了这样的前期准备，写起文章就容易多了。写出的文章也可以达到有中心、有条理、有重点的要求。

比如统编版教材六年级上册第七单元的习作"我的拿手好戏"，教材提供了一个简单的思维导图（图 7-1）。

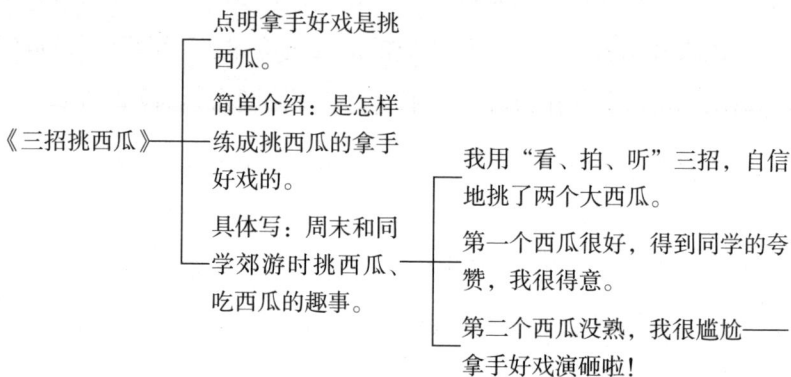

图 7-1 六年级上册习作"我的拿手好戏"思维导图

学生根据这个思维导图就明确了哪些内容先写，哪些内容后写；哪些内容作为重点部分，哪些内容可以写得简略一些，就一目了然了。

（三）修改完善，懂推敲

本学段的习作中有十三次明确要求学生修改习作。修改习作的过程，既能让学生对所描写事物的认识有进一步的提高，也能让学生的语言运用得到训练。教师在习作教学中要注意培养学生修改作文的能力，养成修改作文的习惯。

1. 制定标准，明确要求

教师可以根据每一次习作的要求设计习作的评改表，让学生知道"改什么"。如六年级上册习作"多彩的活动"，要求"尝试运用点面结合的写法记一次活动"。本次习作要求与以前的写活动作文不同，强调写好活动中印象深刻的部分，关注场面的描写，既要有整体的概括，也要有对个人的具体描写。教师为此设计了《多彩的活动》习作评改表（表7-3）：

表7-3 《多彩的活动》习作评改表

评价标准	自评等级
写清楚了活动过程，重点写了印象深刻的部分	☆ ☆ ☆
运用了点面结合的方法	☆ ☆ ☆
写出了活动的体会	☆ ☆ ☆

2. 聚焦重点，示范修改

在示范修改前，教师要重温本次习作的要求。针对本次习作的重难点，教师选取有代表性的作文，印发给学生，组织学生集体讨论修改，教师加以辅导，将修改部分用红笔写下来。

在示范修改的过程中，教师不仅要总结学生习作存在的问题，还要给出具体的建议，引导学生明白为什么要修改，怎样修改。

3. 一文多改，提高能力

"好作文是改出来的"。学生要有自评自改的习惯。写完文章，出声朗读几遍，让自己的耳朵当"教师"，反复推敲、润色。也可以把习作读给同学听，与同学交流修改意见。教师要精心修改学生的习作。"多留少改"，遵循原作的思路，因势利导，保护学生写作的积极性，并写下习作修改意见，然后督促学生根据修改意见对习作进行再修改。在互评互议互改中，学生之间既能相互取长补短，又能提高修改作文的能力。

【案例7-3】

六年级上册习作《我的拿手好戏》教学设计

第一课时

一、教材分析

本次习作在"好戏"前面的两个修饰词"我的"和"拿手"，一个强调了是属于"我"的而不是别人的，一个强调了是自己擅长的，这里就引出了一种心理感受，也就是成就感和自豪感，即为这篇习作需要表达出的情感。所以这次习作的过程也是一个学生在成长的过程中发现自我、了解自我，建立自豪感与成就感的过程。

围绕这个话题，本次习作编排了四部分内容：①启发习作思路；②厘清习作思路；③展示提纲样例；④修改和评价的要求。

二、教学目标

1. 通过联系生活，学会搜集写作素材，了解我的拿手好戏。

2. 借助文本提纲，确定写作思路，仿写提纲，学会谋篇布局。

3. 能将"我的拿手好戏"重点部分写具体，突出"拿手"并学会修改。

三、教学准备

教师准备教学课件。

四、教学过程

（一）谈话引入，聊拿手好戏

1. 展示班级学生在学校小白帆电视台才艺展示视频：看看视频中，她们在展示什么本领呢？

2. 屏幕出示学生姓名，猜猜他们擅长什么？

3. 揭示课题：你知道我们班的同学还有什么拿手好戏吗？真是卧虎藏龙啊，同学们各有各的拿手好戏，可以说十八般武艺，样样是好戏。（教师板书：我的拿手好戏）

今天我们就来聊聊"我的拿手好戏"。

4. 打开思路：你的拿手好戏和刚才说的不一样的同学有吗？你的拿手好戏是什么呢？

（二）搭起框架，铺排好戏

1. 大家的眼神中充满了对他的拿手好戏的兴趣。关于他的拿手好戏，你还想知道些什么呢？

预设 1：我特别想看看他的拿手好戏，能不能展示一下呢？

教师引导：哦，光说不练不能服众，如果有一个具体事例来展示一下我们的拿手好戏，那就心服口服了。（教师板书：一个事例）

预设 2：我特别想知道他这拿手好戏是怎么练成的。（教师板书：怎样练成）

教师引导：拿手好戏不是天生的，它是后天练出来的，因此我们也要把怎样练成的说明白。

2. 学习《三招挑西瓜》提纲，确定顺序和重点。

（1）确定顺序：怎么安排这些内容呢？哪个先写，哪个后写呢？课本的提纲能不能给我们启示？

（2）确定重点：从课本中的提纲，我们很明显地发现作者把和拿手好戏有关的事例作为了重点，把怎么练成的作为略写，为什么要这样安排呢？

点拨：如果是把怎样炼成这部分内容具体写，那你觉得还是你的拿手好戏吗？题目可以换成——"我学会了什么"，是的，习作题目"我的拿手好戏"，题眼应该是拿手好戏，所以要展示自己的拿手好戏才是重点。

3. 感悟写法：让我们先来看看书中的这个提纲，你觉得这个事例能不能说明"挑西瓜"是他的拿手好戏呢？

预设：我觉得事例中的第一部分先写怎么挑西瓜，从提纲中的列举的动词中可以看出这的确是拿手好戏，这属于正面描写。再写挑西瓜的结果，从同学们夸赞中也可以侧面看出"挑西瓜"是他的拿手好戏。可是明明是拿手好戏，为什么还要写演砸了呢？

教师点拨：作者写的是一件关于拿手好戏的趣事。他的感受也在发生着变化。所以我们在写拿手好事时，也可以想想发生过什么有趣的事情，但不管写什么事例，我们重点还是应该写拿手的部分。（教师板书：拿手感受）

（三）构思结构，列出提纲

1. 磨刀不误砍柴工。写作之前提前做好谋篇布局的工作，列好作文提纲可以先对行文有整体的把握，让文章中心明确、条理清晰、详略得当，自然能够轻轻松松写好你的拿手好戏。让我们模仿着书中的范例来构思构思我们的习作提纲。

学生构思习作提纲，教师巡视指导。

2. 点评修改提纲：学生在互评的基础上，选出优秀提纲进行展示学习，并对展示的提纲提出建议（表7-4）。

表7-4 学生提纲评价标准

评价标准	互评
条理清楚，安排有序	☆ ☆ ☆
事例选择典型，突出"拿手"	☆ ☆ ☆
重点突出，详略得当	☆ ☆ ☆

3. 迁移运用，修改自己的提纲。

（四）片段练习，把重点写具体

我们该怎样描写才能让大家感受到这真的是拿手好戏呢！现在让我们聚焦精彩，先来欣赏课文中的精彩瞬间吧。（课件出示课文片段）

小胖墩儿膀大腰粗，一身牛劲儿，任你怎样推拉拽顶，硬是扳他不动。小嘎子已有些沉不住气，刚想用脚腕子去钩他的腿，不料反给他把脚别住了。小胖墩儿趁势往旁侧里一推，咕咚一声，小嘎子摔了个仰面朝天。

——《摔跤》

京剧还有一种奇特之处：双方正在对打，激烈到简直是风雨不透，台下看的人非常紧张，一个个大气儿不敢出，都把眼睛睁得大大的，唯恐在一眨眼间，谁就把对方给"杀"了。

——《亮相》

1. 学生阅读片段，发现写作技巧。

预设1：片段1中，作者通过动作描写来展示拿手好戏。

预设2：片段2中，作者通过观众的反应，来表现拿手好戏。

教师引导：我们在重点部分除了运用动作描写，还可以用侧面烘托的方式来展示自己的拿手好戏。（教师板书：动作描写、侧面烘托）

2.学生进行片段练习，教师巡视指导。

3.学生小组评议片段，教师出示片段评价表格（表7-5）。

表7-5　片段评价标准

评价标准	互评
语句通顺	☆☆☆
重点部分动作描写具体	☆☆☆
写出了旁人的反应	☆☆☆

学生根据评价标准，在小组内对片段进行互评。

（1）用曲线画出描写具体生动的语句，对照今天学习的写作技巧，进行简单批注。

（2）圈画出需要修改的地方，小组内讨论修改。

4.班级展示。

（五）总结课堂

同学们，这是我们刚刚写的拿手好戏中的重点片段，大家的文字中我们仿佛欣赏到了那一幅幅精彩的画面，回去后把这部分内容再整理一下，然后补充好其他几部分内容，完成属于你自己的习作《我的拿手好戏》。

附板书：

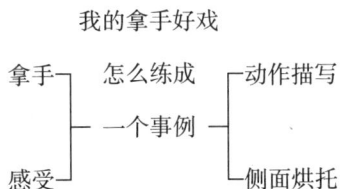

我的拿手好戏

拿手—　怎么练成　—动作描写

一个事例

感受—　　　　　—侧面烘托

附作业：

学生完成习作《我的拿手好戏》。

（第二课时）教学设计

一、教学目标

1. 让学生发现自己作文的不足和长处，增强自信心，激发写作兴趣。

2. 让学生学会发现和借鉴其他同学写作文的长处，并修改习作。

二、教学准备

教师印发两篇习作，每个学生一份。

教师准备课件。

三、教学过程

（一）习作赏析，互评互议

1. 同学们借助提纲已经完成这次习作的初稿，这节课让我们一起来看看两篇习作，一起探讨这两篇习作的优点和不足之处。

2. 赏析佳作。

教师发给学生两篇习作。

佳作 1：

我的拿手好戏

除夕那天，妈妈满怀期待地说："儿子，今年团圆饭我想邀请你当我的助手。"我沉思片刻后便爽快地答应了。因为对于厨艺，我情有独钟，而且还会那么一两道小菜，借机露一手吧。

我麻利地穿上围裙、套上袖笼，全副武装地随妈妈进了厨房。

开始做全家最喜爱的第一道菜：爆炒花甲。首先妈妈捞出在冰水里浸泡好了的新鲜花甲，充分沥干水后，倒入锅里用生姜水煮开，去腥味，过滤泥沙，然后备一锅沸水，放入适量的生姜、料酒。煮到花甲开壳时，就可以关火，为了不让它煮老，我必须要静静地站在一旁观察等待关火时机。

花甲关键在爆炒的工艺了。在妈妈鼓励的眼神下，我出场了。开火！热锅！油壶高高一举，"飞流直下三千尺，疑是银河落九天"，油直入式地冲向锅底，小火烧五秒钟后，火速放入切好的姜片、蒜蓉、花椒等香料。我荡起锅，就那么晃一晃，家人们立刻像是奔驰着"汗血宝马"一样来闻浓香扑鼻的味道，纷纷过来观看我的表演。花甲倒入！此刻需要调成大火，油汁像是蹦跳的小精灵一样在锅上飞舞着。蓝色火焰往上一蹿，火花纷飞，香味顿然升起，姐姐也在一旁啧啧称赞，直流口水。快要熟了，我顺手拿起锅柄，上下抖动翻炒着，右手的锅铲也在上下不停地挥舞，像是在舞着一把剑一样，光影四处跳跃。

出锅了，最后还要加一点辣酱汁，每一滴滴在花甲上都是美味啊！我的第一道菜终于上来了。我拿起筷子尝一口，心里乐滋滋的，比花甲还美味。

接着，肥而不腻的东坡肉、肉质柔软的孜然羊肉、入口即化的山药汤等等，陆陆续续地上来了，满满一桌子的美味佳肴，色香味俱全。终于可以开吃了，品尝之下，还是我的爆炒花甲最好吃！连擅长烹调的奶奶都夸我的手艺好。这时我瞅准时机，一边夹着菜一边慢悠悠地说道："谁说现在的孩子只要学文化知识，光有这些可不够用。"语气中那份得意让姐姐直撇嘴。

这次的动手做菜，让我十分开心，也体会到了只要敢于、肯于认真地去干某一件事情，成功就会向你靠近。

佳作2：

我的拿手好戏

要问我有什么拿手好戏，嘻嘻，没有什么特别的！只是一些雕虫小技而已。我说了，你可别见笑喔！就是游泳啦。

我是一年级暑假学会游泳的。一到夏天，我就迫不及待地与朋友一起到游泳池游泳。我的同伴喜欢游泳比赛，而每一次游泳比赛，我都是第一个到达对岸。每次比赛过后，同伴们已经累得气喘吁吁，而我还在自由自在地畅游。别看我那么瘦，游起来比别人快多啦！也许是我爱游泳的缘故吧，所以我长得又高又瘦。大家是不是很羡慕我呢？

和别人游泳比赛，我教你几招，保证你能赢。第一招：海豚跳法。这招是以跳水来领先对手的。第二招：鱼式游法。这招是以潜水速度来领先对手的。

怎么样，我教你的这两招还行吗？能否战胜对手？下次再教你几招。

3. 学生评价。

（1）同学们对比着阅读一下这两篇习作，同桌之间交流意见，根据评价表（表7-6）给出这篇习作的最终得分，并说说你们的评价理由。

表7-6 学生习作评价标准

评价标准	等级
语句通顺，内容真实	☆
语句通顺，内容真实，条理清楚	☆☆
语句通顺，内容真实，条理清楚，详略得当	☆☆☆
语句通顺，内容真实，条理清楚，详略得当，重点突出，描写细致，突出了"拿手"	☆☆☆☆
语句通顺，内容真实，条理清楚，详略得当，重点突出，描写细致，突出了"拿手"，情感真挚，语言流畅有新意	☆☆☆☆☆

（2）学生根据评价表进行交流。

4. 教师小结。

同学们刚刚对这两篇习作的解读都很细致，通过对比，我们可以很快分辨出一篇好的习作一定要做到这几点：内容真实，条理清楚，对重要部分要介绍清楚，文章要注意详略得当。（教师板书：内容真实、条理清楚、重点突出、详略得当）

（二）根据评价，修改习作

1. 让学生结合五星评价法，对自己的作文进行修改，并进行反复朗读。

2. 小组互评：对自己修改后的习作在小组中进行互评。评出写得好的地方，对不好的地方提出修改的意见。

附板书：

我的拿手好戏

内容真实　条理清楚

重点突出　详略得当

附作业：

学生修改习作之后，誊抄习作。

（舟山市定海区舟嵊小学陈珊静）

【评析】

为了让写作课更添趣味性，教师充分创设教学情境。课一开始的视频环节学生非常喜欢，看着自己或自己同学在学校小白帆电台中表演，课堂的气氛一下子就活跃起来了。

教师运用列提纲的方法使习作结构可视化，哪些内容是重点一目了然。这有助于给学生提供写作的支架，提高学生的思维能力。本次习作写出拿手之感是重难点。教师通过让学生借鉴课文的片段来感悟写作的方法，回顾自己的拿手好戏的细节进行片段描写，聚焦并突破了本次习作重难点。

评改量表能够激发学生自我评价的意识，在讲评环节，师生共同参与，学生根据标准去赏识同学习作的优点，指出不足，把分享和交流落到了实处，可以有效培养学生修改习作的习惯，并提高学生修改习作的能力。

（浙江海洋大学张庆祝）

【实践与探究】

1. 选取教材中的习作单元，与小组成员合作完成一单元教学设计，体会习作单元中阅读教学内容的变化。

2. 如何看待"好作文是改出来的"。针对不同学段特点，习作评改环节应注意哪些问题？

3. 根据现行语文课程标准中学段要求，尝试编制某年级的期末习作题目和评分标准，并根据题目完成一篇下水文。

第八章　口语交际教学设计

【学习目标】

1. 理解口语交际教学的价值和意义。

2. 通过案例研究，掌握口语交际教学设计的原则、策略和方法。

3. 把握不同学段口语交际领域的培养目标，运用教学策略和教学方法，尝试进行

  口语交际活动的教学设计。

第一节 口语交际教学的价值解读

一、为学生的可持续发展奠定基础

伴随着信息全球化的发展，人们直接沟通的机会和需要越来越多，人与人之间更加强调合作共享，这就要求口语交际传达信息更加精准和快速，口语交际能力便成为高素质公民和综合性人才所必备的一项核心能力。

口语交际能力不仅是"听"和"说"的能力，还与一个人的人格、修养、知识、视野有着密切的关系。交际能力强的人具有敏捷的思维能力、高效的语言组织能力、敢于与人交际的勇气和愿望，具备规范的语言和良好的态度，能够在关键时刻抓住机会推荐、表现自己，使自己的才华得到他人认可。因此，口语交际教学就是培养学生倾听、表达以及应对的过程，是提升人际交往的各项能力的过程。可见，培养和提高小学生口语交际能力对学生的学习、成长起着至关重要的影响，既是时代发展的要求，也是促进学生可持续成长的必然趋势。

二、全面提高学生语文核心素养的需要

义务教育语文课程培养的核心素养，是学生在积极的语文实践活动中积累、构建并在真实的语言运用情境中表现出来的素养，是文化自信和语言运用、思维能力、审美创造的综合体现。

（一）增强文化自信和语言运用能力

小学生正处于语言发展的关键时期，围绕特定的主题或类似的情景来展开的口语交际训练，作为小学语文教学的重要内容之一，有利于培养学生形成良好的倾听、表达、交流的语言习惯，发展学生的语言综合运用能力，引导学生用规范文明的交际礼仪建立良好的人际关系，在交流和表达中增强人际交往的信心，提升个人魅力。

口语交际帮助孩子在口头语言和书面语言之间实现灵活转换，由内而生的个人文化自信也能促使学生增强对祖国语言文字的热爱，提升个人的文化底蕴，开阔个人的文化视野。

（二）提升思维能力和审美创造能力

语言与思维有着密切的联系。一般来说，思维的敏捷程度直接影响着语言表达的灵活程度，思维的有条理性直接反映着语言表达的层次性。口语交际教学鼓励学生积极参与交流互动，在多层次、多主题的口语交际练习中，多角度关注口语交际技巧，逐步提升学生思维能力。

例如，在一年级下册第三单元《请你帮个忙》的口语交际活动中，要求学生实现以下学习目标：①懂得当自己遇到困难时，可以寻求别人的帮助。②学会请别人帮忙时要运用合适的礼貌用语。③知道说话时要把要求说清楚，正视对方的眼睛，态度诚恳。❶从目标内容来看，学生的思维需要经历唤醒交际需求、主动寻求帮助、选择礼貌用语、表述清晰、神态管理五个环节，最终才能实现请别人帮忙的目标。因此，口语交际并不是简单的口语练习，它受思维支配，并对思维提升有很大的帮助。

在口语交际过程中，学生通过感受、理解、评价语言、事件或作品，能获得较为丰富的审美经验，形成初步的感受美、发现美和运用语言文字表现美、

---

❶ 人民教育出版社课程教材研究所，小学语文课程教材研究开发中心.义务教育教科书教师教学用书语文一年级下册［M］.北京：人民教育出版社，2017：90.

创造美的能力，涵养高雅情趣，具备健康的审美意识和正确的审美观念。

可见，口语交际在提升学生语文核心素养方面发挥着重要作用，语言的运用帮助学生提升思维能力、审美创造、文化自信，在实践中实现语言经验的积累。

三、促进学生多元智能的发展

口语交际能力是多方面能力有机融合体现出来的综合能力。口语交际一开始，"思维"就要跟上。交际者要调动观察力、感受力，根据交际目的对相关事物进行观察、判断，把握对事物的认识。交际者还要在思考的同时做出恰当的反应，包括说话的时候就要把思维转换成语言，尽量做到主题明确、思维条理清晰、表情大方自然，同时还要做到有效倾听，把对方的语言转换成认知，这一复杂的思维过程需要交际者具备较强的综合分析能力、语言能力、联想与想象能力，具备较强的表达技巧。口语交际教学正是将这样复杂的多元智能训练付诸实践的过程，锻炼了学生的听觉、视觉，发展学生的注意力、记忆力、思维力、想象力等。

第二节　口语交际教学设计的原则

对照现行课程标准的课程理念，结合口语交际教学特点，在实施过程中应遵循情境性、互动性、实践性、综合性四项原则。

一、情境性

现行语文课程标准指出"创设真实而富有意义的学习情境，凸显语文学习的实践性"❶。口语交际主题来源于学生熟悉的生活话题，贴近学生生活实际，符合学生的身心特点，学生能自然地进入角色去体验、感受、学习，快速地参与到交际的实践活动中。为此，教师要努力通过语言、声音、现代多媒体、场景的布置、教材中插图的使用等，营造口语交际的鲜活情境，还原学生的生活情境，使学生产生身临其境、似曾相识的感觉，创设出想参与、想表达的语境，让学生主动交际、乐于表达。

（一）再现真实的生活情境

真实的生活情境唤醒学生的口语交际记忆，激发其参与口语交际活动的兴趣，让学生有话可说。情境的真实性，让学生仿佛置身于现实的情境中，交流起来更加自然，也更加容易帮助学生将口语交际技能迁移到实际生活中，从而提升口语交际效能。

一年级下册第五单元口语交际《打电话》的合作表演设计中，教师让学生打电话约同学周末去放风筝，教师扮演被约同学的妈妈。在通话过程中，教师一步步设置障碍问题"你是谁？""你想约李天去哪儿放风筝？""有大人带你们一起吗？""你们的风筝都准备好了吗？"等，让学生进入真实的生活交际情景，从而进行有效的交流，最终达到口语交际为生活服务的目的。

（二）串联相关的生活情境

口语交际无处不在，交际能力适用于很多交际场合。同样的交际技能，可以在不同的交际场合运用。口语交际课《用多大的声音》是一年级上册的内容，在教学中，教师可以这样进行设计情境。

---

❶ 中华人民共和国教育部.义务教育语文课程标准（2022年版）[M].北京：北京师范大学出版社，2022：45.

【案例8-1】

一年级上册口语交际《用多大的声音》教学设想与反思

一、教学设想

首先，利用玩偶模拟图中的人物，将在学校里发生的三个口语交际场景串起来，比如，在图书馆里询问座位、到教师办公室上交物品、在教室里讲故事。

其次，请学生模拟表演，让学生进入真实的口语交际场景。对于在学校这三个不同的地方要用什么样的音量讲话，学生通过实践活动，就能够自如应对了。

最后，在学生对这个口语交际情境有所认识之后，教师可以对这一学习内容进行拓展，如加入一些新的情境：去剧场看戏剧迟到要如何询问座位，去医院看望病人要怎样说话，在公车上与人聊天时要注意什么，等等。

二、教学反思

在图书馆询问座位，到教师办公室上交物品，在教室里讲故事等口语交际情境与学生的生活实际密切相关，可以引导学生进行讨论、模拟表演等，从而让学生适应不同的交际情境，组织交际情境需要的口语交际语言，考虑应该使用的交际口吻，让学生体会不同的交际场合或情境需要使用不同的口语交际技巧，从而拥有更广阔的交际空间。

（沈阳市浑南区第二小学董琴）

（三）创设真实的评价情境

评价是为了及时反馈信息，帮助学生了解口语交际课的指向，进一步提高学生的口语交际能力。在口语交际训练过程中，教师对学生的评价以及生生互评都应该在真实情境中进行，这样的评价才有意义，也更有益于学生把握口语交际技巧。

在《用多大的声音》这一课中，如果教师仅仅围绕着教材中的情境来评价音量是否合适，学生很容易用"大"和"小"这些抽象的词语来回答，但是到底用多大的声音学生确实很难做出判断。因此教师可以引入情境微视频，设计师生合作表演、交流评价环节，借助多角度评价，把学生带入情境中，把课堂口语交际训练与生活中的运用融为一体，让学生学会在实际生活中运用合适的音量文明地进行交流。

任何口语交际教学都是在特定的情境中进行的，在情境中产生交际主题，在情境中了解对方想法，在情境中选择交际方法，在情境中通过交流互动、解决问题、获得帮助或收获新的体验。教师要针对口语交际教学主题设计恰当的情境，帮助学生的口语交际活动在课堂中真实发生。

二、互动性

口语交际是在两人或多人的参与中进行的，参与者参与其中，积极地互动交流，在交际的实践中逐步学会文明、得体地与他人交流，这是交际顺利进行的必要条件。口语交际教学成功与否的重要判定标准便是交际活动是否具有互动性，参与交际活动的双方是否能开展恰当的交流活动，能否做到"有来有往"。口语交际教学既要保证学生处于交际的主动地位，又需要口语交际参与者之间建立表达与倾听的紧密联系。

三、实践性

（一）口语交际情境的实践性

在口语交际课教学中，教师要围绕本次交际主题的要点，创设一个又一个真实且富有实际意义的情境，既要贴近生活，符合学生心理特点，又要让学生在实践中习得口语交际技巧。

教师在设计和选择口语交际情境时，要关注学生在口语交际主题下的交际需求，即学生在生活中能遇到哪些类似的情境，在哪些情境下学生的实践可能会存在交际困难，那么，这些情境就应该成为口语交际教学的切入口。

（二）口语交际练习的实践性

口语交际教学不仅需要明确交际方法，更需要重点关注学生的实践练习，让学生在课上有足够的时间将学到的要点进行实践，并在实践中感受、积累口语交际技巧，调整口语交际策略。

实践练习中更容易发现口语交际存在的问题，也能更高效地找到解决对策，对学生口语交际能力的提升更加直接。那么，课堂就应该成为"小剧场"，教师就应该创造尽可能多的机会，让每一位学生大胆表达与展示，提升口语交际效果。

（三）口语交际应用的实践性

教师要有课程的开发意识，有意识地将口语交际训练由课内延伸到课外，由书本延伸到学生的日常生活，无时不在、无所不在地利用身边的资源对学生进行口语交际训练。如，在平时的课堂教学和实践活动中，在回答问题、讨论交流的过程中，教师要随时关注学生的口语表达情况，引导学生有意识地运用口语交际课中学到的交际原则。再如，在学校日常生活中、校外生活中、家庭生活中，指导学生如何进行交际，如何运用口语交际课上学到的技巧进行交际等。

四、综合性

口语交际活动是综合性的实践活动，既要培养学生的综合素养，又要关注跨学科学习中的口语交际教学。

（一）培养学生的语文综合素养

口语交际活动是综合性的实践活动，在活动中让学生想说——培养学生的表达兴趣，让学生敢说——培养学生的表达勇气，让学生会说——提升学生的沟通技巧，培养其应变能力和组织能力。每一个口语交际主题不单单是为了帮助学生在特定情境中掌握交际技巧，还要潜移默化地指导学生在生活中妥善处理问题，并养成良好的行为习惯，培养学生形成正确的情感态度和价值观。

（二）整合学科资源，开展口语交际

各个学科中蕴藏着丰富的口语交际资源，教师要深入挖掘，创造性地利用学科资源，使口语交际教学与学科教学相得益彰。

1. 依托语文教学资源，挖掘口语交际素材

整合语文教材中识字、课文、语文园地、和大人一起读等各部分内容，将口语交际教学置于语文学习的大背景中进行。

于永正老师特别擅长将口语交际活动带进阅读教学中。在《翠鸟》的教学中，他把课堂模拟成采访现场，于老师扮演来自欧洲的世界绿色和平组织成员，学生们扮演可爱的"翠鸟"，教师对学生进行现场采访，采访的过程中包含着人际交往的基本礼仪，比如有礼貌地邀请客人到家里坐一坐、称赞别人等等。口语交际与阅读教学相融合，很自然地将教材中的文字转化成自己生动的语言，学生在互动交流中顺利开展口语交际活动。❶

2. 整合跨学科资源，拓展口语交际情境

在口语交际教学中，围绕交际主题，联结学科间有意义的学习内容或话题，开展交流，从而拓展口语交际情境，丰富口语交际活动形式。

例如，把口语交际与道德与法治课程相融合，梳理并整合道德与法治课程中与口语交际主题相似的教学资源，将学生生活体验和情感感悟相结合，通过口语交际的形式，力求达到双重学科目标。

二年级上册《商量》和义务教育教科书道德与法治教材二年级上册《大家一起来约定》，都以"商量"作为教学情境，但是教学目标不同，口语交际

---

❶ 陆平. 于永正语文教学艺术研究［M］. 福州：福建教育出版社，2018：100-105.

课的教学目标是要用商量的语气，把自己的想法说清楚，道德与法治的教学目标侧重于用商量的方式共同制定班级规则。制定班级规则这样贴近学生生活的情境，实际效用较强，能调动学生积极性，对于练习口语交际提升能力十分有效。经过资源整合，联系学过的口语交际技巧，设计出这样的口语交际教学片段。

【案例8-2】

二年级上册口语交际《商量》教学设想与反思

一、教学设想

遇到下面的情况，你会怎样跟别人商量呢？教师要求学生之间说一说。并出示语文教材情景图。

（1）向同学借阅的图书没有看完，想再多借几天。

（2）最爱看的电视节目要开始了，但是爸爸正在看比赛。

请同学们试着用商量的语气，把自己的想法说清楚，先自己说一说，再和自己的同桌说一说，择优进行班级展示。

为了让班级生活更美好，我们班级要制定自己的规则。[出示情境图（道德与法治教材中的相应情境）]这就更需要每个同学献计献策了，请大家以小组为单位，一起商量一下吧！

二、教学反思

在学习"商量"的交际技能后，设计制定班级规则这样的需要全班共同参与，涉及每个人利益的更高难度的交际情境，既是对"商量"技能的巩固运用，也是对多种口语交际技能的综合运用。引入义务教育教科书道德与法治教材二年级上册《大家一起来约定》的情境图，帮助学生丰富口语交际情境，拓展锻炼机会，实现学科融合，提升学生的综合能力和教学效率。

（沈阳市浑南区第二小学董琴）

第三节　口语交际教学设计的策略

口语交际教学要遵循学生口语表达发展的规律，让学生学会有效倾听、积极思考，学会文明有礼、清楚表达，学会表述独特的体验，学会用比较、推论、质疑、讨论等方式有理有据地畅谈自己的想法，从而形成理性思维和理性精神。

一、创设情境，快乐交际

口语交际是在具体的交际情境中进行的。教师要创设多种情境，激发学生的交际潜能和表达欲望。

（一）利用游戏情境，调动学习情绪

用做游戏的形式开展口语交际教学，能调动学生的学习情绪，使学生在轻松的环境中，在欢快的活动中，有效地开展个体或者群体交流，在交流中提高交际能力。

（二）利用图像情境，引发表达兴趣

教材中有许多图像资料，好比教材的"第二语言"，是重要的教学资源。例如一年级上册《小兔运南瓜》中有两幅有趣的图画和一幅空白画面，带给学生美好的心情和无尽的思考；二年级上册《看图讲故事》选用德国埃·奥·卜劳恩经典的黑白系列漫画《父与子》，让学生忍俊不禁，一下打开话匣子……教师要根据教材特点，精选感染力较强的电视、录像等生动的影像情境，对学生的大脑产生刺激作用，扣住学生的心弦，使其保持高涨的学习热情。

（三）利用生活情境，激发表达欲望

情境创设的方式是丰富多样的。生活情境是一种最自然、最贴近学生日常生活的情境，教师把适合学生的社会生活、家庭生活和校园生活相结合，创设真实生活体验的场景，让口语交际课回归生活，还原生活，解决生活中可能碰到的交际难题，可以激发学生的表达欲望，引发学生参与的热情。

（四）利用问题情境，拓展交流思路

学习需要思维，问题启发思考。创设问题情境能让学生产生疑问，形成已知与未知之间的矛盾，继而引起学生的思考。在第三学段，学生的直观形象思维逐步转化为抽象逻辑思维，解决问题时能灵活地运用正向思维和逆向思维。引导学生在交流时拓展思路，从不同的角度分析问题，畅所欲言，并提出独到新颖的观点，促进学生创造性思维的发展。

【案例8-3】

四年级上册口语交际《我们与环境》教学片段

师：请同学们结合课前调查表，说说我们身边存在哪些环境问题，对人们的身体健康有什么危害。四人一小组进行讨论。

师（点击课件）："你说我论找问题"开始了。大家在听、说时做到两点：第一，围绕话题发表看法，不跑题。第二，判断别人的发言是否与话题相关。（教师行为）

生A：我们小组经过讨论，发现乱扔垃圾是身边存在的环境问题。如果乱扔垃圾，城市卫生脏乱差，文明城市肯定评不上。

生B：工厂乱排污水也存在环境问题。我发现有些造船厂直接把污水排到大海，造成海洋污染，海洋动物的生活环境差了，大家吃了渔民捕捞的海鲜以后，也会影响身体健康。

生 C：乱排废气也影响我们的生活。有的工厂有烟囱，很多废气一个劲地往上冒，污染空气。空气变浑浊了，人体吸入后，不是危害身体健康吗？

生 D：乱砍滥伐的现象也在我们身边发生。树木砍伐严重，江河决堤后就失去保护屏障，出现水土流失问题，严重的话，人们会失去生命，失去家园。（学生行为）

师：这些同学说得很好，其他组同学有补充吗？（教师行为）

生 E：我对大气污染现象有补充。很多家庭有私家车，不但导致交通拥堵，排出的尾气污染很严重，对人们的呼吸系统有危害。（学生行为）

师：为你的发言点赞，这个现象确实存在。其他同学继续补充。（教师行为）

（舟山第二小学胡红）

以上的教学片段中，教师主要引导学生通过看图、调查、搜集资料了解身边存在的环境问题，围绕第一个话题发现问题、梳理各种环境问题、发表看法，在关注环境问题的同时，唤醒学生的环保意识，为第二个话题"你说我论护环境"的交流任务做准备。

二、目标引领，把握交际的原则

教师要关注口语交际总目标、学段目标和课时目标，引导学生文明、有序、深度地交流，以提高学生的人际交往能力。

（一）文明沟通

文明是每个人发自内心、对真善美的追求，是一个人综合素质的体现，也是口语交际课顺利进行的保证。纵观一到六年级口语交际教材，每一课都有小贴士，对文明交流有一定的要求。如三年级下册《劝告》小贴士标明了"注意说话的语气，不要用指责的口吻"，五年级下册《我们都来讲笑话》小贴士上写着"避免不良的口语习惯"等，对学生文明交流要求非常明确。

（二）有序表达

一个不善于交流的人，说话时思路不清，容易让对方产生误解；反之，一个善于沟通的人，说话很有条理，表达流畅，使人钦佩不已。有序表达是口语交际中一项重要能力。

【案例8-4】

二年级上册口语交际《做手工》教学随笔

教师发现第一条小贴士明确提出要按照顺序说。本次交际内容是说明手工作品名称和制作过程。这说明学生在课前必须要做一件手工作品，没有亲手制作和亲身体验，学生会言之无物。因此，教师提前让学生做好手工带到学校。有的学生带来飞机、纸船，有的带来青蛙、千纸鹤，有的带来纸花篮、易拉罐椅子……教师先请学生介绍作品名称、所用的材料。接着让一个中等水平的学生说制作过程，说得不够流畅。教师把"按照顺序说"板贴在黑板上，接着课件出示《曹冲称象》第四自然段内容，让学生发现把过程说清楚的妙招。学生一下子找到"再""然后"这两个词语。教师激励学生："谁还能想出别的词语帮助我们说清楚做手工过程呢？"学生纷纷提出"先""接着""最后"，教师把这五个表示先后顺序的词语写在小贴士的旁边。找到秘诀后，学生就能按顺序说清制作过程。同桌练说后请几个学生（包括那个中等学生）把自己的作品拿上来，一边展示，一边有序表达。此时学生的语言就有序流畅了。

（舟山第二小学胡红）

（三）深度交流

深度交流是一种建立在互相尊重、互相欣赏基础上的有计划、有目标的双边沟通方式。彼此之间有共同的兴趣爱好，双方对话题有共鸣，有想法，会聆听，会分析，能积极回应。如，五年级下册口语交际《怎么表演课本剧》，要求学生意见相同进行表演，意见不同一起协商，形成一致的观点，再合作排练。又如六年级上册《请你支持我》一课，要试着说服别人，当对方有不支持你的理由时，就要恰当应对，再次说服对方。可见，第三学段的口语交际课趋向于逻辑思维能力的培养，趋向于对话题的深度交流，而不是单一的回应。课堂上，教师要引导学生开展深度交流，发言者可以阐述、解释、修正；倾听者提问、反驳、纠正，直至达到意见的统一，甚至可以保留不同的见解，这就是深度交流的魅力所在。

三、重视多方互动，建立良好沟通关系

口语交际是一种双向甚至多向互动的语言活动。学生在动态活动中，明确自己的交际任务，获得角色意识和体验，慢慢学会交流，让交际能力与口语表达能力协同提升。

（一）师生互动，建立平等对话

师生互动是教师与学生之间通过口语进行思想表达、情感交流、信息传递的互动方式，是口语交际最初的、最普通的模式。教师作为参与者，应该营造轻松愉悦的氛围，加入学习，参与讨论，成为学生交际的伙伴。

（二）生生互动，尝试愉快对话

生生互动是学生与学生之间的互动，是最真实的、最愉快的交流方式。教师要信任学生，鼓励学生与周边同学进行互动，在说、问、思、评、辩中愉快交流。同时，教师要关注性格内向、不善言辞的学生，适当指导并鼓励其参与活动。在生生互动时，教师既要放手不干涉内容，又要引导学生学会倾听、尊重、赏识、批判等沟通交流的方法策略，发展语言能力。

（三）组际互动，体现多元对话

在口语交际过程当中，合作小组之间的互动是非常开放、多元的模式。小组之间可开展互问互答，表演评析。交际对象越多，信息容量就越大，学生就越易学会随时提取信息、整合内容，从而形成自己的观点。组际互动难度很大，需要教师紧扣教学目标，设计教学过程，创设恰当的情境，开展多元对话，培养学生的竞争意识与合作能力。

【案例 8-5】

三年级上册口语交际《我的暑假生活》教学片段及反思

一、教学片段

（一）指导说话

1.听录音，边听边向两个同学介绍暑假生活的方式。

预设 1：我跟爷爷奶奶学会了做简单的农活。现在我会摘茄子，还会给菜地锄草……

预设 2：爸爸带我去了游乐园。这是我第一次坐摩天轮，从空中往下看……

2.这两个同学介绍了哪一方面的暑假生活？分别是怎么说的？

（二）看图练说

1.可以用录音中的方式，也可以用自己喜欢的方式，借助图片或实物说假期生活中经历的新鲜事。

2.请两个学生分享生活。

3.谁的介绍最吸引你？说清理由。

（三）小组分享

1.四人小组交流"我的暑假生活"。

提醒：选择别人可能感兴趣的内容讲。借助图片或实物讲。

2.抽一个小组讲述。

3. 其他小组点评。

4. 继续分享。

（四）评选最佳

1. 评选"最佳听众""最佳发言者""最佳合作小组"。

2. 颁奖。

二、教学反思

在这节口语交际课中，教师采用听录音的方式让学生明确学习内容，提供基本的表达支架，降低学生表达难度，又通过小贴士中借助图片和实物讲假期生活，引导学生回忆生活，让口语交际更具生活气息。

教师充分利用组际交流的方式，学生在组内交流后，再抽一个小组参与全班交流，其他小组成员可以点评，也可以分享。对话人数增加了，交流的内容丰富了，学生的语言就得到充分发展，美好的假期生活便永驻学生心间。

（舟山第二小学胡红）

四、环环相扣，把握交际的过程

口语交际活动的教学设计应内部逻辑清晰，环节之间联系紧密、环环相扣。

（一）布置任务，准备交际话题

很多交际话题需要学生在课前完成一些前置任务，教师才能在课堂上创设情境展开教学，学生才有话可说，有言可表，有情可达。如，教授四年级上册《爱护眼睛，保护视力》时，教师先要在课前了解本班同学视力情况，上课才能分析原因，提出保护视力的建议。又如六年级下册《辩论》一课，如果辩论之前学生没有针对性地搜集资料、案例，做好充分的准备，就不能开展针锋相对、精彩绝伦的辩论赛。

（二）立足课堂，达成交际目标

课堂的口语交际是为现实生活中的人际交往服务的。口语交际课的教学中，首先，需要学生回想生活情境，捕捉生活片段，开启交流体验。如，一年级下册《打电话》让学生回忆生活中打电话的经历，初步了解打电话的方法。其次，教师要紧扣目标，自然地开展交际活动，培养学生的交流能力。例如六年级下册"即兴发言"要求倾听别人的即兴发言，评价发言精彩之处，继而改进自己的发言。最后，可以拓宽资源，考虑学科间的融合，丰富交流的内涵，让学生懂得交际无处不在。例如三年级下册《春游去哪儿玩》，教师可以设计拓宽游玩地域的教学环节，让学生推荐去其他省、市、县等值得游玩的地方，体现对生活的热爱。

（三）课外延伸，扩大交际收益

"得法于课堂，得益于课外"。教师要把握课外拓展的时机，扩展口语交际的渠道，拓宽交际环境和交际对象，用好课堂交际成果，真正提高学生的交际能力。

（四）由说到写，培养表达能力

口语交际和习作都是表达。由说到写的过程是学生语言发展的自然规律，先说后写既有助于学生拓展选材思路，明确写作要点，降低表达难度，也充分体现了口语交际的重要性。例如六年级下册口语交际《同读一本书》与习作内容《写作品梗概》前后衔接，联系紧密。在习作课上可以利用好口语交际的学习成果，鼓励学生多说、多想，提高思维水平，促进书面表达能力的发展。

第四节　口语交际教学设计的内容与方法

一、第一学段口语交际教学设计要点

对第一学段的学生来说，学说普通话、逐步养成说普通话的习惯、建立表达的自信尤为重要。在口语交际教学中，应着重指导学生了解交际内容，引导学生学会倾听、习得交际方法，鼓励学生学会交流、懂得礼貌交谈、接纳他人建议。

（一）了解内容，学听

在口语交际课上，教师发现学生的倾听表现和效率分五种。第一种是忽视听，就是倾听的学生在对方说话时，沉浸在自己的世界里，没在听。第二种是假装听，倾听的学生好像在听对方说话，请他回应就接不上话。第三种是选择听，有的学生只喜欢听自己感兴趣的话题，不喜欢的话题一概忽略。第四种是注意听，学生在听但听不出弦外之音，无法引起共情。第五种是同理听，倾听者善于体察对方的情绪，整合分析信息，作出认同或反对，这种有感情注入的倾听方式能引起心理共鸣，倾听效率最佳。

那么如何提高倾听效率呢？作为教师就要在第一学段开始培养学生的倾听习惯，让学生带着理解和尊重积极倾听，融入注意力和感情主动倾听，努力了解讲话的内容。只有真正了解对方表达的意思，提取正确信息，才能积极地作出回应，继而形成良好的人际关系。

通过对现行语文课程标准、教师教学用书和义务教育教科书相关内容的对比分析，我们不难发现关于"倾听"的要求由易到难、由简入深，呈螺旋式上升（表8-1）。

表8-1 第一学段"倾听"要求发展序列

年级	学段目标	年级目标	课题	课时目标
一年级	能认真听别人讲话，努力了解讲话的主要内容	注意听别人说话，没听清楚时可以请对方重复	我说你做	注意听别人说话
			听故事，讲故事	听故事的时候，可以借助图画记住故事内容
			打电话	没听清楚，可以请对方重复
二年级		注意听，记住主要信息	做手工	注意听，记住主要信息
			看图讲故事	认真听，知道别人讲的是哪幅图的内容
			推荐一部动画片	认真听，了解别人讲的内容

第一学段"倾听"目标中，既有"听什么"的发展性要求，也有"怎么听"的具体方法。教师应根据要求，鼓励学生学会倾听，学会尊重他人，显现育人功能。怎么引导学生倾听，培养学生的倾听能力呢？

首先，教学中可通过使用不同的多媒体资源、调控活动节奏，听、说、读、议等不同活动形式的交叉使用，引导学生学会了解交际内容，听懂学伴说话的大意，明白教师说话的意思。如，一年级上册《我说你做》一课，教师可以利用游戏，告诉学生游戏规则：认真倾听的学生奖励做游戏。这样，边让学生学会听，边开展"我说你做"的游戏，效果颇佳。

其次，对于第一学段的学生，教师要善用引导语，明确地告诉学生："小眼睛认真看，小耳朵仔细听"；"倾听要努力做到'四心'，就是虚心、用心、耐心、恒心"。要求学生懂得对方在讲话时不能忽视听，不能假装听，不能只选喜欢的听，逐步养成良好的倾听习惯。

最后，在日常学习活动中可进行听记练习、听述练习、听答练习等倾听能力训练，指导学生学会倾听。

（二）习得方法，学说

初入学的小学生，有的性格内向，不敢大声说话；有的说话很轻，缺少应有的胆魄。因此让孩子大胆自信地说，才能谈得上"能说会道。"我们应该结合具体的课堂交际活动，逐步让学生说得比较清楚、连贯、完整、具体。

因此，教师要教会学生表达交流的方法，搭建语言支架，促进学生表达能力的提升。教材中生动有趣、启迪明理的插图，易于模仿、风格突出的课文，具体明晰的范例都可以成为语言支架，帮助学生习得说话方法。例如一年级上册《用多大的声音》，一幅插图画着图书馆，墙上贴着"静"字，学生自然会说："图书馆里要小声说话！"。又如二年级下册《注意说话的语气》一课，为了让学生感受说话时使用恰当的语气，先让学生读句子，体会不同的效果——"阿姨，请您让一下。""阿姨，请您让一下好吗？"通过句子比较，学生知道要使用礼貌用语，注意说话的语气表达自己的想法。

（三）有礼交流，接纳

口语交际课上，教师要帮助学生学习与人交流时有礼文明的方法，训练学生与人交流要注意对象、场合和时间，尤其对不同年龄、不同身份的人说话需要注意落落大方、文明得体，意见不同时能接纳别人恰当的意见，学会文明地提出自己的想法。一个能文明和谐地进行人际沟通的人，才是有素质的人，才能立足于社会。

第一学段的学生应做到与别人交流，态度自然大方，有礼貌，有表达的自信心。其主要体现在"看着对方的眼睛""用礼貌用语""注意说话语气"等方面。如一年级上册《我们做朋友》一课，小贴士中明确指出说话的时候，看着对方的眼睛。这就告诉学生在口语交际课堂上，看着教师、同学的眼睛交流，这就表示你对他人的尊重。

当然，每个学生都是独立的个体，都有自己的思想，有对某个人物的看法，有对某件事情的评判。当双方出现看法不一致的时候，要学会冷静分析，从对方的角度出发，如果自己的想法、做法不对，则要虚心接受他人的意见，诚恳地道歉，慢慢学会接纳。这也是学生在交际过程中的态度和道德水平上的表现。

【案例8-6】

一年级上册口语交际《小兔运南瓜》教学设计

一、教材分析

本课教材采用看图补白编故事的形式，配有三幅图：第一幅图，小兔在南瓜地里发愁。第二幅图只有一个问号，留给学生无限想象的空间。第三幅图，小兔跟妈妈讲述运南瓜的过程。口语交际的要求鼓励学生"大胆说出自己的想法"，可从两方面引导：一是借助空白，展开想象，大胆说出小兔运南瓜的方法；二是引发评议，在多种方法中选择最佳，说清理由。

二、教学目标

1.仔细观察插图，通过联系生活经验，展开想象，大胆说出小兔运南瓜的方法。

2.在交际情境中，把故事补充完整。

3.选出自己喜欢的方法，参与讨论，说清理由。

三、教学准备

课件、三个小兔头饰。

四、教学过程

（一）创设情境，激趣导入

1.一只可爱的小兔来到课堂上，掌声欢迎。（课件出示小兔子）

2.情境导入：小兔遇到一个难题，需要大家的帮忙，你们愿意帮助它吗？

（二）观察画面，理顺故事

1.出示第一幅图，引导学生观察。

（1）出示语言支架，引导学生思考。

①这是一只怎样的小兔？

②这是一个怎样的南瓜？

③小兔看到南瓜后，表情怎么样？它在想什么呢？

（2）同桌互相说一说，全班交流。

（3）上台演一演，表现小兔发愁、着急。

2. 出示第三幅图，引导学生观察。

（1）出示语言支架，引导学生思考。

小兔子把南瓜运回了家，兔妈妈的表情怎么样？她会怎么说？小兔又会怎么回答？

同桌分角色练说，教师巡视，指导学生交流和表演。

（2）请学生表演，进行点评。

3. 看了这两幅图，你们有什么问题？

（三）想象方法，大胆表达

过渡：是呀，这么大的南瓜，小兔是怎么运回家的呢？

1. 出示第二幅图，引导学生想象。

2. 联系生活经验，想小兔运南瓜的办法，可以画下来，也可以写下来，把这个办法说清楚。

3. 同桌交流自己想到的办法，进行评价——办法好得一颗☆，不仅办法好且说得好得两颗☆。

4. 全班交流，教师随即将关键词进行板书。

5. 哪种办法最好呢？说清理由。

6. 小结：能让小兔把南瓜安全运回家的就是好办法。

（四）小组合作，练讲故事

1. 三人一组，每人讲一幅图。

2. 请一组学生戴好头饰，上台讲故事，联系《用多大的声音》一课，知道讲故事时态度要大方，声音响亮。

3. 评议后，每个学生尝试独立讲故事。

4. 请学生讲整个故事，讲后评价。

（五）课后延伸，回家讲述

1. 回家把《小兔运南瓜》讲给家人听，听听爸爸妈妈还有什么好办法。

2. 鼓励学生把视频录下来，传到班级群，午间课评选"故事大王"。

附板书：

当轮子滚

和朋友抬 ← 小兔运南瓜 → 让象鼻卷

找车子运　　用绳子拉

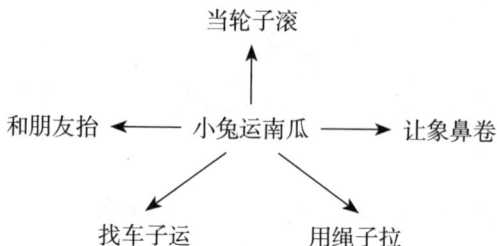

（舟山第二小学胡红）

【评析】

本次口语交际是一年级学生喜闻乐见的童话故事。教师给学生开辟自由想象的空间，鼓励学生大胆、自由地发表想法，以培养学生多角度思考问题的良好习惯。教师带着学生在具体情境中围绕"小兔运南瓜的办法"，鼓励学生联系生活经验，展开讨论，挑选好办法学生发言时只要说清理由，教师就给予肯定和表扬，不轻易否定学生的想法，尊重学生的个性理解。

教师结合学生的年龄特征和心理特点，充分利用插图，引导学生学会连贯地观察画面，理顺故事发展的脉络，帮助学生有条理地讲故事。先后出示第一和第三幅图，循序渐进地引导学生观察小兔和兔妈妈的表情，想象它们的动作、语言，还有南瓜的样子，提供语言支架。利用问题"小兔是用什么办法把南瓜运回家的？"使学生们明白这就是第二幅图所要表达的内容。

（舟山第二小学邱璐璐）

二、第二学段口语交际教学设计要点

在第一学段学习的基础上，第二学段的口语交际在听、说、交流三个层面有了进一步的要求。从学听到会听，从学说到会说，从交流到应对，遵循学生发展规律。教师要关注学生"口语交际"起点，设定目标，搭设听、说、应对的支架，进一步帮助学生发展交际技能。

（一）把握主旨，会听

随着年龄的增长及大脑的成熟，第二学段学生的无意注意从外界刺激引起逐步向内部兴趣过渡，同时有意注意也逐步形成和发展，但是无意注意仍占主要地位，且注意力集中的时间较短。这就要求教师需要引导学生认真倾听，特别是在多数学生还不能把握发言者的发言要点时，用请其他同学重复发言的方法，集中学生的注意力，在多次发言中帮助学生倾听时把握主要内容。有时候学生明明在认真倾听，但是听完后马上又忘记同学说的内容，这是课堂上经常发生的现象。在培养听的能力时要让学生明确听的记忆目标，比如听关键的时间、人物、事件等。有了明确的目标，学生就能集中精力听内容，听的效果会更加明显。

（二）掌握技巧，会说

语言能力的发展必须要经过一次次的语言实践。在培养语言能力的初级阶段，学生需要提前做好充足的准备。因此，预先布置任务，给学生准备的时间尤为重要。在教学活动中，要善于根据不同类型话题特点，为学生提供形式多样的语言支架，指导学生领会口语交际技巧。在独白类的话题交际中，学生可以采用总分的形式进行叙述。如三年级下册《春游去哪儿玩》中，教师可以引导学生用一句话说清楚推荐的地方，再把推荐的理由逐条表述。第二学段口语交际中，更要重视自评和互评，在评价中进一步落实"听"的要求。将评价的标准整理成"活动评价表"或者"点赞卡"，引导学生发现同学的亮点，在"爱说"的基础上促使其"会说"。

（三）学习商讨，应对

口语交际重在"交际"，更关注语境适应能力的培养，把学生实际的应对能力作为核心加以关注。第二学段重点关注学生能就不理解的地方向人请教、就不同意见与人商讨，重在从别人的角度思考，多从别人的角度着想，接纳对方。

尊重是交往的起点。在口语交际活动中，既要鼓励学生敢于发表自己的观点，也要引导学生学会尊重不同的想法。在学生面对截然相反的意见时，要引导学生认识到两种意见都有一定的道理，各有利弊，学会倾听不同的声音，做文明有礼的交际者。

课堂上，学生会在不同情境中参与形式多样的口语交际活动。小组合作学习中，教师有必要对小组活动进行指导，比如组员如何分工、组长如何组织发言，以及陈述环节、回应环节、补充环节、总结环节的具体操作流程等。只有这样，学生才能在一个相对轻松有序的环境中发表想法、学习商讨，交互性来得更为自然。

【案例8-7】

三年级上册口语交际《请教》教学设计

一、教材分析

《请教》一课教材呈现的顺序是：揭示主题、请教中的注意事项和练习内容、两条小贴士。在本课教学中，重点是在使用礼貌用语的基础上选择合适的时机向别人请教，请教后表示感谢。"不清楚的地方及时追问"是本课的教学重点及难点。

二、教学目标

1.通过生活事例，知道生活中遇到不好解决的问题时可以请教别人。

2.在尝试请教的过程中，知道请教时要运用礼貌用语、时机要适宜、问题要说清楚、不明白的地方要及时追问。

3.通过同桌练习，小组交流，生生互动等形式学习、实践"请教"的过程，学会向别人请教。

三、教学准备

PPT。

四、教学过程

（一）创设情境，引入话题

1. 创设情境，引入问题。

生活中，我们经常会遇到一些不好解决的问题。这两个同学就遇到了烦心事，一起来看看吧！

（1）播放视频。

（2）讨论他们遇到的烦心事。

2. 顺势导入，引入课题。

当我们在生活中遇到自己不好解决的问题，请别人帮助我们想办法，这就是"请教"。

（二）问题入手，汇总要领

请教是学习和生活中经常遇到的事情，我们应该怎么样请教呢？

1. 情境一：浩浩独自去上武术训练班时迷路了，想问路又不敢。马上就要迟到了，他硬着头皮走到他前面的老奶奶身边，小声说："我找不到去武术班的路了。"老奶奶没回头，继续向前走了……

（1）浩浩的请教成功了吗？为什么？

（预设：浩浩请教问题时没有站到对方面前说话，没有礼貌地打招呼，也没有把问题说清楚。）

（2）说说礼貌用语。（请教时说"您好"，请教后说"谢谢"）（板书：礼貌用语）

（3）小结："请教"别人时要注意用上礼貌用语，要把请教的问题说清楚。（板书：把问题说清楚）

2. 情境二：午自习时，同学们都在认真地做作业。小丽有道数学题不会做。她拍了一下坐在前排的课代表，问道："这道题怎么做啊？"课代表回头看了她一眼，继续写作业。

（1）为何课代表没有回答小丽的问题？请教时还需要注意些什么？

（2）交流小结：请教要注意时机，在别人方便的时候请教。

3. 使用要领，尝试请教。

（1）从小 A 或者小 B 的两个问题中选择一个，同桌合作，进行"请教"的尝试。教师巡视，选择两组拍摄学生的演练视频。

（2）看视频，全班交流。

解决"丢三落四"的问题，学生评价这个"请教"完成得怎么样。

预设：

学生 A：我有个问题想请教你，可以吗？

学生 B：当然，希望我能帮上你。

学生 A：我经常丢三落四，上课了才发现忘带作业本，出去春游又忘记带水……有时候弄得我很不好意思。

学生 B：我觉得你可以准备一个记事本，把每天要做的事情或者要带的东西记录下来，做到一点就打个勾，这样提醒自己。

学生 A：可是我还是怕我会忘了，你说我能不能让爸爸妈妈提醒我一下呀？

学生 B：总依赖别人提醒很难改掉丢三落四的坏习惯。你要相信自己。实在不行就把每天要带的东西写好贴在门上，出门前再检查一遍，慢慢地就能改掉这个坏习惯。

学生 A：我回去试试。谢谢你的帮助！

学生 B：不客气！

（3）小结："请教"时不仅时机要适宜、要有礼貌、要把问题说清楚、要表达感谢，而且在没听明白的时候要及时追问。

（三）实践演练，提升能力

在生活中，谁都会遇到不好解决的问题，我们也来想一想，有什么需要请教的问题？

1. 展示问题。

2. 互帮互助。

（1）组内请教。

请用上请教秘诀，将遇到的问题向小组成员请教，听听他们的好建议。请教结束后，按照评价量表进行互评，请教中做到的项目画"√"。

评价项目	请教时机	礼貌用语	说清问题	及时追问	表示感谢
是否做到					

（2）全班展示。

了解"组内请教"中的问题是否解决，请教是否成功。成功和未成功的案例分别选一个进行展示，按照评价量表进行评价。

（四）总结课堂，鼓励实践

生活中遇到难题，不用紧张害怕，"三人行，必有我师焉"，掌握请教秘诀，多向别人请教，我们就会少一些烦恼，多一些快乐。

（舟山第二小学北校区朱珊）

【评析】

课前教师布置学生回忆近期生活和学习中遇到的烦恼，这里的"说前准备"旨在激发学生的交际兴趣，引导学生在实践演练环节中、在解决真实的问题基础上提升"请教"的能力。

教学中还需灵活运用虚拟情境与真实情境，以增加情境的教育性。借用书本中的两个场景搭建支架，用支架代替讲解，促进学生的学习。课堂上重视通过同桌练习、小组交流、生生互动等形式引导学生在合作中学习、实践，实现有效沟通。

另外，还要积极开展"说后评价"，借助过程性评价或结果性评价渗透知识、方法、情感和价值观等。案例中教师借用评价量表引导学生开展自评和互评，让学生在评价中互帮互助，进一步激发交流动机，掌握技能。

（沈阳市浑南区第二小学董琴）

三、第三学段口语交际教学设计要点

第三学段的口语交际课程安排了"讨论""整理""分类""辩论"等内容，

要求"善听""善说""思辨""评价"，对学生来说是极具挑战性的。教学中巧用材料卡、评价单等表格帮助进行记录、整理、评价，能进一步帮助学生根据要点进行交际内容的合理选择，使思辨、评价有了依据，在口语交际过程中发展学生分析问题、解决问题的能力。

（一）抓住要点，善听

第三学段要求"听人说话认真、耐心，能抓住要点"。具体要求是：认真倾听，交流时边听边记录；能分辨别人的观点是否有道理、讲的理由是否充分。

培养学生倾听的能力要注意发展学生的记忆力，教师给学生提供记忆目标，帮助学生把握主要内容。教师更要教给学生一些基本的技巧：一是记要点，用关键词语的形式记录主要信息，如时间、地点、人物、事件。二是记亮点，对方说话中有意思或者引发自己思考的也可以记下来。

师生、生生之间的有效互动是多种观点、想法的碰撞，善于倾听就是在听到要点的基础上进行思维的发散或聚合。如五年级上册《讲民间故事》一课要求学生讲述自己喜欢的民间故事，重点是创造性地复述故事。学生能够在尊重原著内容的基础上发挥想象力和创造力，把故事讲得生动、有吸引力。在这样的课堂上，学生作为倾听者，不仅要关注讲故事同学的表现，在听的过程中还可以猜测同学讲述的故事内容：接下去会怎么说，可能会有哪些改动？也可以边听边发挥自己的创造能力：这些地方怎么讲可以更有吸引力？通过这样的方式锻炼发散性思维。

（二）层次清晰，善说

在"表达"的目标发展序列中，五年级要求能分条讲述，把理由说清楚，选择恰当的材料支持自己的观点；六年级要求先说想法，再把具体的理由讲清楚。

1.用"学习单"梳理内容

为了让学生选择合适的内容，表达更有条理，教师可以利用学生的学习单在交际活动前作整理发言内容的指导。学习单不仅仅是学习的准备提纲，具体呈现学习的目标和任务，更是可视化的学习路径。比如在五年级下册《走进他们的童年岁月》这一课中，教师可以提前发放学习单，引导学生将记录分类整理，如分为"他们的校园生活""他们的家庭生活""他们喜欢的玩具"，将话题集中后，表达就有序了。当然，还可以通过学习单引导学生对发言内容进行简单的排序。

2. 用"小提纲"辅助讲解

第三学段更提倡用提纲帮助学生分条罗列要点，帮助学生在发言前确定发言的框架，进行选材和组材，有条理地表达，这样也能训练学生的思维，避免遗忘。在五年级下册的《我是小小讲解员》一课中，教师在指导拟制提纲阶段可以加强两个方面的指导：一是相关性，将几个学生搜集的资料作为例子，引导全班学生分析例子中的哪些材料与讲解内容密切相关，可以列入提纲；哪些关系不大，不用列入提纲。二是条理性，提示学生讲解顺序，梳理出一条清晰的线索。通过拟定提纲，选择好讲解的内容和顺序，做到条理清晰、重点突出。

（三）观点多元，善思

在课堂教学中，我们总会发现一部分学生发言踊跃，发言质量较高。随着年级的升高、思维水平的发展，部分学生如果不乐于参与头脑风暴，难免会逐渐形成思维的惰性。教师要不断激发学生表达的欲望，在具体的情境中引导学生从不同的角度出发分析问题、解决问题，在一次次的思考和实践中培养学生的创新思维能力。

1. 抓住矛盾点，激发思辨

"有不同的想法吗？""你赞同吗？说说理由。"在课堂中，教师经常用这样的问题激发学生发表不同的想法，通过矛盾点的设置进行指导，促进学生思辨。这样的思辨不重视结论，重视的是思考的过程。例如六年级下册的《辩论》一课，有的学生列举很多事例，但是无法抓住矛盾点证明自己的观点；有的学生只是陈述观点，没有抓住对方讲话的错误进行反驳。教师可以用辩友的身份加入辩论，及时引导辩论的方向，形成直观有效的现场示范指导。

2. 解决问题点，体验思辨

在第三学段口语交际的课堂中，很多内容都是通过解决问题来激发学生的思辨。如六年级上册《意见不同怎么办》这一课，分别从听和说两方面提出如何进行口语交际。从说的角度，学生要确定自己的角色，从不同角色的立场出发阐述自己的主张，做到有理有据。在讨论的过程中，角色不同、立场不同，观点势必有巨大的差距，在讨论中能极大地激发学生的思维。教师就应该抓住这样的时机，扩大交流面，让更多的学生在应对中进一步锻炼听和说的能力。当然这一切要在尊重对方观点的基础上进行，可以先肯定别人的合理之处，再委婉地提出自己的意见。最重要的是矛盾双方要积极沟通，学会换位思考，调整自己原本的想法，在求同存异中形成共同的结论。

【案例 8-8】

六年级下册口语交际《辩论》教学设计

一、教材分析

本课教材按照辩论的意义、辩论的基本环节编排，强调辩论前作充分的准备，辩论时既要证明自己又要反驳别人，辩论后要总结经验。"能围绕辩题搜集、整理材料，清晰地表达观点"是本课的重点，"能抓住对方讲话中的漏洞进行反驳"是本课的难点。

二、教学目标

1. 了解辩论的相关知识。

2. 能认真倾听、抓住对方讲话中的矛盾或漏洞敏捷地进行反驳。

3. 能清晰、有条理地表达自己的观点，辩论时注意文明用语。

三、教学准备

PPT，课前指导学生有针对性地搜集资料。

四、教学过程

（一）了解辩论，作好准备

同学们，在日常生活中，我们常常会遇到一些容易产生分歧的问题。

1. 出示课件：

·电脑时代需要 / 不需要练字

·不可以说谎 / 可以讲善意的谎言

·人们通过竞争 / 合作取得更大的成功

·现代信息交流方式会 / 不会增进人与人之间的理解

（1）选择一个话题，说说你的想法。

（2）小结：对于这样的问题，可以展开辩论，通过摆事实、讲道理来丰富认识，帮助我们全面地看待事情，处理问题。

2. 观看微课，了解辩论。

（1）看了微课后，我们对辩论赛有所了解。辩论前应该有哪些准备？

（2）教师总结，出示要点：

·有针对性地搜集材料。既要搜集能证明自己观点的材料，也要搜集能反驳对方观点的材料。

·选择的事例要有说服力，可以引用名人名言。

·根据观点对材料进行梳理、归纳。如果材料有限，可以把要点记在卡片上。

3. 抽签分组，搜集资料。

（1）抽签分组，选择话题。

（2）分工合作，搜集资料，填写辩论材料卡。

辩论话题		
我的观点		
辩论 材料 要点	1	
	2	
	…	

（3）培训主持人，指导他们进一步了解"开场介绍—陈述观点—自由辩论—总结陈词"的流程，撰写主持稿。

（二）明确规则，尝试辩论

1.播放微课：了解辩论赛的基本流程，明确辩论规则。

2.辩论指导：辩论时，既要证明自己，又要反驳别人。

·我方陈述时，要充分利用时间，清晰表达自己的观点。

·对方陈述时，要注意倾听，抓住对方的漏洞。

·自由辩论时，进一步强调我方观点，并针对对方观点进行有效的反驳。

3.小组内尝试辩论。

（1）小组主持人宣布辩论会开始；简要说明辩论会的有关规则，注意辩论时先表明自己的观点，然后说出理由，进行辩论。

（2）流程：

①各方第一辩手表明观点。

②各方第二辩和第三辩手手自由辩论。

③各方第四辩手总结陈述。

4.畅谈感受，出示评价单。

辩论话题	一	
评价要点		评价星级
能围绕辩题搜集、整理材料，清晰地表达自己的观点		☆☆☆
能抓住对方讲话中的漏洞进行反驳，用语文明		☆☆☆

5.班级辩论。

（1）确定辩题。

（2）小组推选。

全班共推选八名辩手，正方、反方各四人：第一辩手、第二辩手、第三辩手、第四辩手，教师担任主持人。

（3）辩论开始，各位辩手各抒己见。

教师主要做以下方面的引导：

①提醒辩手清晰地表达观点，列举的事例要能充分证明自己的观点。

②倾听的辩手注意边听边记录对方要点，抓住漏洞，结合材料反驳。

③掌握辩论的节奏，及时引导辩论方向，形成直观的现场指导。

（4）观众作为评委填写评价单。

（三）回顾反思，总结收获

1. 同学评价。

哪些同学表现出色？根据评价要求说说理由。

2. 根据辩题，说说看法。

（引导学生多角度思考问题、全面看待事物）

3. 总结策略。

选用的材料要能证明自己的观点；表述时语言清晰，观点鲜明；抓住对方讲话中的漏洞进行反驳。

4. 课堂总结。

课后大家可以寻找现实生活中有分歧的问题，形成辩题，搜集资料，进行辩论，不断提高自己的综合素养。

（舟山第二小学北校区朱珊）

【评析】

表格式的学习单前置可以帮助学生梳理内容，按照要点进行归纳，给口语交际中的表达作好铺垫。本课中，材料搜集后学生填写"辩论材料卡"，进一步明确自己的观点，梳理辩论材料要点，便于辩论时用简洁、清晰的语言表达观点。

教学中，教师引导学生边听边记，记下对方发言中的要点，标出双方发言中互相矛盾的地方，结合事先准备的材料，抓住要害，厘清思路，进行反驳。在倾听的基础上，通过记录、思考、反驳等锻炼学生的分析能力和问题解决能力。

　　在班级辩论后学生畅所欲言，从同学表现、辩题内容、策略总结三个方面谈想法、谈收获，教师引导学生小结方法，制订评价单。这一过程充分发挥学生的主体作用，巩固辩论要点的习得，鼓励学生在生活中加以实践。

（舟山市教育学院钟玲玲）

【实践与探究】

　　1. 简要概述口语交际教学的价值和意义。

　　2. 结合口语交际教学设计的原则，选择统编小学语文教材中一个口语交际主题，尝试设计一个教学片段。

　　3. 利用网络资源搜集一则小学口语交际教学课堂实录，对教师运用的教学策略进行评析。

第九章　梳理与探究活动设计

【学习目标】

1. 通过比较掌握"梳理与探究"活动的目标要求，理解其设置的意义。

2. 通过案例分析，理解"梳理与探究"活动教学设计的原则、内容和方法。

3. 把握不同学段目标，尝试设计"梳理与探究"活动。

第一节　小学语文梳理与探究活动的继承与创新

一、《义务教育语文课程标准（2011年版）》中的综合性学习

（一）综合性学习的内涵与特征

综合性学习与识字、写字、阅读、写作和口语交际一起，构成了语文教学五个方面的内容，但综合性学习是一个特殊的学习领域，它与其他四个方面的教学内容不在同一层面上，它不具备比较单一的内容目标。综合性特征体现在如下三个方面：

（1）综合性学习是识字、写字、阅读、写作和口语交际这四个方面学习内容的综合，实现听说读写能力的整体发展。

（2）综合性学习是语文课程学习与其他课程学习的沟通，帮助学生提高综合能力，促进人文素养与科学素养的共同提升。

（3）综合性学习是书本学习和生活实践学习的紧密结合，引导学生关注自然、关注社会、关注世界，理论联系实际，学以致用。

语文的综合性学习能较好地帮助学生掌握"自主、探究、合作"的学习方式，有利于学生在整体性的听说读写活动中提高语文素养，有利于语文知识能力的学以致用，有利于培养学生的综合表达能力、人际交往能力、搜集信息能力、组织策划能力以及互助合作和团队精神等。它对于培养学生的创新精神和

实践能力有着深远的意义。

（二）综合性学习效果不佳的原因

课改这么多年来，小学语文综合性学习实施的效果却不尽如人意。分析其原因，有以下几点。

其一，《语文课程标准》只提出综合性学习的概念，并没有明确界定其内涵，因此，教师对语文综合性学习的本质认识还不清晰，有人理解其是一种学习方式，有人视其为活动，也有人将其当作课程来实施。

其二，教师开展语文综合性学习的行动滞后于认识。《语文课程标准》提供了各学段目标和笼统的评价建议，并没有具体可操作的策略，也不像其他国家课程那样配备了参考教案，这让教师对实施语文综合性学习不习惯，存在着较大的畏难情绪以及等、靠的心理，甚至能回避的时候就尽量回避。同时，由于学校没有统一的要求，多数教师期待现成的语文综合性学习课程设计方案，拿来即用。因此，教师被动地实施语文综合性学习成为普遍的现实。

其三，语文综合性学习评价的缺位制约其有效推进。评价在语文综合性学习中起着重要的导向功能、激励功能以及反馈功能。评价缺位导致教师开展与不开展综合性学习一个样，学生学与不学也是一个样，因此教师开展语文综合性学习难以深入。

二、《义务教育语文课程标准（2022年版）》中的梳理与探究活动

《普通高中语文课程标准（2017年版）》第一次提出"梳理与探究"的概念。现行课程标准沿用了这一概念："义务教育语文课程围绕立德树人根本任务，充分发挥其独特的育人功能和奠基作用，以促进学生核心素养发展为目的，以识字与写字、阅读与鉴赏、表达与交流、梳理与探究等语文实践活动为主线，综合构建素养型课程目标体系。"其中，"识字与写字"是语言学习的基

础，"阅读与鉴赏"属于输入型学习方式，"表达与交流"属于输出型学习方式，而"梳理与探究"则依托、融入前三种语文实践方式，是促进语言积累、内化、运用的重要桥梁。

（一）"梳理与探究"的内涵与特征

何谓"梳理与探究"？"梳理"是将已经学习的零散知识和积累的语言材料结构化，将言语经验转化为学习方法和策略，是经历回顾、辨析、整理和归类，由散到整、由点到类、由孤立到联系的过程。"探究"则重在发现生活、学习中的语言文字运用问题，通过观察、比较、预测、推理、判断、合作等语文或跨学科学习手段，寻找原因，查找资料，寻求对策，最终解决问题。正如陆志平先生所说，"通过学习者自身对所学知识的梳理，将所学知识结构化，融入并改善大脑中原有的认知结构。梳理与探究指向主动、个性、探究、建构，指向知识的情境化、结构化，也离不开语文素养的每一个方面"❶。

简言之，"梳理与探究"作为一种语文实践方式，指向整合、融通、关联、优化等学习目标，引导学生将"聚沙式"的言语经验转化为"结构化"的方法策略，在具体的语言实践中，学生能够自觉运用这些方法策略，完成新任务，解决新问题，建构新经验，充分体现了核心素养的价值追求。

（二）"梳理与探究"与"综合性学习"在目标要求方面的异同

"梳理与探究"和"综合性学习"的相同点在于都强调与生活相连接，倡导跨学科学习，都注重"观察发现、问题解决、活动探究"等。但二者之间存在明显的区别："综合性学习"作为一种课程形态，是在识字、写字、阅读、写作之外增加的独立的学习领域，体现了一种加法思维，很容易出现在实践层面难以落地的问题。而"梳理与探究"作为一种语文实践方式，依托并贯穿"识

---

❶ 张中原，徐林祥.语文课程与教学论新编［M］.南京：江苏凤凰教育出版社，2019：
67.

字与写字""阅读与鉴赏""表达与交流"，运用项目化学习样态促进和深化学生的学习。四种学习方式之间是相互融合、相互促进的关系，体现了一种整合型思维，很好地解决了语文学习中长期存在的各个领域、各种方式之间相互割裂、各自为政的学科困境。

（三）"梳理与探究"活动的实施

核心素养需要通过课程内容的有序组织和课程方案的有效实施才能形成。为此，现行语文课程标准创造性地提出了六个语文学习任务群，以语文素养为纲，以学生的语文学习为主线，以学习项目为载体，以真实任务为导向，整合学习情境、学习内容、学习方法和学习资源，引导学生在运用语言的过程中实现核心素养的提升。

展开积极的"梳理与探究"活动，促进学生自主、合作、探究学习，需要注意处理好以下三种关系。

第一，学习活动与单元情境、学习任务之间的贯通性。大情境、大任务为学生提供了一个整合而有生长空间的学习场景，学习活动不再是孤立的存在，而是整体设计的有机组成部分。

第二，学习内容与学习行为的一致性。"语文学习任务群"追求以学生学习为主线，以学习内容为载体，主动积极地展开语文实践。学习活动设计要坚持内容设计与学习行为设计的统一。

第三，开放的课堂与教师支持的融合性。素养本位的语文学习要体现学习活动的开放度，让学生成为学习的主体，真正学起来，同时，也不能忽视教师的指导和支持作用。只有将学的逻辑和教的逻辑统一起来，才能帮助学生实现深度学习。开放的课堂以学的逻辑组织学习进程，学生作为学习主体积极主动地实践，与此同时，教师作为陪伴者、引领者，只有将教的逻辑融入学的逻辑，在学生需要之处给予适切的支持，才能更有效地促进学生正确、持续、深入地学习。

第二节　小学语文梳理与探究活动设计的原则

对照语文课程理念，结合梳理与探究活动特点，梳理与探究活动在实施过程中应遵循实践性、语文性、整合性、协同性、开放性五项原则。

一、实践性

与传统意义上的语文学习相比，梳理与探究活动的一个显著特点是实践性，即重参与，重体验，重语文实践活动。在人人参与、全程参与之中，在丰富多彩的自主的语文实践活动中，体验什么是梳理与探究活动，怎样进行梳理与探究活动。学习过程和学习结果相比，更注重学习的过程，注重在学习过程中获得乐趣，得到感受、体验，习得方法，形成能力；注重在实现综合性学习目标的过程中，逐渐加深对语文学习和现实生活密切关系的认识，提升在生活中学语文、用语文的自觉，以及逐渐形成的语文的综合运用的能力。

二、语文性

因为梳理与探究领域的活动带有综合性特点，所以学生在活动过程中会学到其他学科的知识，也会发展一些"通用性"的能力（比如组织、合作、探究的能力），但学生应该先在语文方面有所收获，这一点需要特别加以注意。梳理与探究需要整合，但这种整合应以语文学科为主，进行跨学科的、学科与社会生活的渗透，让语文学科成为解决其他学科问题的基础工具，所以梳理与探究活动一定姓"语"，教材编写也好，课堂设计也罢，都应该充分体现语文的实践过程，提升学生的语文能力。其他学科或社会生活中的内容可以作为话题或"引子"，但学习的整体设计和每个环节的成果设计都要落到语文上。就好比学习《中国石拱桥》，需要结合一些关于石拱桥的知识，但最终要学的还是说明文的基本特征和写法。

三、整合性

与传统的阅读、写作、口语交际主要培养某一方面的语文能力不同，梳理与探究活动是为整体地、综合地培养学生的语文能力而设计的。这样的目标不可能通过阅读、写作、口语交际等的"叠加"来实现，必须设计一系列综合性的活动（在具体情境中解决实际问题），让学生在语文实践中自然地、综合地发展语文能力。内容上需要在整合听说读写的基础上，与其他学科、社会生活等有所整合，实施过程中也需要将多种学习方式整合在一起。

四、协同性

以德国著名物理学家哈肯提出的"协同性"理论为指导，注重诸教育要素的协调，形成适合小学语文梳理与探究活动的新教学体系，促使多种要素之间产生互补作用，提高语文教学效率。梳理与探究活动不可要求过高，年级之间应体现阶段性和渐进性，应根据不同学段制订不同的教学目标，采用不同的方式、方法，分层要求，分阶段实施。

五、开放性

开放的任务是引领学生主动、个性化地"梳理与探究"的关键。设计开放的任务就是让学生用语文的方式做事。其开放性还体现在内容上的开放上，即一切语文课程资源均可为"我"所用；也体现在途径上的开放上，即广阔的时空均可成为"课堂"，因此要从当时、当地的实际出发，要从学生的实际出发，要在语文学习上有所收获。

第三节　小学语文梳理与探究活动设计的策略

2001 年，教育部把"综合性学习"和"识字写字""阅读""写作"及"口语交际"相并列，共同构成语文实践活动的五个领域。现行语文课程标准中将语文实践活动重新整合为四个领域，其中"梳理与探究"与原来的"综合性学习"有许多共同之处：注重观察发现、问题解决、活动探究，连续生活，提倡跨学科学习等，完全指向语文学科综合实践，倡导在真实情境中开展生动活泼的语文实践活动。设计梳理与探究活动可以采用以下策略。

一、以提升学生语文核心素养为目标导向

（一）创设真实的主题情境，凸显语文课程的实践性

生活是语文学习的源头活水，在真实的生活和学习情境中开展综合性学习，设计鲜活生动的梳理与探究活动，才能真正提升学生的语文核心素养。

可以整合单元语文要素顺势展开梳理与探究活动。以五年级下册第七单元为例，以"世界文化大家品"作为单元情境，在教学《威尼斯的小艇》《牧场之国》《金字塔》等课文时，教师以"打卡异域风情"作为一个学习任务，引导学生有目的地搜集资料，在梳理、整合的基础上绘制思维导图，以此来介绍一个地方，从而落实单元语文要素。

还可以利用教材已有的"综合性学习"单元深入开展梳理与探究活动。统编小学语文教材共编排了四个"综合性学习"单元，即三年级下册第三单元《中华传统节日》、四年级下册第三单元《轻叩诗歌大门》、五年级下册第三单元《遨游汉字王国》、六年级下册第六单元《难忘的小学生活》。其内容操作性强，较好地体现了语文课程梳理与探究活动特点。教师可以根据教材原有内容安排进度，指导学生开展活动。当然，教师也可根据学情需要，单独设计梳理

与探究单元活动。如针对三年级学生积累了大量词语，但表达时难以恰当选用的现象，教师可设计"建一个词语宝库"主题单元。在真实的学习情境中，学生搜集、整理之前所学习的新鲜词语、成语、韵语，给词语分门别类地建一个"家"，创造属于自己的词语宝库。通过分享讨论，学生让自己的词语宝库更丰富、更有序、更好用，还可以为喜爱的词语办一个"藏品展"，借助"词语故事会"等探究游戏，实现词语的创造性运用，达到学以致用的目标❶。

（二）设计开放任务，引领学生主动、个性化地"梳理与探究"

语文学习任务群的功能就是让学生用语文的方式做事。开放的任务是引领学生主动、个性化地"梳理与探究"的关键。如三年级上册第三单元的语文园地安排了含"口字旁"的三组字词；第八单元语文园地安排了含"目字旁"的字词，供学生认读。教师可根据教材内容，设计"人体汉字博览会"主题实践活动，学生从"目、口、耳、手、足"入手，自主整理一、二年级学过的与身体部位相关字词。开放的学习任务让学生可以更自主、更充分地发现汉字音、形、义的特点，借助构字规律，主动识字。在个性化的梳理与探究中，学生可以感受古人认识自我、表达自我的智慧，感受汉字中的文化底蕴。

教师应善于将生活中的问题转化为"梳理与探究"任务。如，针对第三学段大多数学生生活中不敢自信表达的问题，教师可以开展"我是班级代言人"主题实践活动，以"播报班级新闻"为大任务。学生观察、记录每周班级动态，学习撰写新闻稿，在语文课上模仿借鉴主持人的播报，这样的探究活动，丰富了语文学习的内涵和外延。

只有设计与学习内容相匹配的、富有趣味的学习活动，才能让学生围绕学习重点，在真实的情境和开放的任务中主动而富有创造性地展开语文实践活动。从而使语文课堂教学逐步实现以学习为主线，支持学生正确、持续、深度

---

❶ 刘春.第二学段"梳理与探究"的内涵、目标与教学建议［J］.教学月刊小学版（语文），2022（9）：8-12.

地学语文 **❶**。

二、注重过程性指导

小学语文梳理与探究活动的实施环节主要分为三个阶段：活动准备阶段、活动实施阶段、活动总结阶段。过程中教师不仅要关注学习活动的结果，更应关注学习的过程，要加强在各个环节的指导作用，让梳理与探究活动有序开展，获得实效。

（一）活动准备阶段

1. 主题的确定

主题来源多样，可以是教材安排的梳理与探究，可以是教师对教材其他课文的整合挖掘，可以在其他学科整合中提炼主题，也可以从学生的生活提取主题，还可以从社会的热点问题、地方的资源特色等提取主题。主题的设计不但要能激发学生探究的兴趣，能促进学生自主、合作、探究学习，而且要从学生语文生活实际出发，足够贴近学生的真实生活。

2. 小组的组建

活动小组的组建应尊重学生自主、自愿的原则，根据活动的需要确定人员组建小组，并根据各自的性格特点、优点等进行合理的分工。组内成员之间既有个性化，又有互补性，这样在开展活动时可以发挥各自特长，关照到学生全体，也能照顾到个体发展的差异性。

3. 方案的制订

制订方案时，教师先要组织学生通过查资料、小组讨论等拓宽思路，从多个方面去研究制订可行的方案；还要教授学生其书写格式，一般包括活动主

---

❶ 刘春. 第二学段"梳理与探究"的内涵、目标与教学建议［J］. 教学月刊小学版（语文），2022（9）：8-12.

题、活动目的、活动时间、活动参加人员、活动分工、活动具体内容、活动的实施过程、成果呈现展示形式、活动总结等。其中活动的实施过程是关键，一定要写具体。方案应该是由全体成员合作撰写完成，确保全员参与。

（二）活动实施阶段

1. 搜集资料

学生的信息搜集、提取、筛选的能力是梳理与探究领域的培养重点。指导过程中，一是让学生了解多种搜集资料的方法和途径，并根据任务需要选择使用一种或多种方法和途径。二是要进行具体操作的指导，如在图书馆中检索资料时，要指导学生检索的方式，如何快速收集到信息；实地走访时应指导怎样设计问题，设计问卷；上网搜索可以上哪些网站，怎样使用关键词搜索等。

2. 实践探究

这是梳理与探究的关键。首先，指导学生根据方案展开研究，探讨解决问题的方法，按时完成计划；其次，指导学生学会合作，调节人际关系，全员参与；最后，针对学生探究中产生的新问题及时调整，保证活动的有效性。

3. 整理分析

资料收集后的信息整理，有效信息的筛选、提取、分析等步骤也需要教师专业的指导。对于小学生分析整理资料可以采用思维导图的形式来进行分类、归总，并能运用多种方式把学习活动过程有条理地记录下来，交流汇报参与活动的感受，为后期的成果汇报和总结做准备。

（三）活动总结阶段

在活动结束后，需要组织学生开展成果汇报和展示活动，为学生搭建交流展示的平台，如汇报表演、展示课、展览等，展示学生成果，进行评价与反思。鼓励组织多种方式进行汇报展示，重在生生、师生之间的交流。为活动最后的评价环节提供有效依据。

三、关注过程性评价

当评价以素养为导向时，就不能只用一张纸质试卷这种结果性评价作为唯一标准，还应注重过程性评价。

过程性评价的基础是教师的全程跟踪和及时记录。对学生多方面的表现进行及时评价。如是否主动提出问题、是否积极参与活动等，应特别关注学生解决问题的思路和方法，对思维水平的发展情况做好评价记录。过程性评价可以采用档案袋、等级量表来作为评价工具。其中等级量表是最实用、最广泛的评价工具。等级量表列出学生表现的特定标准，描述了这些标准的不同表现等级，这样评价有章可依，也可以让学生知道什么是好的表现、成果，并能对照自己和组员的行为，引发自我反思，从而促进改进（表9-1、表9-2）。

梳理与探究活动的评价还应强调多元化，评价主体要多元，教师、同学、家长、学生自己都要参与到评价过程中。

表9-1　收集整理资料自评表 [1]

内容	自我评价	
查找资料	能根据小组商量选定的节日查找资料 能自己从书上、网上或其他途径查找资料	☆☆☆
整理资料	能摘录过节的习俗、过节的过程等 能根据摘录的要点，练习介绍人们过节的过程	☆☆☆

表9-2　"小组展示"互评表 [2]

内容	评价标准	
参与度	小组成员人人参与活动，相互合作	☆☆☆
自信心	小组成员展示时态度大方，充满自信	☆☆☆
形式	形式多样，有创意	☆☆☆
质量	内容丰富，介绍清楚	☆☆☆

---

[1] 温儒敏，陈先云.教学设计与指导［M］.上海：华东师范大学出版社，2020：164.
[2] 温儒敏，陈先云.教学设计与指导［M］.上海：华东师范大学出版社，2020：165.

两份量表既有评价过程的，又有评价结果的，既有个人自评，又有小组互评，非常具有代表性，是经常采用的表现性评价方式。评价标准较为具体准确，学生可以有针对性地对成果进行客观公正的评价。评价表更加关注小组合作情况、习惯态度和创新能力的表现，对学生自我认知发展有积极意义。

第四节 小学语文梳理与探究活动教学设计的内容与方法

小学语文梳理与探究领域强调任务驱动，强化课程整合。它主要以语文任务群形式落实，把语文实践活动放到具体的学习情境中，把真实问题转化为一个个任务，倡导"项目式学习"。活动设计时要明确每个学段的目标要求，根据各个学段的特点，有序推进。

一、第一学段梳理与探究活动设计要点

第一学段重在引导学生主动观察、思考，分享自己的所见所闻，锻炼语文能力。第一学段的目标和内容要由简入难、循序渐进，保护儿童的好奇心。

（一）保持学生对生活的好奇，尝试多提问题

对于本学段学生来说，联系生活实际，是保持好奇、激发学习兴趣的重要途径。如在教学查字典时，教师可以设计一项"小名字，大期望"的梳理探究活动，让学生通过音序查字典的方法，查出自己及亲人名字的由来。活动不仅促进学生熟练地运用查字典的方法，提高筛选字义的能力，还让他们感受到父母在取名字时寄托着对自己的期望。当他们在向父母询问"为什么给我取这个名字""我的名字有什么含义"时，就意味着他们想要去主动了解这些汉字了。教师还可以趁热打铁，继续组织开展"画说汉字——寻找汉字起源"的活动，

让学生通过查找书籍，并与父母、同伴讨论，了解其汉字的演变。

生活中随手可取的很多素材，如旅游景点介绍、本地的自然环境、风俗民情、传统文化、生活小窍门都可成为有益的语文学习资源，可以从中开展语文梳理与探究。

（二）促进全员参与，使学生学会分享见闻

在梳理与探究活动中，教师应充分开发教材已有资源设计学生熟悉又有新意的活动。也要注意因材施教，关注全体学生，提高学生对活动的参与度。鼓励学生从分享自己的见闻开始，构建良好的沟通交流环境。

【案例9-1】

一年级上册梳理与探究活动"走进秋天"活动设计

一、设计理念

《秋天》是统编小学语文教材一年级上册的第一篇课文。当学生结束拼音学习，时间也正好处于秋天。课文里所描写的画面是那么美：金黄的叶子落了，大雁排成了"人"字往南飞。借此机会由课内走向课外，联系学生生活安排一次梳理与探究活动，意在鼓励学生观察身边的事物、关爱自然、关注生活，激发学生参与实践活动的兴趣，贯彻课标理念"注重跨学科的学习"和教学目标"用口头或图文等方式表达自己的观察所得"，从而初步获得语文实践能力。本次梳理与探究，以"找"为引子，让学生在所到过的地方，寻找到他从未发现过的事物，观察秋的果实、秋的身影，品味秋的词语，从特点入手，领略收获的秋天、五彩缤纷的秋景，从而去创设心中向往的秋景。此次梳理与探究旨在培养学生自主实践的能力，激发学生热爱秋天、热爱大自然的情感。

二、活动目标

1.激发学生寻找秋天的好奇心以及对秋天的热爱之情和赞美之情。

2.能发现问题并尝试提供答案，结合课内外阅读进行讨论，积累一些关于

秋天的词语，用口头语言或图文结合的方式表达自己的观察所得。

三、活动过程

（一）揭题，猜谜导入活动

1. 出示谜语：绿的喜欢及时雨，红的最怕水来浇。（打一字）（谜底：秋）

2. 激趣：你们喜欢秋天吗？你喜欢秋天的什么？

（二）初寻秋天（引导学生自主探索）

地点：户外。

1. 导入。

秋天已轻轻、悄悄地来到我们身边，它正等着同学们去寻找呢！你们知道在哪儿可以寻找到秋天吗？（引导学生讨论，自主选择，自由分组）

学生讨论后决定去某处。

2. 寻找秋天。

一起到户外去找秋天，大家要仔细观察寻找哦。

学生交流观察所得。

预设1：好多菊花开了，白的、黄的、红的。

预设2：橘子黄了，柚子也长出来了。

预设3：草地上有很多落下来的树叶，有红的，有黄的。

师小结：秋天的大自然有无数的秘密，同学们课后要仔细观察、研究。

（三）品味秋天

地点：教室。

1. 积累词语。

（1）秋天美吗？如此美丽的秋天你会用哪些词来赞美它呢？在课前大家都收集到了许多赞美秋天的词语，就请你在小组里汇报你收集到的词语，请小组长统计出你组收集到的词，比一比哪组收集到的最多、最美。

（2）学生交流有关秋天的词语：一叶知秋、秋高气爽、春华秋实、春花秋月、秋色宜人、果实累累、秋雨绵绵、秋收、立秋、中秋……

（3）评价所找的词语，引导学生发现不是所有有秋字的词都是赞美秋天的，如词语"如隔三秋"。

引导学生仔细判断小组里收集到的词是否都是赞美秋天的，不是的请去掉。

（4）继续交流补充词语。

2. 运用词语。

大家说了这么多赞美秋天的词语，你能用上哪些词来表达这些图片呢？（出示图片4张，学生选择积累的词语表达）

3. 品读秋韵。

（1）朗诵美文。真了不起，你们不仅积累了这么多有关秋天的词，还会灵活运用，看来是读了不少的书，看了不少的资料。这儿有一篇描写秋天的文章（出示《秋叶飘飘》），让我们来美美地朗诵吧！你可以站起来，甚至可以加上动作来表达你的感受。（播放音乐，全班齐诵《秋叶飘飘》）

红色的蝴蝶，黄色的小鸟，在空中飞翔，在风中舞蹈。

不是蝴蝶，不是小鸟，是红叶舞，黄叶飘，像秋姑娘发来的电报，告诉我们秋天已经来到。

（2）小结：空中红叶舞，黄叶飘，红红的枫叶似邮票，邮来了秋天的凉爽；黄黄的落叶像蝴蝶，为秋天的美丽而舞蹈。大家读得真有秋天的味道。

4. 综合运用，创作小诗。

（1）看秋叶，展开自己的想象，创作小诗。

学生想象：这些树叶还像什么呢？师出示句式：红红的落叶像邮票，（　　　　　　　）。黄黄的落叶像蝴蝶，（　　　　　　　）。

合作创作小诗。

（2）看图创作小诗。

选择图片，你喜欢哪一幅就选哪一幅。（出示丰收的景象四幅图，学生小组讨论后交流）

（四）组合秋天

1. 画秋、赞秋。

（1）同学们描述的秋天真美，那就请你拿起你手中的笔，描绘出你心中的

秋天吧！你可以把它写下来，也可以把它画下来，还可以用你在户外采集到的实物粘贴一幅秋景图。（播放"赏秋"中的图片）

（2）学生动手贴、画、写秋景图，表达对秋天的热爱。

部分学生借助图片（苹果、柿子、梨子、大雁）及采集的实物（落叶、稻子、花生、大豆、棉花等）合作完成一幅美丽的秋景图。其余学生写、画出心中的秋天，可以独立作画，也可以合作进行。

2. 展秋。

组织学生评议，进一步体验创造的快乐。鼓励学生把自己的作品展示出来，相互学习，相互交流和欣赏。

（舟山第一小学丁叙匀）

【评析】

语文综合实践活动改变了传统的以传授知识为核心的"秧田式"教学模式。教师有意识地给学生充分创设表现个性的机会，学生成为活动中真正的主人，教师从儿童活动支配者、指挥者，变成了他们的支持者、合作者、指导者。

活动中让学生说自己真实感受到的秋天，说赞美秋天的词语句子，读描写秋天的文章《秋叶飘飘》，写赞美秋天的小诗。多元的活动形式给了不同类型学生展现自己的机会，大大提高了学生的参与度。课上，教师把音乐、美术带进了课堂，做到了学科融合，提升了学生的审美品位。展示环节，鼓励学生把自己的作品展示出来，相互学习，相互交流和欣赏，体会创造的快乐。

（舟山第一小学邵科女）

二、第二学段梳理与探究活动设计要点

随着学生年级的升高，学生搜集资料的能力、思考表达的能力和交流沟通的能力也进一步提高。在第一学段以兴趣为主的基础上，要学习搜集、记录与

合作。梳理与探究的系列活动可与其他领域的学习活动结合起来，边学习语文知识，边进行实践活动。

（一）学会提问，培养问题意识

学生实践的过程是不断的发现问题、分析问题、解决问题的过程。成功的梳理与探究活动可以让学生发现问题，并在发现问题的过程中产生新问题，指向深度学习。所以，教师要善于创设情境引导学生学会提问。很多学生虽勇于提出问题，但问题的创新性、意义不强，因此，教师有必要教授提问技巧。可以不断地引导学生沿着"是什么，为什么，怎样做"的思路进行探究性思考，培养学生的逻辑思维能力；也可以引导学生阅读教材课后的"活动提示"进行质疑提问，初步了解梳理与探究的主要任务。语文要素中疑问句的正确使用也是本学段的学习任务，教师应足够重视。向学生展示问题范例时也要保证句式表述规范。

（二）留心观察，乐于记录见闻

本学段应重点培养学生以下两个习惯：

一是留心观察的习惯。梳理与探究活动具有很强的实践性，要求活动的开展必须以学生的现实生活和社会实践为基础，强调学生的亲身经历，要求学生自主参与学习，置身于广阔的大自然和丰富的社会生活中，通过仔细观察、实际操作与劳动实践去接触和感知各种人和事，在真切地体验和感受生活的过程中，获得探究、实践、创新等能力。要引导学生善于发现生活中的素材，拓展课本内容，优化学习资源。为学生的观察活动提供保障，并做好观察指导。

二是记录的习惯。知识可以在观察中活跃起来，观察是智慧最重要的源泉。教师带领学生走出教室，到大自然中去观察、欣赏、探索，培养学生在观察的过程中记录观察结果、记录见闻的兴趣，将观察生活和积累素材的习惯紧密结合。可以像法布尔一样，随身带着个观察小本，把自己看到的、听到的、想到的记录在此本上，不拘形式。学生把平时观察到的有新意的景、物、人、事都用随笔记下来，或者带着活动任务去观察并用自己喜欢的方式记录，再进行整理。日积月累，搜集的资料多了，写作的素材就多了，分析综合能力也提高了。

（三）有效建组，合作解决问题

语文梳理与探究活动的主体是学生，是学生主动、自觉地学习语文尝试解决问题的过程，其重要目标是促进全体学生共同参与、共同进步。因本学段的学生组织能力稍显薄弱，需要教师指导学生建组活动，除了按照自然座位分组外，还可以按照不同的研究主题进行分组。小组合作促使学生学会分工，能自主开展各种活动，解决活动过程中碰到的困难，其沟通、协调能力在此过程中不断发展。

【案例 9-2】

四年级下册梳理与探究活动 "轻叩诗歌大门" 活动设计 [1]

一、设计理念

"轻叩诗歌大门" 是统编本小学语文教材四年级下册第三单元的梳理与探究活动，教材将其嵌入整个单元学习中。本单元语文要素包括：初步了解现代诗的一些特点，体会诗歌表达的情感；根据需要搜集资料，初步学习整理资料的方法；合作编小诗集，举办诗歌朗诵会。综观上述要素，可以看出，要素一指向课文学习，要素二和要素三指向梳理与探究。学生通过学习课文，初步感知现代诗的特点，可以触发生成梳理与探究的愿景，同时呈现梳理与探究的过程以及小诗集和朗诵会等学习成果，又能进一步让学生在读诗、写诗、诵诗等活动中激发对现代诗的兴趣，更真切地了解现代诗。为更好地落实编者意图，可以将 "创建诗社" 作为任务驱动，激发学生开展梳理与探究的美好愿景。本

---

[1] 金海霞. 综合性学习 "轻叩诗歌大门" 学习设计及思考［J］. 语文建设，2020（24）：10-13.

单元将梳理与探究整合嵌入课文学习，在学习进程上作初步的统整，具体预设"诗海拾贝、诗海徜徉、展评成果"三个学习阶段。

二、活动目标

1. 能通过朗读、想象，体会诗歌的韵味和情感，多途径搜集、摘抄现代诗，通过与古诗的比较、赏读，进一步感知现代诗的特点。

2. 小组合作整理搜集到的现代诗，按一定的方式进行分类，根据需要增补或删减，合作汇编小诗集。

3. 举办诗歌朗诵会，用合适的语气朗读，表情、体态自然大方。

三、时间安排

第一阶段：诗海拾贝，开启现代诗之旅（课内 2.5 时，课外 4 天）。

第二阶段：诗海徜徉，浸润现代诗之美（课内 2.5 课时，课外 3 天）。

第三阶段：展评成果，回味现代诗之韵（课内 3.5 课时，课外 4 天）。

四、活动设计

（一）第一阶段：诗海拾贝，开启现代诗之旅

1. 前后勾连，概览学习内容。

（1）出示插图，回顾学习经验。引导学生回顾学过的《现代诗二首》（出示课文插图），交流学习的感受。

预设：回顾诗歌充满想象的画面之美，总结"抓关键词、想象画面、朗读悟情"等学习经验。

（2）学单元导语页，浏览学习菜单。引导学生观察插图的意境之美。

引读："诗歌，让我们用美丽的眼睛看世界"，引导学生关注单元导语页下方的语文要素。

本次梳理与探究有什么具体任务呢？

交流：课外搜集、摘抄整理诗歌，仿写现代诗，编小诗集和举办诗歌朗诵会等。

2. 组建诗社，启动学习任务。

本次活动大家要自由组建诗歌社团，合作完成学习活动。

预设：商议确定组建方式，可以先由推荐几位语文素养好、组织能力强的同学当社长，由他们来招募社员，也可以在大家自主报名后再推选社长。接着选定社员角色并进行分工。

3. 美摘巧仿，初识诗歌特点。

出示摘录范例，一页页展示，并相机提示：

选择自己喜欢的诗歌摘抄，也可以从报纸、杂志、书籍等多种出版物中摘抄。

注意写清楚作者和出处，网络上的诗歌信息可能需要通过其他途径进行核查。

范围尽量广一些，类型、作家丰富一些。

把摘录的内容做成活页，这样更有利于调整分类，增删内容。

（二）第二阶段：诗海徜徉，浸润现代诗之美

1. 搜集古诗，比读现代诗。

（1）出示"识字加油站"，借助拼音读准古代文人名字，发现规律：课本上的人名是按从古至今的规律排序的。

（2）鼓励合作搜集，并将搜集到的古诗与现代诗进行比较。大家发现什么异同点了呢？

预设一：选定比较点，确定搜集范围。

本单元的几篇课文中，有的诗歌是写自然景象的，有的是写某种具体植物的，有的是歌颂母爱的，按照这几类主题，请大家分头去搜集识字加油站中古代诗人的相关诗歌，再来和现代诗比一比。

分别搜集诗歌，比较交流后发现古诗和现代诗的异同。

预设二：搜集代表作，分享中说发现。

每位学生读一读搜集的诗人代表作。发现古诗和现代诗的相同点：都富有想象色彩，充满画面感，读起来有节奏。发现其不同点：古诗字数更少，有格律；现代诗更自由，每句字数不等。

2. 用好支架，仿创现代诗。

（1）请大家读"词句段运用"部分的内容，你发现了什么？

交流：第1题中运用了比喻、排比的修辞手法来写颜色，还写了多种颜色

的交融，诗人的视角很新颖；关注第 2 题中罗列事物（意象）的写法，体会用词的独特。

（2）仿写：根据"词句段运用"第 2 题续写小诗，或运用展开想象、罗列事物的写法仿写小诗，表达内心的情感。想要挑战的同学也可以按照自己的想法自主创编小诗，如果能写出诗的节奏就更好了。

3. 互助评赏，点赞小诗人。

（1）诵读诗歌，自荐点赞。

（2）互读诗歌，互动点赞。

（三）第三阶段：展评成果，回味现代诗之韵

1. 群策群力，合作汇编诗集。

（1）出示小组合作学习要求，布置任务：拿出自己搜集或者创作的诗歌，在小组内读给同学听。

全班交流。

（2）出示部分诗歌题目并提问：你能给大家写的这些诗歌分类吗？

按作者分：中国的，外国的。

按内容分：写动物的，写植物的，写人物的。

按读后感分：开心，悲伤，受启发……

小结：同样的诗歌，可以从不同角度进行分类。

出示合作要求：确定诗歌的分类，整理摘抄的诗歌。

（3）组织讨论进一步完善诗集。

小诗集的内容除了我们前期摘抄的诗歌和自己写的诗外，还可以有什么？

讨论：作者简介、诗歌背景、背后的故事、现代诗歌小知识……

有了内容，编一本小诗集，我们还需要考虑写什么？

讨论：诗集的名字、封面设计、目录、配插图、装订……

诗集整理完毕后，互动交流，评选最佳小诗集，如最佳作品奖、最佳编排奖、最佳插画奖、最佳封面奖、最佳装帧奖等。所有小诗集都可以做成美篇形式，发布在班级群和朋友圈，学生分享收获。

2. 自编自导，开好诗歌朗诵会。

前期准备：班干部统筹安排汇报展示的时间与方式。

选出主持人，写主持词。

多媒体展示组根据展示会场需要制作出精美幻灯片。

评委组制定朗诵评分标准。

其他同学为诗歌朗诵做准备。

汇报展示：

（1）激情导入，叩响诗门。

这段时间，我们开展了"轻叩诗歌的大门"梳理与探究活动，同学们积极地搜集、整理、欣赏、朗诵诗歌，并进行了自创诗歌等活动。今天，我们就进行一个全面的汇报展示活动，希望大家能尽情地展示自己的收获，并通过这次活动对于诗歌的了解"更上一层楼"，大家有信心吗？请用热烈的掌声欢迎主持人上场。

（2）自主汇报，与诗作伴。

各节目展示完后，由评委教师和大众评委点评朗诵者的表现，从这几个方面点评：是否诵读出诗歌的节奏和韵味，是否表达了真情，体态、表情和动作是否自然大方，形式是否有特色和创意，等等。投票评选出最佳表现奖、最佳音色奖、最佳默契奖、最具人气奖和最富创意奖。

（3）畅谈收获，体会诗情。

经过这次梳理与探究活动，相信大家一定收获很多，请说说。

预设一：通过这次梳理与探究，一方面，学到了很多诗歌，学会了诗歌的分类，收集了很多有关诗歌的故事。另一方面，学会了自己写诗歌。

预设二：我觉得诗对于一个人的影响力，甚至一个世界的影响力是巨大的。所以，我们必须认真学习诗歌，有感情地朗读诗歌，多搜集诗歌，了解更多的古今中外优秀诗歌。

（4）展望未来，与诗同行。

这次综合实践汇报展示活动是成功的，说明大家在学习中很努力，取得很多成绩。此外，还有很多同学为这次展示做了很多工作，让我们用掌声感谢主持人、评委小组及幻灯片制作小组的成员。

总结发言：让我们以这次活动为起步，今后学习更多的诗歌，写出更多优秀诗歌，得到更多的收获和乐趣！

（嘉兴市秀城实验教育集团金海霞）

【评析】

该课例充分考虑了本年级学生的学情特点，根据目标开展活动。在教师引导学生摘抄诗歌环节，学生关注了摘抄时的细节等，通过成员间的互动分享促进交流和评价，为汇编小诗集做好准备。搜集诗歌环节，教师引导学生走出课堂，多种途径欣赏、浏览诗歌等，并进行对比，提高了学生搜集资料的能力和学习诗歌的积极性。在组建诗社的过程中，学生自由组合、自选角色，充分激发相互赋能、合作共进的角色认同感，为后续开展小组合作奠定了良好的基础。汇编小诗集和开朗诵会都是此次梳理与探究的成果展示方式，其设计并不仅仅指向最终显性化的成果，而且把学生自主分工、整理资料、相互合作作为学习的重要过程，让每一位诗社成员的能力尽量得到展示与发挥。

（沈阳市浑南区第二小学王田）

三、第三学段梳理与探究活动设计要点

第三学段语文梳理与探究活动更关注学生运用语文知识解决实际问题的能力和高阶思维能力的培养。在设计第三学段梳理与探究活动时要多关注以下几点。

（一）获取资料，学会整理分析

现代社会资料信息十分丰富，现代人如何多渠道获取资料，科学地筛选、分析掌握、运用资料显得尤其重要。查找资料、运用资料的基本方法成为了第

三学段的培养重点。如在图书馆查阅书籍搜集整理资料，或利用搜索引擎、学术网站等网络资源搜集资料，都是本学段学生应该掌握的方法。如何根据需要设计简单的调查问卷和访谈提纲也是本学段的重要知识。

（二）策划活动，学写报告总结

综合运用多学科知识，策划、设计校园活动或研学旅行方案，并能学写活动计划和活动总结，运用跨媒介形式分享成果是本学段语文梳理与探究领域的主要内容之一。过程中要为学生创设参与策划的机会，激发学生参与策划的兴趣，并给予有效的指导。要遵循先扶后放的原则，教师可以为学生提供成功的活动策划案例、视频做参考，增加了解。再根据活动策划的要素，指导学生参与策划全过程，获得直接经验❶。

（三）关注时事，学会辩证思维

本学段的梳理与探究活动中，教师应注重培养学生语文思辨能力。可以围绕自己身边的、大家共同关注的问题，或影视作品中的故事和形象，通过调查访问、讨论演讲，开展专题探究活动，让学生学习辨别是非、善恶、美丑❷。这不仅是价值观方面的引领，还在一定程度上促进了学生掌握思想方法，培养其思辨能力。辩论赛就是很适合本学段的组织形式：学生在激烈的思辨中彰显个性，在"唇枪舌剑"中锤炼语言。教师在选题时可从学生真实生活中的问题入手，如小学生上网利弊、小学生该不该参加辅导班、作业多好还是少好等，开展辩论类的活动。这种形式符合学生心理特点，易于激发学习热情，对学生的口语交际能力、语言组织与表达能力的发展具有积极作用。

---

❶ 伞家学，张晓.在主题活动中培养学生的策划意识和能力——一节活动策划指导课引发的思考［J］.生活教育，2014（9）：61-62.

❷ 中华人民共和国教育部.义务教育语文课程标准（2022年版）［M］.北京：北京师范大学出版社，2022：13.

【案例 9-3】

六年级下册梳理与探究活动 "回忆往事" 活动设计 ❶

一、设计理念

本单元语文要素是 "运用学过的方法整理资料",是对之前学过的方法进行巩固和运用的基础上,进一步学习和运用收集、筛选、分析、整理资料的方法。以 "制作成长纪念册" 为驱动任务,在梳理和探究的活动中综合运用语文知识和技能,让学生了解制作的基本要素、基本步骤、呈现形式,同时学会表达,培养学生运用语言文字的能力、合作组织能力,与美术等学科有效整合。

二、活动目标

1. 通过活动,了解 "成长纪念册" 的基本要素、制作基本步骤,以及标题拟定和扉页、正文胡呈现形式。

2. 在实践活动中学习和运用收集、筛选、分析和整理资料的方法。

3. 产生尊师爱校、友爱同学、热爱生活的情感。

三、活动过程

(一)走在时间轴上,回顾小学生活

1. 出示时间轴,回顾小学生活。

六年的美好时光,留下无数的回忆,让我们一起回顾时间轴上的一个个难忘的瞬间。(出示学生制作的时间轴)

2. 明确本次活动的主要任务。

第一次获奖,第一次集体活动……今天我们就亲手把这最美好的记忆梳理出来,制作成纪念册,让它成为我们成长中最珍贵的财富。(相机板书:制作成长纪念册)

---

❶ 余琴.浙江小学语文最新课例精选(六年级下册)[M].上海:文汇出版社.2022:349-352.

3.提出问题，简单了解纪念册的制作。（出示多本纪念册）

你看，这是教师小学时候的纪念册，这是教师上一届学生留下的纪念册。纪念册可以手工制作，可以整理后打印成册，也可以制作电子纪念册。现在让你做一本纪念册，你有什么困难吗？你觉得需要注意什么？（相机板书：挑选内容、如何排版、整理成册……）

（二）沉浸在活动里，学习制作方法

1.活动一：材料巧收集。

（1）分组介绍物品，收集纪念册材料。

①小组介绍带来的物品。

②读"阅读材料"中的《如何制作成长纪念册》，梳理"如何收集材料"的要点。（课件出示有意义的照片，习作、书法、美术作品、获奖证书、奖牌，寄语、祝福……）

（2）借助时间轴，筛选制作纪念册的材料。

①按照"时间轴"选择。什么样的材料才是具有意义的呢？哪些可以放到"成长纪念册"里？（相机板书：代表独特）

提示：梳理时可以借助时间轴，选取一些代表性的材料，如证明自己努力的事情、标志着自己有了新的起点的事情、与教师和同学相处的事情等。

②小组进行筛选，并交流原因。

③教师学生共同探讨，优化收集渠道。

（3）活动小结：大家学会了如何收集和筛选制作成长纪念册的材料，教师建议如果某些材料找不到了也可以用其他材料替换，一些实物可以用照片的形式来记录，资源可以共享，还可以寻求教师、家长的帮助。

2.活动二：材料巧分类。

（1）利用多种方式进行材料分类。

①学习材料分类的不同方法。

比较"编年体"和"栏目式"两种分类方法的异同（表9-3）。

表 9-3　两种分类方法的异同

编年体	栏目式
一年级我上学了	发展足迹
二年级我进步了	多彩生活
三年级我长大了	才艺集萃
四年级我学会了	班级之最
五年级我做到了	荣誉之星
六年级我毕业了	毕业赠言

小结："编年体"都是选择某个年段比较具有意义的事情作为标题，"栏目式"用精练的语言概括内容，语言结构相似。

②学习不同的表述方式。

读读下面的标题，说说哪些内容是一样的但表述不同？

我的档案　　小小的我　　我的教师　　同学赠言

我的成长　　多彩生活　　我的朋友　　意气风发

我的赠言　　发展足迹　　最美的校园　　渐渐长大

师恩难忘　　漫画教师

比较："师恩难忘""漫画教师""我的教师"的异同。

小结：同样写教师，却有不同的风格，有严谨的，有轻松的，还有的幽默，可以选择你喜欢的风格进行创编，整体风格要统一；再看标题，可以以事件为线索分类，也可以以人物为线索分类。

③尝试分类。

思考问题，尝试分类。按照"栏目式"分类的话，应该怎么筛选呢？发展足迹里还可以放哪些材料？（课件出示）

A.书法作品　B.演讲照片　C.入队礼　D.舞蹈社团　F.第一次获奖

发展足迹：A.入队礼　B.第一次获奖

才艺集萃：A.书法作品　B.演讲照片　C.舞蹈社团

小结：我们可以根据自己的材料创编栏目，也可以根据栏目收集材料。

（2）创编目录。

①范例引路，尝试编写目录（表9-4）。

表9-4　编写目录

目录	—
我的档案	—
我的朋友	—
我的成长	小小的我（一、二年级）
	成长的我（三、四年级）
	自信的我（五、六年级）
我的教师	—
我的赠言	—

这份目录和上面的"编年体""栏目式"又有什么不同？"栏目式"里的资料可以按照编年排列，但不论哪种，都做到了内容不重复、标题对称、一目了然。根据你整理的材料，选择上面的标题，或自己创编，试着列一个分类表。

②交流修改。小组交流，评价修改，并推荐一份进行班级交流评议。

3.活动三：内容巧编排

（1）读一读阅读材料，学习编排妙招。

（2）分享妙招：出示一本毕业纪念册，翻看后印象最深的是什么？

封面：总结式、回味式、个性式……

扉页：回顾生活、表达感谢、展望未来、介绍内容……

正文：图文并茂。

（3）图文创作。

①给照片写介绍。

②分享交流。

（三）在作品欣赏中，开始新的创作

1.小结。

同学们，六年时光想记录的实在太多，请同学们在制作中回忆成长的快乐。完成后，我们将评选出"最佳封面""最佳目录""最佳扉页""最佳纪念册""最佳图文结合奖""最佳创意奖"，期待大家的分享。

2. 课后作业。

完成"成长纪念册"的制作。

（浙江省长兴县第六小学唐刘莉）

【评析】

此案例内容是六年级下册综合性学习单元《难忘的小学生活》第一个活动板块"回忆往事"中的核心任务。本单元语文要素是"运用学过的方法整理资料"，是对之前学过的方法进行巩固和运用。学生会经历收集、筛选、分析、整理资料的过程。

本次活动把握材料的筛选、分类这一难点，指导学生习得如何根据制作各类成长纪念册的需要，尝试用多种方法对材料进行分类。在活动中，标题、扉页、正文撰写都指向培养学生的语言表达能力，与语文的写作技能密切关联。本活动设计以"制作成长纪念册"作为驱动任务，让学生在回忆小学生活同时，进行语文学科实践，积累直接经验，全面提升学生的语用能力。

（浙江海洋大学朱映霓）

【实践与探究】

1. 说说语文课堂教学与"梳理与探究"活动的关系。

2. 请利用网络资源，观摩记录一节语文综合实践活动，谈谈"梳理与探究"活动的实施步骤。

3. 选取教材中任意一单元内容，为见习/实习的班级设计"梳理与探究"活动，并在班级中实施。活动结束后认真听取师生意见，修改自己的设计。

参考文献

［1］中华人民共和国教育部.义务教育语文课程标准（2022 年版）［M］.北京：
人民教育出版社，2022.

［2］中华人民共和国教育部.普通高中语文课程标准（2017 年版 2020 年修订）
［M］.北京：北京师范大学出版社，2020.

［3］中华人民共和国教育部.全日制义务教育语文课程标准（2011 年版）［M］.
北京：北京师范大学出版社，2011.

［4］中华人民共和国教育部.全日制义务教育语文课程标准（实验稿）［M］.北
京：北京师范大学出版社，2001.

［5］中华人民共和国教育部.九年义务教育全日制小学语文教学大纲：试用修
订版［M］.北京：人民教育出版社，2000.

［6］义务教育语文课程标准修订组.义务教育语文课程标准（2022 年版）解读
［M］.北京：高等教育出版社，2022.

［7］皮连生.教学设计：心理学的理论与技术［M］.北京：高等教育出版社，
2000.

［8］吴忠豪.小学语文课程与教学（第二版）［M］.北京：中国人民大学出版社，
2015

［9］吴欣歆，管贤强，陈晓波.新版课程标准解析与教学指导（小学语文）［M］.
北京：北京师范大学出版社，2022.

［10］蒋蓉，李金国.小学语文教学设计［M］.北京：高等教育出版社，2016.

［11］江平．小学语文课程与教学［M］.北京：高等教育出版社，2017.

［12］张悦颖，夏雪梅.跨学科项目化学习"4+1"课程实践手册［M］.北京：
教育科学出版社，2018.

［13］夏家发．小学语文教学设计与案例研究［M］.北京：科学出版社，2012.

［14］惠中．小学语文教学设计与案例分析［M］.北京：中国人民大学出版社，
2014.

［15］徐家良．小学语文教育学［M］.北京：高等教育出版社，2019.

［16］冯铁山．小学语文新课程教学设计与技能训练［M］.北京：清华大学出版
社，2012.

［17］罗雅萍．小学语文教学设计与案例分析［M］.北京：中国人民大学出版社，
2019.

［18］余琴．浙江省学科教学关键问题研究丛书（小学语文）［M］.浙江：浙江
教育出版社，2021.

［19］夏雪梅．项目化学习设计：学习素养视角下的国际与本土实践［M］.北京：
教育科学出版社，2018.

［20］荣维东．细节描写教学中写作支架的复合应用策略［M］.北京：首都师范
大学，2018.

［21］李亮，吴福雷，徐承芸．小学语文教学关键问题指导［M］.北京：高等教
育出版社，2016.

［22］张晨瑛，李维勇，卓超波．新体系作文：基于能力的习作教学研究［M］.
宁波：宁波出版社，2016.

［23］朱光潜．谈美［M］.北京：中华书局，2016.

［24］朱光潜．文艺心理学［M］.上海：上海华东师范大学出版社，2015.

［25］朱光潜．谈美书简［M］.上海：华东师范大学出版社，2014.

［26］朱光潜．谈文学［M］.北京：北京大学出版社，2013.

［27］刘济远．小学语文教学策略［M］.北京：北京师范大学出版社，2010.

［28］靳玉乐．新课程改革的理念与创新［M］.北京：人民教育出版社，2003.

［29］施良方.学习论［M］.北京：人民教育出版社，2001.

［30］饶维新.转变学生学习方式的研究［M］.武汉：华中师范大学出版社，2006.

［31］王尚文.语文教学对话论［M］.杭州：浙江教育出版社，2004.

［32］周向军.马克思主义哲学原理［M］.济南：山东大学出版社，2002.

［33］徐英俊.教学设计［M］.北京：教育科学出版社，2001.

［34］李定仁，等.教学论研究二十年［M］.北京：人民教育出版社，2001.

［35］多尔.后现代课程观［M］.王红宇，译.北京：教育科学出版社，2000.

［36］江光荣.人性的迷失与复归：罗杰斯的人本心理学［M］.武汉：湖北教育出版社，2000.

［37］温儒敏，陈先云.教学设计与指导［M］.上海：华东师范大学出版社，2020.

［38］联合国教科文组织国际教育发展委员会.学会生存：教育世界的今天和明天［M］.北京：教育科学出版社，1996.

［39］联合国教科文组织.教育：财富蕴藏其中［M］.联合国教科文组织总部中文科，译.北京：教育科学出版社，2014.

［40］王崧舟，林志芳.诗意语文课谱——王崧舟十年经典课堂实录与品悟［M］.上海：华东师范大学出版社，2011.

［41］叶圣陶.叶圣陶语文教育论集［M］.北京：教育科学出版社，2015.

［42］B.A.苏霍姆林斯基.给教师的建议［M］.周蕖，王义高，刘启娴，董友，张德广，译.武汉：长江文艺出版社，2014.

［43］汤振纲.斯霞语文教学艺术研［M］.福建：福建教育出版社，2018.